그 어떤 인생도 ____ 실패는 아니라고
장자가 말했다

그 어떤 인생도 ___ 실패는 아니라고 장자가 말했다

한정주 지음

다산
초당

들어가는 말

인생의 강을   건너가는 모든 이에게

철학을 전공한 사람이 아니라고 해도 철학에 관심이 있는 사람이라면 누구나 자기 삶의 길잡이가 되거나 혹은 자신을 매료시켰던 철학자가 존재할 것입니다. 돌이켜 생각해 보면 저에게는 20대부터 30대 후반까지는 마르크스의 철학, 40대 초·중반에는 니체의 철학 그리고 40대 후반부터 50대 중반에 이른 지금에는 니체와 장자의 철학이 그와 같은 경우에 해당한다고 하겠습니다. 마르크스는 엄혹한 시대였지만 한창 외부 세계에 대해 관심과 호기심이 많던 젊은 시절 저에게 세상을 똑바로 마주 보고 나아갈 수 있는 용기와 식견을 제공해 주었고, 니체는 삶의 방향을 잃고 방황하던 중년의 저에게 자신을 속박하고 억압하는 삶의 한계와 경계가 무엇인지를 깨우쳐 주었기 때문입니다. 그리고 장자는 삶에 지치고 사람들에 지쳐 버린 50세 이후의 제가 살아오는 동안 수없이 부딪치면서도 지금까지 길을 찾지 못한 삶의 근본 문제들을 다시 질문하고 탐구할 수 있는 가능성 즉, 새로운 안목과 정신의 자양분을 제공해 주었습니다.

비록 제가 50대에 접어들어 본격적으로 장자 철학에 몰입하게 되었지만 40대에도 삶과 사람들에 지치고 삶의 근본 문제들을 풀지 못한 독자 분들이 많이 계실 줄 압니다. 마흔은 중년이라는 새로운 삶의 시기가 시작되는 때이기 때문입니다. 마흔은 그 이전 20, 30대와는 다른 삶의 방법과 지혜가 필요한 시기입니다. 40대를 어떻게 보내고 견뎌 내느냐에 따라 이후 삶의 방향과 속도가 달라진다고 해도 과언이 아닙니다. 제 개인적 경험으로는 이때 삶의 길잡이가 되고 또한 삶의 내공을 단단히 하는 데 니체와 장자의 철학이 큰 도움이 되었습니다. 그런 점에서 이 책은 필자가 40대 그리고 50대의 삶을 건너오는 동안—현재도 여전히 건너고 있지만—장자의 철학이 어떤 삶의 방법과 지혜를 들려주었는지를 이야기하는 마당이자 또한 독자들과 공유하는 공간으로 그 의미가 있다고 하겠습니다.

이 책은 지난 10년 동안 제가 개인적으로 질문하고 탐구한 '장자 철학'에다가 2019년을 전후해 5년 동안 도서관을 중심으로 여러 기관과 단체에서 200여 차례 넘게 강의해 온 '장자 인문학 : 좋은 삶이란 무엇인가?'와 '철학 vs 문학 : 철학이 묻고 문학이 답하다!'의 강좌 내용을 종합한 결과물입니다. 또한 이 책은 지난 시절 저에게 영향을 미친 모든 철학적 사유에 대한 중간 결산이기도 합니다. 왜냐하면 장자 철학을 통해 그동안 제가 거쳐 온 여러 철학자의 철학을 다시 접속하고 해석하면서 철학적 사유의 세계를 재정비할 수 있는 기회를 가졌기 때문입니다.

　이 책에서 다루는 장자 철학은 다른 누구도 아닌 필자가 바라본 장자의 철학입니다. 그런 의미에서 여기에서 이야기하고 있는 장자는 '모두의 장자'가 아닌 '저의 장자'입니다. 객관적이고 보편적인 장자가 아닌 저의 주관적이고 개인적인 장자라는 얘기입니다. 물론 제가 바라본 장자의 철학에 동의할 수도 있고 동의하지 않을 수도 있습니다. 하지만 동의 여부는 그다지 중요하지 않습니다. 장자의 말대로 그것은 "옳다고 믿으면 옳은 것이고, 옳지 않다고 믿으면 옳지 않은 것"이기 때문입니다. 장자 철학은 '해답의 철학'이 아닙니다. 그래서 장자는 '하나의 장자'만 존재하지 않고 '수천 수만의 장자'가 존재합니다. 바로 이 점이 여타 철학과는 다른 장자 철학의 독보성이고, 제가 장자 철학에 매료된 궁극적인 이유입니다. 이러한 까닭에 '저의 장자' 역시 장자 철학에 대한 하나의 해석과 견해 그리고 주장이지 해답은 결코 아닙니다.

　장자 철학의 관점에서 보자면 다른 사람의 철학적 해석과 견해 그리고 주장에 대해 '그들은 틀렸고 나는 옳다'는 것을 증명하려는 사람들은 단지 '지식 장사꾼 혹은 도덕 장사꾼'에 불과합니다. 그런데 장자 철학을 한다는 사람들 가운데에도 정작 자신의 장자 해석이 가장 '옳다'고 주장하는 이들이 적지 않습니다. 하지만 그렇게 주장하는 순간 '장자가 아닌 장자'를 말하는 역설이 발생합니다. '옳다는 것'과 '그르다는 것'은 구별할 수도 없고 증명할 수도 없다는 것이 장자의 철학이기 때문입니다. 장자에 대한 누군가의 해석과 견해가 옳다고 주장하는 순간에도 다시 '장자가 아닌 장자'가 나타납니다. 장자의 철학을 읽을 때는 항상 이 점을 유념해야 합니다. 왜냐하면 우리의 사유 체계와 방식은 아주 어렸을 때부터 이것과 저것의 '구별區別' 그리고 옳음과 그름의 '시비是非'에 익숙하도록 훈육되어 있기 때문입니다.

　　장자가 전하는 철학의 길과 방법 그리고 지혜에는 절대적·보편적·객관적인 기준이 없습니다. 따라서 장자를 읽는다는 것은 삶에 대한 절대적이고 보편적인 가치와 기준을 알아 간다는 의미가 아니라, 각자 자기 삶의 개별적이고 고유한 가치와 기준을 찾아 나간다는 의미로 받아들여야 합니다. 제가 이 책을 통해 전하고자 하는 메시지 역시 장자를 통해 각자 자기 삶의 길과 방법 그리고 지혜를 탐구하고 모색하는 여정에 나서 보자는 것입니다. 그 여정의 시작은 자기 자신, 다시 말해 자신의 삶에 대한 의문과 질문입니다. 장자의 철학은 그 의문과 질문의 좋은 안내자가 되어 주고 더불어 그 의문과 질문이 자신의 길을 찾아 나가도록 좋은 길잡이가 되어 줄 것입니다.

    끝으로 항상 묵묵히 작가의 길을 응원해 주시는 어머니와 가족들, 17년 가까운 세월 동안 좋을 때나 나쁠 때나 변함없이 필자를 신뢰해 주는 다산북스 김선식 대표님 그리고 원고가 한 권의 책이 되기까지 전 과정을 수고해 주시는 편집자분들께 이 자리를 빌려 감사하다는 말씀을 드립니다.

2024년 8월 어느 날 새벽 북한산 아래 서재에서
저자 한정주

차례

들어가는 말
인생의 강을 건너가는 모든 이에게 — 4

프롤로그
세상에 현혹되지 않고 자기다운 삶을 살아가다 — 13

1장

**이제
삶의 방향은
결정되었는가?**

운명인가 의지인가? — 23

운명은 예측할 수 있는가? — 30

운명은 필연적인가, 우연적인가? — 34

운명은 '결정되어 있는 것'이 아니라
'구성되어 가는 것'이다! — 39

운명은 어떻게 구성되어 가는가? — 42

운명은 모호하고 불확실하다! — 47

'낙타'에서 '사자'로, 다시 '사자'에서 '어린아이'로! — 51

새로운 삶과 운명으로의 비상 — 55

자신의 운명을 사랑하라! — 59

2장

누구의 욕망을 좇으며 살았는가?

무엇을 욕망하는가? — 67

욕망은 만들어진다! — 74

내가 욕망의 주인인가, 욕망이 나의 주인인가? — 77

사람들이 사랑하는 것은
자신의 욕망이지 욕망하는 대상이 아니다! — 83

욕망하는 순간 변화와 변신이 일어난다! — 86

욕망은 실현(충족)되지 않을 때만 욕망이다! — 92

욕망 때문에 현실의 삶과 가상의 삶은 뒤엉켜 있다! — 99

진정으로 욕망하는 것을 찾아 나서라 — 103

3장

불안과 함께 사는 방법

왜 불안한가? — 113

절망이 지배하는 세상 — 119

불안과 공포, 삶과 생명을 해치는 세상 — 123

자신의 그림자를 두려워한 사람의 우화 — 127

두려움을 배우려고 길을 떠난 젊은이의 동화 — 131

모든 것은 연결되어 있다! — 139

불안과 더불어 살아가는 방법 — 147

4장

명확하게
아는 것이
있는가?

절대적인 앎 vs 상대적인 앎,
명확한 앎 vs 모호한 앎 — 157

앎은 모호하다! — 162

'옳음'과 '그름'을 가릴 수 있을까? — 169

앎은 인위적이다! — 175

앎이 앎을 방해한다! — 183

모든 앎은 상대적이다! — 190

앎은 위험하다! — 195

아는 것과 모르는 것은 끝없이 순환한다! — 201

5장

좋은 삶과
좋은 죽음을
만드는 방법

삶과 죽음에 대한 생각 — 213

아내의 장례식장에서
대야를 두드리며 노래를 부른 장자 — 222

삶과 죽음은 무한 순환할 뿐이다! — 227

죽음보다 참혹한 삶의 역설과 풍자 — 234

죽음을 의식하고 살면 삶은 혼란스럽고,
죽음을 잊고 살면 삶은 편안해진다! — 239

삶에 대한 집착이 죽음에 대한 두려움을 낳는다! — 245

현해懸解, 삶의 즐거움과 죽음의 두려움을 넘어서! — 251

삶도 좋게 여기고 죽음도 좋게 여긴다! — 256

6장

자유로운
삶을
위하여

'자유롭게 산다는 것'의 의미 — 267

자유로부터의 도피 — 274

"4000년 중국의 역사는 식인의 역사였다!" — 282

"오십 이전의 나는 한 마리 개에 불과했다." — 291

쓸모없음의 자유 — 299

자유는 '홀로서기'이고 '고독한 것'이다! — 308

자유로워지기 위해서는 '약간의 광기'가 필요하다! — 314

에필로그
변화를 두려워 말고 자기다운 삶을 살아라 — 322

주 — 333

프롤로그

세상에 현혹되지 않고
자기다운 삶을 살아가다

장자의 철학은 '우화의 철학'입니다. 다른 철학자와 달리 장자는 스스로 지어 내고 꾸며 낸 이야기를 통해 세상에 자신의 철학적 메시지를 전합니다. 그럼 장자가 일부러 지어 내고 꾸며 낸 이야기 즉, 우화를 통해 전하고자 한 철학적 메시지는 무엇일까요? 그것은 '올바른 삶'이 아닌 '좋은 삶'을 사는 방법과 지혜입니다. 올바른 삶과 좋은 삶의 차이는 무엇일까요?

첫째, 올바른 삶에는 절대적·객관적·사회적 기준이 있습니다. 그것은 누구에게나 예외 없이 적용되는 혹은 적용되어야 하는 기준입니다. 하지만 '좋은 삶'에는 애초에 그런 기준이 없습니다. 기준이 있다면 그것은 상대적·주관적·개인적 기준일 뿐입니다.

둘째, 올바른 삶은 자신의 가치와 기준을 누구에게도 예외 없이 적용하려고 합니다. 그래서 올바른 삶의 가치와 기준을 자기에게는 물론 다른 사람에게도 강요하고 또한 무한히 확대 복제하려고 합니다. 반면 좋은 삶은 자신의 가치와 기준이 고유하듯이 다른 사람의 가치와 기준 역시 고유하다고 여깁니다. 따라서 자기 삶의 가치와 기준을 다른 사람에게 강요하지 않습니다. 단지 각자 다른 삶의 가치와 기준을 존중할 뿐입니다.

셋째, 올바른 삶은 세상(천하)의 올바른 가치와 기준을 위해 개인의 개별적 가치와 기준은 희생해야 한다고 주장합니다. 예를 들어 사회의 관습과 도덕 또는 규범과 규칙을 위해서라면 개인의 자유와 생명은 희생해야 한다는 것입니다. 하지만 좋은 삶은 세상의 올바른 가치와 기준을 위해 개인의 개별적인 가치와 기준이 희생당하는 것을 거부합니다. 세상을 위해 희생당해도 괜찮은 개인의 삶과 생명은 존재하지 않기 때문입니다.

세상을 위하는 삶이 '올바른 삶'이라고 주장하는 사람은 세상을 위해 개인의 삶과 생명을 희생하는 것을 큰 명예이자 영광으로 여깁니다. 장자에게는 공자나 묵자처럼 세상 사람들이 숭배하는 이른바 성인군자聖人君子 혹은 도덕군자道德君子가 바로 그런 사람들입니다. 그것은 장자가 유가나 묵가의 철학을 비판하는 가장 큰 이유이기도 합니다. 임금과 나라를 위하는 삶이 '올바른 삶'이라고 외치는 사람은 임금과 나라를 위해 개인의 삶과 생명을 해치는 것을 주저하지 않습니다. 장자에게는 역사책을 가득 채우고 있는 충신忠臣과 지사志士가 바로 그런 사람들입니다. 선행과 정의를 위한 삶이 '올바른 삶'이라고 주장하는 사람은 선행과 정의를 위해 개인의 삶과 생명을 희생하는 것을 마다하지 않습니다. 장자에게는 선행과 정의를 위한다고 온몸을 불사른 열사烈士, 의사義士, 열녀烈女, 의녀義女가 바로 그런 사람들입니다. 그것은 장자가 인의 도덕仁義道德과 삼강오륜三綱五倫 같은 관습, 도덕, 윤리, 규범을 신랄하게 고발하고 비판하는 가장 큰 이유입니다.

예를 들어 보겠습니다. 삼강오륜 같은 유학(성리학)의 이념이 지배하던 시대 여성에게 '올바른 삶'의 도덕과 규범은 무엇이었습니까? '삼종지도三從之道'와 '불경이부不更二夫'입니다. '삼종지도'란 결혼하기 전에는 아버지를 따르고, 결혼한 후에는 남편을 따르고, 남편이 죽으면 자식을 따른다는 것입니다. '불경이부'는 두 명의 남편을 두지 않는다는 것입니다. 남편과 헤어지거나 혹은 남편이 죽더라도 평생 정절을 지키며 혼자 살아야 한다는 뜻입니다. 이것이 그 시대 여성들에게 요구되는 '올바른 삶'이었습니다. 그런데 '올바른 삶'의 관점에서 보면 여성의 삶은 무엇입니까? 남성에게 종속된 삶일 뿐입니다. 여기에는 여성 자신의 삶 자체가 존재하지 않습니다.

그렇다면 올바른 삶과 다른 '좋은 삶'이란 무엇일까요? 결혼 전에도 아버지가 아닌 자신이 원하는 삶을 살고, 결혼 후에도 남편이 아닌 자신이 원하는 삶을 살고, 남편이 죽은 후에도 자식이 아닌 자신이 원하는 삶을 사는 것입니다. 불경이부, 다시 말해 평생 남편에게 의리를 지키는 삶이 '올바른 삶'이라면, '좋은 삶'은 자신이 원하는 삶 즉, 다시 자신의 행복과 사랑을 찾는 삶이라고 할 수 있겠죠. 이렇듯 도덕이나 규범 또는 그 밖의 어떤 것에 종속된 삶이 아니라 자신이 원하고 바라고 갈망하는 삶을 사는 것, 그것이 바로 '좋은 삶'입니다.

'올바른 삶'이 누구에게나 예외 없이 적용되어야 할 보편적·절대적·객관적·사회적 가치와 기준이라면, '좋은 삶'이란 자기 자신에게만 적용되는 개별적·상대적·주관적·개인적 가치와 기준이라고 할 수 있습니다. 올바른 삶이 자신이 아닌 다른 누군가가 결정한 것이라면, 좋은 삶은 다른 누구도 아닌 바로 자신이 결정한 것이기 때문입니다. 장자의 관점에서 해석하면 '올바른 삶'이란 관습과 도덕 또는 규범과 규칙의 노예로 사는 것 그 이상도 이하도 아닙니다. 관습과 도덕 혹은 규범과 규칙이 정한 올바른 삶의 가치·기준·질서에 구속·속박받거나 지배·통제당하는 삶이기 때문입니다. 반면 '좋은 삶'은 자기 삶의 주인으로 사는 것입니다. 다른 누구도 아닌 자기 스스로 정한 가치·기준·질서에 따르는 삶이기 때문입니다.

그런데 보통 사람들은 '올바른 삶이 곧 좋은 삶'이라고 생각합니다. 왜 이런 착각이 일어날까요? 태어날 때부터 올바른 삶에 학습되고 훈육된 결과, 그것을 자신의 것인 양 내면화하고 있기 때문입니다. 실제로는 내면화된 도덕과 규범이 그런 판단·선택·결정을 하도록 한 것인데, 자신이 주체적으로 판단·선택·결정한다고 생각하는 것입니다. 그래서 자발적으로 올바른 삶을 선택하면서 '올바른 삶이 좋은 삶이고, 좋은 삶이 올바른 삶'이라고 확신하는 것입니다. 하지만 외부의 강요 또는 사회적 강압 때문에 올바른 삶을 선택했든 아니면 자발적으로 올바른 삶을 선택했든, 둘 다 올바른 삶의 도덕과 규범 혹은 규범과 규칙에 종속되고 복종한다는 사실은 달라지지 않습니다. 전자가 강압적 복종이라면, 후자는 자발적 복종이라는 차이밖에 없습니다.

　　장자는 '올바른 삶'의 가치가 지배하던 시대 '좋은 삶'의 가치를 역설한 거의 유일한 철학자입니다. 올바른 삶이 지배하면 어떻게 될까요? 무엇이 옳고 무엇이 그른지 다투는 논쟁이 멈추지 않고, 그것에 따라 선과 악, 정의와 불의를 가리고 따져서 공격하는 분쟁이 그치지 않게 됩니다. 장자는 유가와 묵가의 철학이 '올바른 삶'을 주장하고 강요하며 훈육하는 대표적인 경우라고 말합니다. 이 때문에 유가와 묵가의 철학은 온통 '옳음과 그름, 선과 악, 정의와 불의'에 대한 견해와 주장의 다툼 즉, 논쟁과 분쟁으로 채워져 있습니다. 그런데 장자의 시대만 '올바른 삶'이 지배한 시대는 아닙니다. 장자 이전 시대에도 그랬고, 장자 이후 시대에도 그랬습니다. 2000여 년이 지난 오늘날에도 우리는 여전히 '올바른 삶'의 관습과 도덕, 규범과 규칙에 훈육되고 또한 그것을 강요받고 그것에 복종하며 살고 있습니다. 이로 인해 우리는 자신에게 '좋은 삶'이란 무엇인지에 대한 의문과 질문 자체를 스스로 원천 봉쇄한 채 살아가고 있습니다.

다른 누군가의 삶이 아닌 자기 자신의 삶을 위해서 혹은 무엇인가의 노예가 아닌 자기 삶의 주인으로 살려면, 무엇보다 먼저 자신에게 '좋은 삶'이란 무엇인지를 스스로 질문하고 탐구해야 합니다. 장자는 삶의 거의 모든 문제에서 '올바른 삶'을 거부하고 '좋은 삶'이 무엇인지를 질문하고 탐구한 철학자입니다. 이 때문에 장자의 철학은 '좋은 삶'을 추구하고 모색하는 저와 같은 이들에게는 더할 나위 없이 좋은 안내서이자 길잡이가 됩니다.

이 책에서는 장자가 스스로 지어 내고 꾸며 낸 우화를 통해 질문하고 사색하고 탐구한 삶의 근본 문제들을 추적하면서 '좋은 삶'의 길과 방법 그리고 지혜를 찾아가고자 합니다. '운명, 욕망, 불안, 앎(지식), 삶과 죽음, 자유' 등의 여섯 가지 주제가 바로 그것입니다. 그것들은 우리가 살면서 마주하는 또는 마주할 수밖에 없는 문제들 가운데 삶에 가장 막대한 영향을 미치고 또한 가장 강력하게 작용하고 있는 근본 문제들이기 때문입니다.

장자 철학은 해답을 보여 주지 않습니다. 단지 해답을 찾아가는 길을 보여 줄 뿐입니다. 그 길을 걸어갈지 말지는 각자의 선택이고, 그 길을 걸어가는 과정에서 해답을 찾을 수 있을지 그렇지 못할지 역시 각자의 몫입니다. 저 역시 장자를 통해 본 삶의 길을 따라 어떤 삶을 살아야 할지 고민하는 사람 중 하나일 뿐입니다. 그리고 여기 이 책 역시 그러한 의문과 질문 그리고 고민과 사색의 결과물 중 하나에 불과합니다.

장자는 누구에게나 올바른 삶을 이야기하는 철학자가 아니라 각자에게 좋은 삶을 주장하는 철학자입니다. 만약 장자의 철학을 통해 절대적이고 영원히 변치 않는 '올바른 삶'의 가치와 기준을 찾으려고 한다면, 그것 자체가 이미 각자 개인이 찾아야 할 '좋은 삶'의 가치와 기준을 부정하고 파괴하고 해체하는 것입니다. 예를 들면 장자 철학의 핵심 메시지라고 할 수 있는 '무위자연의 삶' 역시 모두에게 절대적으로 올바른 삶의 가치와 기준이 아니라 각자에게 개별적으로 좋은 삶의 가치와 기준으로 바라봐야 합니다. 이 책을 읽는 처음부터 끝까지 장자는 절대적이고 영원불멸하다고 이름 붙인 세상의 모든 것을 철저히 부정하고 파괴하고 해체하려고 한 철학자였다는 사실을 한시도 놓쳐서는 안 됩니다.

각자에게 좋은 삶을 주장한다는 면에서 이 책은 40대에 접어든 독자들에게 더욱 큰 울림을 줄 수 있습니다. 마흔은 불혹不惑, 즉 세상에 현혹되지 않고 자기다운 삶을 살아가기 시작하는 시기이기 때문입니다.

따라서 이 책을 통해 장자 철학이 무엇인지를 알아 가는 시간을 갖기보다는, '자신만의 장자', 다르게 말하자면 장자 철학을 통해 자신에게 '좋은 삶'을 찾아가는 시간을 갖는 것이 중요합니다. 제가 이 책에서 말하는 장자 역시 모두에게 '올바른 장자'가 아니라 저에게 '좋은 장자'이고, 또한 '모두의 장자'가 아니라 '저의 장자'일 수 있다는 점을 염두에 두면서 읽으시기 바랍니다. 이제 장자의 우화 속에 담긴 철학적 메시지를 따라가면서 각자 자신에게 '좋은 삶'이란 무엇인지를 질문하고 사색하고 탐구해 나가는 시간을 시작해 보도록 하겠습니다.

1장

이제 삶의 방향은
결정되었는가?

운명인가
의지인가?

인간의 삶을 특정한 방향으로 이끌고 가는 힘의 실체가 운명인지 아니면 의지(능력)인지에 대해 질문하면, 아마도 운명의 편을 드는 사람과 의지의 편을 드는 사람이 한 치의 양보 없이 팽팽하게 맞설 것입니다.

마흔에 다다르면 특히나 인생을 움직이는 힘이 운명인지, 의지인지 더욱 고민이 듭니다. 자신의 의지와는 상관없이 일이 잘 되거나 못 되는 경우가 있는가 하면 의지를 가지고 노력한 만큼 결과가 나오는 경우도 경험했기 때문입니다.

대개 운명의 힘을 편드는 사람은 운명이란 이미 결정되어 있기 때문에 인간의 의지와 능력으로는 어떻게 할 수 없다고 생각하는 것 같습니다. 또한 운명은 결정되어 있기 때문에, 그것을 해석할 능력이 있는 사람에 의해 예측될 수 있다고 생각합니다. 운명의 힘을 믿는 사람이 운명학 즉, 사주명리학, 점성술, 타로점 등에 더 의지하는 이유 역시 여기에서 찾을 수 있을 것입니다. 이런 사람들이 운명을 바로 보는 관점은 결정론, 불변성, 확정성, 필연성, 예측성이라고 할 수 있습니다.

반면 의지와 능력의 힘을 편드는 사람은 운명이란 결정되어 있지 않고 인간의 선택과 행동(행위)에 의해 변화하는 것이라고 생각합니다. 또한 운명은 결정되어 있지 않고 만들어져 나가면서 바뀌기 때문에 애당초 예측이 불가능하다고 주장합니다. 이런 사람들이 운명을 바로 보는 관점은 비결정론 즉, 선택론과 행동론, 가변성, 불확정성, 우연성, 불예측성이라고 할 수 있겠죠.

운명의 힘과 의지의 힘을 둘러싼 팽팽한 힘겨루기는 아주 오래전 고대 중국의 도가 사상서인 『열자』에서도 찾아볼 수 있습니다. 『열자』는 『노자도덕경』, 『장자』 등과 함께 도가 사상의 3대 경전이라고 불릴 만큼 중요한 고전 중 하나입니다. 이 책은 이렇게 질문을 던집니다. "인간의 생사와 부귀와 빈천은 운명에 달려 있는가, 아니면 능력에 달려 있는가?" 운명과 능력의 논쟁을 한번 들어 볼까요?

능력 "사람의 장수와 요절, 부귀와 빈천은 모두 나의 힘으로 그렇게 되는 것이다."

운명 "만약 능력의 힘으로 가능한 일이라면, 어째서 재주 없는 사람은 장수하는 반면, 재주 있는 사람은 요절하는 것인가? 어찌하여 어진 사람은 곤란한 지경에 빠지는 반면, 사람의 도리를 거스르는 자는 자신의 뜻을 이루는 것인가? 어찌하여 착한 사람은 빈천을 벗어나지 못하는 반면, 악한 사람은 부귀를 누리는 것인가?"

능력 "만약 그대 말대로라면, 나는 본래부터 인간사와 세상사는 물론 온갖 사물에 대해 아무것도 하는 일이 없는 셈이군. 그렇다면 세상 모든 일과 온갖 사물이 그렇게 되고 있는 것은 순전히 그대 운명 때문이라는 말인가?"

운명 "이미 운명이라고 말한다면, 어떻게 운명을 그렇게 만든 사람이 달리 있겠는가? 나는 곧은 것은 곧은 대로 밀고, 굽은 것은 굽은 대로 놓아 둘 뿐이다. 장수하는 것도 스스로 그렇게 만든 것이고, 요절하는 것도 스스로 그렇게 만든 것이다. 스스로 궁색한 지경에 처하게 되고, 스스로 자신의 뜻을 이루게 되는 것이다. 스스로 존귀해지는 것이고, 스스로 미천해지

> 는 것이다. 또한 스스로 부유해지는 것이고, 스스로 가난해지는 것이다. 모든 것이 스스로 그렇게 되는 것인데, 나 운명이 어떻게 그것을 알 수 있겠는가?"

열자는 장자보다 약간 앞선 기원전 400년경에 활동한 인물로 추정됩니다. 이미 2500여 년 전 제자백가諸子百家 사이에서 뜨겁게 다루어지고 있을 만큼 이 문제는 오랜 세월 사람들에게 최대 관심사이자 논쟁거리 중 하나였다고 하겠습니다.

그런데 이 오래된 논쟁의 저울추를 따져 본다면, 근대 사회 이전에는 운명의 힘을 편드는 사람이 절대다수였고, 의지의 힘을 지지하는 사람은 특정한 소수였다고 할 수 있습니다. 왜냐하면 근대 사회 이전에는 인간이 자신의 의지로 삶을 통제하고 운명을 바꾼다는 것은 100퍼센트 일어날 수 없는 일은 아니었지만 거의 불가능에 가까웠기 때문입니다. 근대 이전 사회처럼 신분과 계급이 지배하는 경우, 한 개인의 운명(삶)은 태어날 때부터 부여받은 신분과 계급에 의해 결정됩니다. 거기에는 개인의 의지와 능력이 개입될 공간이 극도로 제한적입니다. 왕족은 왕족의 운명을, 귀족은 귀족의 운명을, 양반은 양반의 운명을, 노예는 노예의 운명을, 노비는 노비의 운명을 지니고 태어나며, 그것은 개인의 의지와 능력으로는 결코 바꿀 수 없다고 생각한 것입니다. 운명이 변화한다고 해도 왕족과 귀족은 그 운명의 경계 안에서, 노예와 노비 역시 자기 운명의 영역 내에서의 변화에 불과할 뿐, 신분과 계급에 의해 부여받은 운명의 경계를 넘어 자신의 운명을 바꾼다는 것은 거의 불가능에 가까웠기 때문입니다.

철학사나 사상사의 차원에서 볼 때, 운명의 힘에 대한 의지의 힘의 본격적인 반격은 신분과 계급 질서의 해체, 신분과 계급의 예속으로부터 해방된 근대적 개인과 근대적 사고의 대두, 자기 의지로 자신의 삶을 선택하고 결정할 수 있는 자유로운 개인의 출현을 기다려야 했습니다. 그 대표적인 사례가 서양에서 '근대 의식의 개막'이라고 일컫는 르네상스 시대에 활동한 마키아벨리의 『군주론』입니다.

마키아벨리는 인간의 삶에 작용하는 힘의 실체를 두 가지로 규정합니다. 그 하나가 '포르투나Fortuna'이고, 다른 하나가 '비르투Virtù'입니다. '포르투나'는 로마신화에서 운명의 수레바퀴를 맡아 사람들의 운명을 관장·결정하는 여신의 이름입니다. 라틴어 '포르투나'는 우리말로 '운명' 또는 '운' 등으로 번역할 수 있는데, 마키아벨리에게 이것은 "인간이 자신의 주체적 의지와 역량으로 통제할 수 있는 범위 밖에서 자신에게 닥쳐와 그 자신이 하고자 하는 일의 성공과 실패에 결정적 영향을 미치는 외부의 힘"[1]을 뜻합니다.

"저는 본래 세상일이란 운명과 신에 의해서 다스려지기

때문에 많은 사람들이 이를 통제할 수 없다고 생각해 왔고, 여전히 그렇게 생각한다는 점을 잘 알고 있습니다. (…) 이 문제에 관해서 생각할 때, 저 자신도 간혹 어느 정도까지는 이 의견에 공감합니다."

– 마키아벨리, 『군주론』 [2]

반면 '비르투'는 마키아벨리에게 "포르투나에 일방적으로 좌우되지 않고 그것에 대한 통제력을 높이고 활용함으로써 자신의 의지를 이루어 내는 힘"[3]을 말합니다.

"그럼에도 불구하고 인간의 자유의지를 박탈하지 않기 위해서 저는 운명이란 우리의 행동에 대해서 반만 주재할 뿐이며 대략 나머지 반은 우리의 통제에 맡겨져 있다는 생각이 진실이라고 판단합니다."

– 마키아벨리, 『군주론』 [4]

이러한 이유에서 운명의 힘은 인간이 자신에게 맞서 아무런 의지와 역량을 갖추고 있지 않은 곳에서 그 위력을 떨치며, 이때 운명은 인간의 삶을 전적으로 통제하거나 조종·지배하게 된다는 것입니다. 역으로 운명에 대항하기 위해서 인간이 자신의 의지와 역량을 발휘하는 곳에서는, 운명의 힘이 제멋대로 인간의 삶을 좌지우지하지 못하고 오히려 인간이 그것을 통제함으로써 자신의 삶을 주재할 수 있다는 것입니다.

　어쨌든 마키아벨리의 사례에서 볼 수 있는 것처럼 근대의 개막과 더불어 운명에 맞서 의지의 반격이 본격적으로 전개되었지만, 그럼에도 불구하고 운명이 인간의 삶에 미치는 영향력에 대한 절대적인 믿음은 오늘날에도 여전히 강력한 힘을 발휘하고 있습니다. 왜 그럴까요? 대다수의 사람들은 알 수 없거나 혹은 알지 못하거나, 또는 통제할 수 없는 외부의 어떤 힘이 자신의 삶을 지배하고 있다고 생각합니다. 더욱이 자신의 삶을 통제하거나 지배하는 운명의 실체를 인지한다고 해도, 그것을 어떻게 할 수 있는 의지와 역량이 자신에게 없거나 혹은 부족하다고 생각합니다. 이런 이유로 사람들은 대개 운명의 힘 앞에서 나약한 겁쟁이가 되거나 무기력한 약자가 되고 맙니다.

　우리의 삶에 작용하는 운명의 힘과 의지의 힘 중 어느 한쪽의 손을 일방적으로 들어 주기는 어렵습니다. 인간의 삶에는 아무리 의지와 능력을 발휘해도 전적으로 통제할 수 없는 힘이 분명 존재하지만, 동시에 자신의 의지와 역량으로 어느 정도 삶을 통제할 수 있는 힘 역시 작용하기 때문입니다. 그런 까닭에 운명과 의지(능력)의 힘이 인간의 삶에 작동하는 관계를 철학적으로 접근하려면 네 가지 차원에서 질문을 던져 봐야 합니다. 첫째는 '운명의 본성은 무엇인가?'입니다. 둘째는 '운명을 구성하고 있는 힘의 실체는 무엇인가?'입니다. 셋째는 '운명은 어떻게 변화하는가?'입니다. 마지막 넷째는 '운명이 변화하는 과정에서 의지(능력)의 힘은 어떻게 작용하는가?'입니다. 특별히 이러한 철학적 질문은 인간이 운명의 노예가 아닌 자기 삶의 주인으로 살아가는 데 있어서 매우 중요한 의미를 갖습니다.

이 네 가지 차원의 질문에 대해 장자는 시·공간을 초월하여 현대를 살아가는 우리에게 매우 유의미한 철학적 관점과 인문학적 해법을 제공하고 있습니다. 장자는 '운명'에 대한 전통적이고 지배적인 동양의 사유 방식, 즉 결정론·불변성·확정성·필연성·예측성 등을 전복하고 해체하는 유일무이한 철학자이기 때문입니다. 그럼 '호자와 무당 계함의 우화'를 통해 장자가 '운명의 본성'을 어떻게 들여다보고 있는지부터 시작해 보도록 하겠습니다.

운명은 예측할 수 있는가?

춘추전국시대 정나라에 사람의 운명을 귀신처럼 기가 막히게 잘 맞추는 계함이라는 무당이 있었습니다. 계함은 사람의 화복禍福, 수명, 요절, 삶과 죽음, 흥망성쇠 등의 운세는 물론 미래의 날짜까지 정확히 맞춰서, 정나라 사람치고 그를 두려워하지 않은 이가 없었습니다. 호자의 제자인 열자는 계함을 만난 후 사람의 앞날을 읽는 그의 능력에 완전히 심취하게 되었습니다. 스승 호자를 찾아간 열자는 '예전에는 선생님의 가르침이 최고인 줄 알았는데, 이제 선생님보다 더 뛰어난 사람을 만났다'면서 입에 침이 마르도록 계함을 칭송했습니다. 묵묵히 제자의 말을 듣고 있던 호자는 '너는 내 가르침의 껍데기만을 갖고서 세상 사람들로부터 성급히 인정을 얻으려고 한 탓에 계함으로 하여금 관상을 쉽게 알아맞히게 한 것'이라고 하면서 자신에게 계함을 한 번 데려와 보라고 말합니다.

다음 날 열자는 계함을 데리고 호자를 찾아갔습니다. 호자를 만난 계함은 밖으로 나와 열자에게 "당신의 스승은 열흘을 넘기지 못하고 죽는다. 나는 그에게서 젖은 재의 괴이한 모습을 보았다"라고 일러 줍니다. 스승이 죽는다는 말에 너무 놀란 열자는 울면서 되돌아가 호자에게 계함의 예언을 알려 줍니다. 그런데 호자는 마치 계함의 예언을 예상하고 있었다는 듯이 담담하게 이렇게 말합니다.

"조금 전 나는 계함에게 대지의 무늬를 보여 주었다. 멍한 모습으로 움직이지도 않고 멈추지도 않으니 그는 나의 생기生氣가 막혀 버린 모습을 보고서 곧 죽을 것이라고 말한 것이다."

그러면서 호자는 열자에게 다음 날 다시 계함을 자신에게 데리고 오라고 말합니다. 다음 날 다시 호자를 만나 관상을 본 계함은 밖으로 나와 열자에게 "다행히 그대의 선생은 나를 만난 덕에 병이 다 나았다. 어제 나는 그대의 선생에게서 생기가 막혀 버린 관상을 보았기 때문에 곧 죽을 것이라고 했다. 그런데 오늘은 생기가 완전히 회복되었다." 계함이 돌아가자 기쁜 마음에 열자는 즉시 그 말을 호자에게 알려 주었습니다. 이번에도 호자는 계함이 그렇게 말했을 것이라는 사실을 마치 예상했다는 듯 이렇게 답변했습니다.

"조금 전 나는 계함에게 하늘의 모습을 보여 주었다. 명칭(이름)을 붙일 수도 없고 실질(내용)도 파악할 수 없는데 생기가 발뒤꿈치에서 발생하니, 그는 나의 생기가 회복되었다고 말한 것이다."

말을 마치자 호자는 열자에게 다음 날 계함을 다시 자신에게 데리고 오라고 말합니다. 다음 날 세 번째로 호자를 만나 관상을 본 계함은 밖으로 나온 후 당황스러워하면서 열자에게 "오늘은 이상하게 그대 선생의 관상이 일정하지 않아서 도저히 관상을 볼 수가 없다. 다시 일정하게 관상을 잡아 주면 그때 다시 관상을 보도록 하겠다"라고 말하곤 그대로 돌아갔습니다. 열자가 계함의 말을 전하자 호자는 이번에도 그럴 줄 알았다는 듯 이렇게 말합니다.

"조금 전 나는 계함에게 더없이 허무하고 아무런 조짐도 흔적도 없는 모습을 보여 주었다. 그는 나의 모습에서 음과 양의 기운이 어느 한쪽으로 기울거나 치우침 없는 평형의 모습을 보았을 것이다. 그래서 나의 관상에서 아무것도 볼 수가 없었을 것이다."

그리고 호자는 열자에게 계함을 또 데리고 오라고 말합니다. 다음 날 호자를 찾아간 계함은 그의 관상을 보고서 앉지도 못하고 얼이 빠진 채 그냥 서 있다가 그대로 뒤돌아서 도망을 쳤습니다. 호자는 열자에게 쫓아가서 계함을 잡아 오라고 외쳤습니다. 하지만 계함이 어찌나 빨리 달아났던지 열자는 그를 따라잡을 수 없었습니다. 빈손으로 돌아온 열자에게 호자는 계함이 도망친 까닭을 이렇게 말해 줍니다.

"조금 전 나는 계함에게 자연 그대로의 내 모습을 보여 주었다. 마음을 완전히 비우고 아무런 욕망도 없는 모습으로 그를 마주 대한 것이다. 이제 나의 관상을 본 계함은 내가 누군지 도통 알 수 없게 되었고, 아무것도 알 수 없게 되자 거대한 파도와 같은 무엇이 자신을 덮쳐서 무너뜨리려 한다는 생각에 두려워 도망친 것이다."

이 우화는 『장자』 「내편內篇」 '응제왕應帝王'에 실려 있습니다. 그렇다면 장자는 '호자와 무당 계함의 우화'를 통해 무엇을 이야기하려고 한 것일까요? 그것은 운명의 두 가지 본성입니다. 그 하나가 '변화 가능성'이라면, 다른 하나는 '예측 불가능성'입니다. 우화 속 네 차례에 걸친 호자의 변신이 끊임없이 변화하는 운명의 본성을 상징한다면, 호자의 관상이 변할 때마다 말을 바꾸다가 끝내 혼란에 휩싸여 도망친 계함의 모습은 예측할 수 없는 운명의 본성을 의미한다고 할 수 있겠죠. 결국 장자는 사람의 운명이란 천변만화 千變萬化 즉, 무궁무진하게 변화하기 때문에 결코 예측할 수도 또한 단정할 수도 없다는 사실을, 호자가 자신의 관상을 수시로 바꾸는 변신으로 무당 계함을 농락하는 우화로 꾸며서 보여 주었다고 하겠습니다.

운명은 필연적인가, 우연적인가?

첫 번째 이야기, 호자와 무당 계함의 우화가 '운명의 본성은 무엇인가'에 대한 장자의 견해를 읽을 수 있다면 두 번째 이야기, 자여와 자상의 우화에서는 '운명을 구성하는 힘은 어떻게 작용하는가'에 대한 장자의 철학을 엿볼 수 있습니다. 이 우화는 『장자』 「내편」 '대종사 大宗師'의 마지막 부분에 등장합니다. 우화 속으로 들어가 볼까요?

자여는 자상과 친구 사이입니다. 장맛비가 열흘이 다 되도록 그치지 않자, 자여는 가난한 자상이 굶주림에 고통을 겪지 않나 걱정이 되기 시작했습니다. 음식을 싸 가지고 자상을 찾아간 자여가 집 문 앞에 이르렀을 때 곡소리인 듯하다가 다시 들으면 노래를 부르는 것도 같은 이상한 소리가 거문고 연주에 실려 들려왔습니다.

"아버지 탓인가? 어머니 탓인가? 하늘 탓인가? 사람 탓인가?"

자여가 집으로 들어가서 보니 그 이상한 소리의 주인공은 다름 아닌 친구 자상이었습니다. 자여가 왜 그런 이상한 노래를 하느냐고 묻자 자상은 이렇게 대답합니다.

"온종일 누가 나의 삶을 이 지경에 이르게 했는지 곰곰 생각해 봤지만 도무지 알 수가 없네. 아버지와 어머니가 어찌 내가 가난하기를 바라셨겠는가? 하늘과 땅은 사사로운 마음이 없어서 누군가에게는 더 많이 주고 누군가에는 더 적게 주지 않으니, 하늘과 땅인들 나만 가난하게 할 리가 없지 않은가? 나의 삶을 이렇게 만든 존재를 아무리 찾아 봐도 알 수가 없어서 그런 노래를 부른 것이네. 그렇다면 내가 이 지경에 이르게 된 것은 운명이라고밖에 할 수 없지 않은가."

장자가 이 우화를 통해 우리에게 던지는 철학적 질문은 무엇일까요? 그것은 '운명은 필연적인 것인가 아니면 우연적인 것인가?'라는 물음입니다. 어떤 일이 원인과 이유 혹은 까닭이 있어서 그렇게 된 것을 필연必然이라고 합니다. 반면에 원인, 이유, 까닭 없이 그렇게 된 것을 우연偶然이라고 말합니다. 따라서 필연에는 인과율因果律과 법칙성이, 우연에는 비인과율과 무법칙성이 작용한다고 할 수 있습니다. 그렇다면 운명에 작용하는 힘은 필연성, 인과율, 법칙성일까요 아니면 우연성, 비인과율, 무법칙성일까요?

장자는 우화 속 자상의 가난과 곤궁에는 원인과 이유가 없다고 말합니다. 한마디로 그의 가난과 곤궁은 삶의 우연한 결과일 뿐이라는 얘기입니다. 우리는 대부분 가난한 사람에게는 가난한 원인과 이유가 있고, 부자인 사람에게는 부유한 원인과 이유가 있고, 성공한 사람에게는 성공의 원인과 이유가 있고, 실패한 사람에게는 실패의 원인과 이유가 있다고 믿습니다. 과연 그럴까요? 또한 우리는 우화 속 자상처럼 가난과 곤궁을 벗어나지 못하는 사람에 대해 그 원인과 이유가 노력 부족, 의지 부족, 능력 부족 때문이라고 지적하기를 좋아합니다. 하지만 노력해도 가난한 사람이 있는가 하면, 노력하지 않아도 부유한 사람이 있습니다. 가난에서 벗어나려는 의지가 높아도 가난한 사람이 있는가 하면, 그렇지 않아도 부유한 사람이 있습니다. 능력이 뛰어나도 가난한 사람이 있고, 능력이 모자라도 부자인 사람이 있습니다.

성공과 실패에 대해서도 같은 이치로 설명할 수 있습니다. 어떤 원인과 이유에서 특정한 결과가 나온다는 해석은 따라서 결과에 따른 해석 즉, 결과론적 해석의 오류일 뿐입니다. 만약 특정한 원인과 이유가 특정한 결과를 낳는다면 어떤 경우에도 그 원인과 이유에서는 필연적으로 그 결과가 나와야 합니다. 하지만 성공한 사람이 말하는 성공의 원인과 이유 그대로 행동한다고 해도 어떤 사람은 성공하는가 하면 어떤 사람은 실패합니다. 왜 그렇습니까? 우연이 개입하기 때문입니다. 우연의 개입 때문에 A라는 원인과 이유에서 B라는 특정한 결과만 아니라 B에서부터 Z에 이르기까지 헤아릴 수 없는 다양한 결과가 나올 수 있는 것입니다. 이것은 역의 관계, 즉 특정한 결과에는 특정한 원인과 이유가 있다는 주장에도 적용됩니다. 다시 말해 Z라는 결과에도 A와 B의 원인과 이유만 있는 것이 아니라 A에서부터 Y에 이르기까지 헤아릴 수 없을 만큼 다양한 원인과 이유가 존재하는 것입니다.

운명 역시 마찬가지입니다. 우연의 개입 때문에 사람은 자기 운명의 어떤 결과도 예측하거나 계산하거나 통제할 수 없고, 또한 운명의 결과에 대해 원인과 이유를 따져 묻는 것은 아무런 의미가 없습니다. 마치 화살을 맞고 죽음의 문턱에 이른 사람이 화살이 어디에서 날아왔고, 어떻게 만든 화살인지, 누가 화살을 쏘았는지 따져 묻는 것처럼 말입니다.

가난한 사람에게는 가난의 운명이, 부유한 사람에게는 부자의 운명이, 성공한 사람에게는 성공의 운명이, 실패한 사람에게는 실패의 운명이 따로 존재하는 것이 아닙니다. 가난한 사람은 우연한 이유로 가난한 것이고, 부자인 사람은 우연한 원인으로 부유한 것이고, 성공한 사람은 우연한 이유로 성공한 것이고, 실패한 사람 역시 우연한 원인으로 실패한 것일 뿐입니다. 우화 속 자상의 가난과 곤궁 역시 필연적인 원인과 이유가 있어서 그렇게 된 것이 아니라, 우연한 원인과 이유에서 그렇게 된 것일 뿐입니다. 우연하게 그렇게 된 것에 불과하기 때문에 가난한 사람도 얼마든지 부자가 될 수 있고, 부유한 사람 역시 얼마든지 가난해질 수 있으며, 성공한 사람도 언제든지 실패할 수 있고, 실패한 사람 역시 언제든지 성공할 수 있습니다.

운명이 필연성, 인과율, 법칙성의 지배를 받는다면 인간의 의지나 능력이 개입할 수 있는 여지나 공간은 제한됩니다. 특정한 원인과 이유에서는 특정한 결과만 나오기 때문입니다. 반대로 운명이 우연성, 비인과율, 무법칙성의 지배를 받는다면 인간의 의지나 능력이 개입할 수 있는 여지나 공간은 무한대로 확장됩니다. '운명은 우연적인 것이다'는 말의 뜻은 다시 말해 운명은 무한한 가능성의 세계라는 것, 즉 어떤 일도 일어날 수 있고 어떤 것도 될 수 있다는 의미이기도 합니다. 그렇게 본다면 운명을 구성하는 힘에는 필연적인 것이 아니라 우연적인 것이 작용한다는 장자의 철학 속에는 운명의 무한한 가능성에 대한 긍정의 철학이 담겨 있다고 할 수 있습니다.

운명은 '결정되어 있는 것'이 아니라 '구성되어 가는 것'이다!

장자 철학이 '현실 도피 철학'으로 오독誤讀되면서 그것이 지니고 있던 실제 색깔, 즉 인간 본성에 대한 통찰, 현실의 삶에 대한 풍자, 사회 비판 정신은 그 자취가 거의 사라졌다고 할 수 있습니다. 불행 중 다행하게도 명맥이 끊겨 버린 장자 철학의 실제 색깔을 문학 방면에서 재현한 사람이 20세기 초에 등장했는데, 그 사람은 바로 루쉰입니다.

장자가 '사람이 사람을 잡아먹는' 암흑의 시대에 절망의 시선으로 인간의 심연과 사회의 민낯을 해부했던 것처럼, 루쉰 역시 절망의 심정으로 근대 중국인과 중국 사회를 해부한 사람입니다. 일본의 문학 평론가이자 루쉰 연구의 세계적 전문가인 다케우치 요시미는 루쉰 작품의 특징은 '암흑과 절망'이라고 분석한 적이 있습니다. 루쉰만큼 절망의 눈으로 근대 중국 사회와 중국인을 깊게 들여다본 사람은 없다는 얘기입니다. 근대 중국인과 중국 사회는 '암흑과 절망'이 전부이며 "희망은 절대 없다"고 확신했던 루쉰은 흥미롭게도 젊은 시절 희망을 둘러싼 친구와의 논쟁 끝에 '희망의 존재 여부', 다시 말해 희망은 절대 없다는 자신의 확신을 증명해 보기 위해 의학도에서 작가로 변신한 사람입니다. 이러한 까닭에 루쉰의 모든 작품은 직·간접적으로 '희망과 절망'에 연결되어 있다고 해도 될 만큼, 작가 루쉰에게 이 주제는 평생에 걸친 삶의 화두였습니다. 이 삶의 화두, '절망과 희망'에 대해 루쉰이 얻은 나름의 결론은 두 가지로 요약할 수 있습니다.

첫 번째는 "절망이 허망한 것은 희망이 그러한 것과 같다"는 태도입니다. 허망하다는 것은 '실체가 없다'는 뜻입니다. 다시 말해 절망이 실체가 없는 것처럼 희망 역시 실체가 없다는 것입니다. 실체가 없고 허망한 것이기 때문에 희망에 의지할 필요도 없고 절망에 좌절할 필요도 없다는 얘기입니다. 여기에는 애써 희망을 품으려고 하지도 말고, 그렇다고 절망할 필요도 없이 자신의 길을 가라는 메시지가 담겨 있습니다.

두 번째는 '희망은 사람들에 의해 만들어지기 때문에 있다고 할 수도 없고 없다고 할 수도 없다'는 것입니다. 두 번째 태도는 첫 번째 태도보다 희망에 대해 훨씬 더 긍정적인 메시지를 담고 있습니다. 희망은 절대 없다는 애초의 확신이, 결국 희망 역시 사람들이 어떤 선택을 하고 어떻게 행동하느냐에 따라 변화할 수 있다는 방향으로 바뀌었기 때문입니다.

"희망이란 본래 있다고도 할 수 없고, 없다고도 할 수 없는 것이다. 그것은 바로 땅 위의 길과 같다. 땅 위에는 본래 길이 없지만, 오고 가는 사람이 많아지면 그곳이 곧 길이 되는 것이다."

– 루쉰, 『고향』[5]

삶의 희망은 — 절망 역시 마찬가지로 — 애초 결정되어 있는 것이 없다는 것입니다. 마치 사람들이 다니면서 만들어지는 길처럼, 희망 역시 사람들에 의해 '만들어질' 뿐입니다. 사람들에 의해 만들어지기 때문에, 희망이란 '있을 수도 있고(실현될 수도 있고)' 또 '없을 수도 있는(좌절할 수도 있는)' 것입니다.

장자가 바라본 운명 역시 이와 다르지 않습니다. 희망이 애초 — 있다거나 혹은 없다거나 — 결정되어 있지 않는 것처럼, 이미 '결정되어 있는 운명'이란 존재하지 않습니다. 단지 사람들이 '만들어 가는 운명'만이 존재할 뿐입니다. 장자는 여기에 대해 이렇게 말하고 있습니다.

"길은 사람이 걸어 다님으로써 만들어진다. 사물의 명칭은 사람이 그렇게 부르기에 그렇게 정해진 것이다. (…) 모든 사물은 가능성의 상태로 존재한다. 어떤 사물이든 그렇지 않는 것이 없으며, 어떤 사물이든 가능하지 않은 것이 없다."

– 『장자』「내편」'제물론齊物論'

운명은 자신이 원하는 방향으로 갈 수도 있고, 반대로 자신의 의도와는 전혀 다른 방향으로 갈 수도 있습니다. 운명은 희극일 수도 있고, 반대로 비극일 수도 있습니다. 또한 성공할 수도 있고, 반대로 실패할 수도 있습니다. 행복할 수도 있고, 반대로 불행할 수도 있습니다. 하지만 그 어느 쪽이라고 해도 이미 '결정되어 있는 것'은 아무것도 없습니다. 운명이란 '변화의 세계'이고 '가능성의 세계'입니다. 그래서 삶의 희극은 한순간 비극이 되기도 하고, 비극은 다시 희극이 되기도 하는 것입니다. 성공은 실패가 되기도 하고, 실패는 성공이 되기도 합니다. 행복은 언제든지 불행으로 바뀔 수 있고, 불행은 다시 행복으로 바뀌기도 합니다.

만약 운명이 이미 결정되어 있다면, 그것은 '과거의 시간'에 속하게 됩니다. 하지만 운명이 만들어진다면, 그것은 '지금 여기' 또는 '미래의 시간'에 속하게 됩니다. 지금 여기의 삶이 어떤 길을 어떻게 걸어가느냐에 따라 우리의 운명은 변화하고 다시 구성되기 때문입니다.

운명은 어떻게 구성되어 가는가?

운명은 우연적인 것이고 구성되는 것이라면, 그것은 어떻게 만들어지는 것일까요? 또한 운명을 만들어 가는 힘의 요소 즉, 실체는 무엇일까요? 고대 서양의 자연철학에 등장하는 핵심 개념어 가운데 '클리나멘Clinamen'이라는 용어가 있습니다. 클리나멘은 '어긋남 혹은 틀어짐, 편위 혹은 편차, 경로 이탈 혹은 방향 선회' 등을 가리킵니다. 이 용어는 고대 로마의 시인이자 철학자인 루크레티우스의 『사물의 본성에 대하여』라는 글에 등장합니다. 이 글에서 루크레티우스는 하늘에서 떨어지는 빗줄기에 비유해 원자들의 운동에서 일어나는 경로 이탈과 그로 인한 원자들 사이의 우발적 충돌을 창조의 에너지이자 변화의 동력으로 묘사하고 있습니다.

> "자신들이 가진 무게라는 속성 때문에 원자들이 허공을 관통해 아래로 떨어질 때 절대적으로 예견할 수 없는 시간과 장소들에게 그것들은 자신들의 직선 경로로부터 아주 조금, 단지 한순간의 위치 이동이라고 이야기될 수 있는 작은 정도로 틀어진다. 만일 그것들이 직선 경로를 벗어나지 않는다면 모든 원자들은 빗방울처럼 깊이를 헤아릴 수 없는 허공을 관통하여 아래로 떨어지게 될 것이며 일차적 성분들 사이에 어떤 충돌도 벌어지지 않을 것이며 어떤 타격도 생기지 않을 것이다. 그렇다면 결과적으로 자연은 결코 어떤 것도 만들지 못하게 될 것이다."

– 루크레티우스, 『사물의 본성에 관하여』[6]

　　루크레티우스의 '클리나멘'이 담고 있는 철학적 메시지는 신의 의지로 세계가 창조되었다는 사실을 부정한다고 해서 기독교가 지배한 중세 시대 내내 매장당하다시피 하다가 근대 이후, 특히 20세기 포스트모더니즘 철학자들에 의해 인문학적으로 다시 해석되어 현재에도 크게 주목받고 있습니다. 루크레티우스의 자연철학을 인문학적으로 해석하면 이렇게 설명할 수 있습니다. 모든 사람의 삶이 각자 일정한 방향과 예측 가능한 궤도로 움직일 때, 만약 전혀 다른 방향과 예측 불가능한 궤도로 움직이는 우발적인(우연한) 존재가 있다면 반드시 '삶의 충돌'이 일어나게 되는데, 이 충돌은 삶의 새로운 무엇인가를 생성·창조하는 변화의 계기이자 동력이 된다는 것입니다. 여기에서 우발적인 존재는 '타자'가 되고, 삶의 충돌은 '사건'이 됩니다. 삶에서 타자와의 충돌은 사건을 일으키고, 사건은 타자와의 마주침에 의해 일어나니까요. 다시 말해 타자와 사건이 없다면 인간의 운명에는 어떤 변화도 일어나지 않고, 삶은 어떤 새로운 것도 생성·창조하지 못한다는 뜻입니다. 결국 운명을 만들어 나가고 삶을 변화시키는 힘의 요소, 즉 실체는 다름 아닌 '타자와 사건의 우발적인 충돌'이 됩니다.

　　장자의 수많은 우화 가운데 가장 대중적으로 널리 알려진 우화를 들자면 '조삼모사朝三暮四의 우화'를 꼽을 수 있습니다. 이 우화는 대개 결과가 같은 줄은 모른 채 눈앞의 이익만 보는 어리석음을 뜻하거나, 또는 간사한 꾀로 다른 사람을 속여서 이익을 취하는 사기꾼이나 협잡꾼의 행위를 뜻하는 데 사용됩니다. 그런데 철학자 강신주는 이 우화를 전혀 다르게 해석합니다.

강신주의 해석에서 먼저 전제되어야 할 것은 저공이 원숭이를 속여서 이익을 취하려는 사람이 아니라 진심으로 원숭이를 사랑하는 사람이라는 점입니다. 저공은 항상 키우는 원숭이들에게 만족할 만한 먹이 즉, 도토리를 제공했습니다. 하지만 경제 사정이 여의치 않자 어쩔 수 없이 원숭이들에게 제공하는 식량을 줄일 수밖에 없게 되었습니다. 저공은 원숭이를 사랑했기 때문에 일방적으로 먹이를 줄이지 않고 원숭이들에게 사정 이야기를 해 주었습니다. 그리고 내일부터는 아침에 세 알, 저녁에 네 알의 도토리를 줄 수밖에 없는데 괜찮겠냐고 물었습니다. 그런데 원숭이들은 저공의 생각과는 다르게 모두 크게 화를 냈습니다. 저공은 생각을 바꿔 다시 원숭이들에게 '그렇다면 아침에 네 알, 저녁에 세 알을 주면 어떻겠느냐'고 제안했습니다. 원숭이들은 모두 기뻐하며 저공의 제안을 받아들였습니다.

강신주는 이 우화에서 중요한 사실은 저공의 첫 번째 제안을 원숭이들이 받아들였다면, 두 번째 제안은 전혀 필요가 없었다는 점이라고 말합니다. 저공의 두 번째 제안을 강제한 것은 원숭이라는 '타자'였다는 사실이야말로 이 우화의 핵심 포인트라는 것입니다. 저공의 악화한 경제 사정은 그와 원숭이들의 삶에 발생한 뜻밖의 사건입니다. 뜻밖에 마주하게 된 우연한 사건에 저공은 예전처럼 식량을 계속 제공할 수 없었기 때문에 원숭이들에게 첫 번째 제안을 했지만 거부당했습니다. 원숭이들의 거부는 저공에게는 '타자와의 우발적 충돌'이라고 할 수 있겠죠. 우화에서는 저공이 자신의 입장을 바꿔 두 번째 제안을 했지만, 만약 그가 원숭이들의 거부를 무시하고 첫 번째 제안을 그대로 밀어붙였다면 어떻게 되었을까요? 아마도 원숭이들이 반발해 뛰쳐나가 저공은 사랑하는 원숭이들을 모두 잃어버렸을 수도 있었을 것입니다. 그런 점에서 '조삼모사의 우화'는 장자가 '타자라는 존재'와 '타자와의 마주침'이야말로 운명을 구성하고 변화시키는 가장 결정적인 요소라는 점을 인식하고 있었다는 사실을 확인시켜 준다는 것입니다.[7]

결국 '조삼모사의 우화'는 우발적인 사건과 타자와의 충돌에 대한 태도와 반응 또는 조정과 대응 여부에 따라 운명은 성공과 실패, 행복과 불행, 희극과 비극의 변곡선變曲線을 구성하게 된다는 인문학적 메시지를 담고 있다고 할 수 있습니다.

운명은 모호하고
불확실하다!

　장자의 철학에는 다른 제자백가, 특히 유가의 철학에서는 보기 힘든 한자들이 자주 등장합니다. '희미하다, 흐릿하다, 어둡다, 칠흑 같다, 캄캄하다'는 뜻의 '망(芒), 명(冥), 혼(昏)' 자나 '알 수 없다, 알아내지 못하다'는 뜻의 '부지(不知), 부득(不得)' 등과 같은 한자입니다. 그렇다면 왜 유독 장자의 철학에서는 이런 한자가 자주 등장할까요?
　그것은 장자가 인간의 운명 혹은 삶 자체를 희미하고 흐릿하거나 어둡고 캄캄하다고 바라보기 때문입니다. 다시 말해 운명은 뚜렷하거나 명확하게 존재하지 않고, 희미하고 모호하게 존재한다는 것입니다. 희미하고 흐릿한 것 즉 모호성이야말로 운명의 본성이라는 뜻입니다.

> "사람의 몸으로 태어나 평생토록 악착같이 수고하면서도 성공은 기약하지 못하고 고달프게 지쳐서 곤죽이 되어도 돌아가 쉴 곳을 알지 못하니 애달프지 아니한가. 어떤 이들은 사람은 죽지 않는다고 말하지만, 그렇다고 해서 그게 무슨 소용이 있겠는가. 사람의 육신이 죽어서 변하면 그 마음 역시 육신과 더불어 변하게 되니 몹시 애달

장자는 인간의 운명 혹은 삶 자체를 희미하고 흐릿하거나 어둡고 캄캄하다고 바라봅니다. 다시 말해 운명은 뚜렷하거나 명확하게 존재하지 않고, 희미하고 모호하게 존재한다는 것입니다. 희미하고 흐릿한 것 즉 모호성이야말로 운명의 본성이라는 뜻입니다.

프지 않은가. 사람의 삶이란 본래 이처럼 어두운 것일까? 아니면 나만 홀로 어둡고 다른 사람들은 어둡지 않은 것일까?"

-『장자』「내편」'제물론'

운명은 왜 희미하고 모호한 것일까요? 결정되어 있는 것은 아무것도 없고, 끊임없이 그리고 무궁무진하게 변화하기 때문입니다. 변화하기 때문에 어떤 일도 일어날 수 있고 또한 무엇도 될 수 있지만, 확실하거나 명확한 것은 아무것도 없습니다.

더욱이 장자는 운명의 본성만 그런 것이 아니라고 말합니다. 인간이 운명을 만들어 가는 무대인 세계의 본성 역시 어둡고 캄캄해서 모호하다는 것입니다. 세계 또한 고정불변하지 않고 끊임없이 그리고 무궁무진하게 변화하기 때문입니다. 장자는 그러한 세계의 모습을 '곤이라는 거대한 물고기와 붕이라는 거대한 새의 우화' 속 '북명北冥 혹은 남명南冥'으로 묘사하고 있습니다. '북녘의 어두운 바다'로 해석할 수 있는 북명은 거대한 물고기 곤이 살고 있는 세계입니다. 그리고 '남녘의 어두운 바다'로 해석할 수 있는 남명은 곤이 거대한 새 붕으로 변신해 날아가는 새로운 세상입니다. 여기에서 거대한 물고기 곤과 거대한 새 붕은 모두 장자 자신을 상징적으로 비유한 것입니다. 거대한 물고기 곤이 사는 북명은 '현실 세계'를, 거대한 새 붕이 날아가는 남명은 장자가 욕망하는 이상향, 다르게 말하면 '가상 세계'를 의미합니다. 현실 세계든 가상 세계든 모두 어둡고 캄캄하다는 뜻의 '명(冥)'으로 묘사한 이유는 장자에게 세계라는 존재는 '미지와 불확실의 세계' 그 자체이기 때문입니다.

철학의 궁극적인 목적이 '진리 탐구'라고 할 때, 여기에서 진리는 절대적이고 보편적이며 불변한 것 또한 명확하고 확실해서 어느 누구도 부정할 수 없는 것을 의미합니다. 이것은 동양과 서양을 막론하고 주류의 철학이 추구하는 진리 탐구의 노선입니다. 하지만 장자는 이러한 주류 철학의 노선을 단호하게 거부하고 부정합니다. 장자에게 절대성, 보편성, 불변성, 명확성, 확실성은 인간의 관념이 구축한 허상의 세계일 뿐입니다. 장자가 바라보는 인간과 세계는 상대적이고, 개별적이며, 가변적이고, 모호하고, 불확실한 존재이기 때문입니다. 이렇게 운명과 세계의 본성은 희미하고, 모호하고, 어둡고, 캄캄하기 때문에 장자는 인간의 지적 능력으로는 그것을 알 수 없거나 알아낼 수 없다고 지적합니다.

> "죽음과 삶, 보존과 패망, 빈궁과 영달, 가난함과 부유함, 현명함과 어리석음, 치욕과 명예, 배고픔과 목마름, 추위와 더위 등은 사물의 변화이자 천명天命의 작동입니다. 그것들은 밤낮으로 우리 눈앞에서 교대로 펼쳐지지만, 사람

의 지적 능력으로는 그 시작을 알 수 없습니다."

— 『장자』「내편」'덕충부德充符'

인간의 지적 능력으로는 알 수도 없고, 알아낼 수도 없다면 어떻게 해야 할까요? 장자는 운명의 본성을 거스르지 말고 그것에 따르는 삶을 살라고 역설합니다. 운명의 본성이 무엇입니까? 끊임없이 그리고 무궁무진하게 변화하는 것이죠. 장자는 인간의 유한한 지식으로 운명의 무한한 변화를 애써 알려 하지 말고—알려고 해도 알 수 없으니까—오직 변화의 이치에 순응하는 삶을 살라고 주문합니다. 변화의 이치에 순응한다는 것은 변화할 때 변화하는 것, 다시 말해 변화를 외면하거나, 회피하거나 또는 거부하거나, 부정하지 않는 삶입니다. "끝없는 변화에 자신을 그대로 맡기는 삶[因之以曼衍]", 그것이 모호하고 불확실한 운명을 대하는 장자의 태도입니다.

'낙타'에서 '사자'로, 다시 '사자'에서 '어린아이'로!

이제 앞에서 던진 운명에 대한 철학적 질문의 마지막 순서로, 장자는 "인간의 자유의지와 역량이 운명의 변화 과정에서 어떻게 개입한다고 보았을까?"에 대한 해법을 찾아보도록 하겠습니다. 여기에 얽힌 장자의 우화를 쉽게 이해하기 위해서는 먼저 '서양의 장자'라고 불리는 니체의 철학을 살펴보는 것이 큰 도움이 됩니다. 니체는 『차라투스트라는 이렇게 말했다』에서 '위버멘쉬의 철학'을 통해 운명이 변화하는 과정에서 인간의 자유의지와 역량이 어떻게 개입하고 작용하는지를 보여 주고 있습니다.

독일어 '위버멘쉬(Übermensch)'는 영어로 표현하면 '오버맨(Overman)'입니다. '인간을 넘어선 인간' 혹은 '인간을 극복한 인간'이라는 뜻입니다. 니체는 『차라투스트라는 이렇게 말했다』에서 "인간은 극복되어야 할 그 무엇이다"라고 주장합니다. 그런데 무엇을 넘어서고, 극복한다는 것일까요? 그것은 자기 자신, 더 구체적으로 말하면 자신의 운명 혹은 삶을 의미합니다. 위버멘쉬는 바로 '자신의 운명을 넘어서(혹은 극복해) 새로운 운명을 생성·창조하는 인간'입니다. 그런데 위버멘쉬는 어떻게 자신의 운명을 넘어서 새로운 운명을 창조할까요? 바로 여기가 운명의 변화 과정에서 인간의 자유의지와 역량이 발휘되는 지점입니다. 니체는 그것이 '몰락'이라고 말합니다. 니체식으로 표현하면 '몰락에의 의지'가 되겠죠. 다시 말해 몰락을 긍정하고 소망하는 것입니다.

니체는 "인간은 왜 위대한 존재인가?"라고 묻습니다. 인간이 위대한 까닭은 "그가 하나의 과정일 뿐 목적이 아니기" 때문입니다. 다시 니체는 "인간은 왜 사랑스러운 존재인가?"라고 묻습니다. 인간이 사랑스러운 까닭은 "그가 건너가는(다시 말해 넘어서는) 존재이며 몰락하는 존재"이기 때문입니다. 이러한 까닭에 위버멘쉬로서의 삶을 살려는 사람들은 '자신의 몰락'을 긍정하고 소망해야 합니다. 몰락하는 사람만이 자기 운명과 삶의 경계와 한계를 넘어서 새로운 운명과 삶을 생성·창조할 수 있기 때문입니다. 이것이 니체가 『차라투스트라는 이렇게 말했다』를 통해 자신은 '몰락하는 존재로서의 삶을 살 뿐 그 밖의 다른 삶을 살 줄 모르는 사람들'을 사랑한다고 선언한 이유입니다.

몰락을 긍정하고 소망하라고 한 니체는 이제 '낙타, 사자, 어린아이'의 상징적 비유를 빌어서, 인간이 어떻게 몰락과 변신(변화)의 과정을 거쳐서 자유로운 단계의 인간 정신을 창조하는지 이야기합니다. '낙타'가 상징하는 것은 무엇일까요? '예'라고 할 줄밖에 모르는 노예 단계의 정신에 머물러 있는 인간을 의미합니다. '예'라는 할 줄밖에 모르는 인간 정신이 '아니오'라고 하면서 자기 목소리, 다시 말해 자기 권리를 주장하고 요구할 수 있으려면 무엇이 필요할까요? '용기와 용맹함'입니다. '사자'는 바로 맹렬하고 용감하게 자신의 권리를 쟁취해 내는 단계의 인간 정신을 상징합니다. 낙타의 몰락은 곧 사자로의 변신이고, 사자로의 변화는 곧 낙타의 몰락입니다. '예'라고 밖에 할 줄 모르는 인간 정신이 몰락해야 '아니오'라고 할 수 있는 인간 정신으로의 변신이 일어납니다. 마찬가지 이치로 '아니오'라고 할 수 있는 인간 정신으로의 변신이 일어나야 '예'라고 할 줄밖에 모르는 인간 정신은 몰락하게 됩니다.

그런데 니체는 여기에서 멈추지 않습니다. 그는 '사자' 단계의 인간 정신은 다시 '어린아이' 단계의 인간 정신으로 변신해야 한다고 주장합니다. '사자' 단계의 인간 정신은 왜 '어린아이' 단계의 인간 정신으로 변신해야 할까요? '사자'의 용기와 용맹함은 자신의 권리를 주장하고 쟁취하는 데는 유용한 힘일지 모르지만, 새로운 가치와 질서를 창조하는 데는 무용하고 무기력합니다. '예'나 '아니오'에 머무는 단계의 인간 정신은 외부의 가치와 질서에 대한 순종과 굴종 혹은 복종이거나 아니면 저항과 거부 혹은 부정이지, 아직 스스로의 힘으로 자신의 가치와 질서를 창조해 낼 수 있는 단계의 인간 정신은 아니기 때문입니다. 니체는 '어린아이' 단계의 인간 정신만이 스스로의 힘으로 새로운 가치와 질서를 창조해 낼 수 있다고 말합니다. 어린아이는 "순진무구함이며 망각이고, 새로운 출발, 놀이, 스스로 도는 수레바퀴, 최초의 움직임이며, 성스러운 긍정"[8]이기 때문입니다. 순진무구와 망각은 과거 혹은 현재에 얽매이거나 집착하지 않고 항상 새롭게 시작할 수 있는 힘의 원천이 됩니다. 스스로의 힘에 의해 돌아가는 바퀴 즉, 어린아이 단계의 인간 정신은 세상의 다른 어떤 것에도 의존하지 않고 오로지 자기 자신에게서 나온 힘에 의지해 나아가는 무한한 창조이자 거룩한 긍정의 힘을 의미합니다.

낙타의 몰락은 노예 단계에 머물러 있는 인간 정신의 몰락을 상징합니다. 사자로의 변신은 자기 권리와 자유를 쟁취한 인간 정신의 출현을 의미합니다. 사자의 몰락은 자기 권리와 자유를 쟁취하는 데는 능숙하지만 새로운 가치와 질서를 창조하는 데는 무용하고 무기력한 인간 정신의 몰락을 뜻합니다. 어린아이로의 변신은 이제 스스로의 힘으로 새로운 가치와 질서를 창조해 낼 수 있는 완전히 자유로운 단계의 인간 정신의 탄생을 의미합니다.

니체가 '낙타, 사자, 어린아이'의 상징적 비유를 빌려서 어떻게 인간 정신이 몰락과 변신의 과정을 거쳐 자유로운 단계의 인간 정신을 창조하는지 우리에게 보여 준 것처럼, 장자는 '곤어와 붕새'의 상징적 비유를 통해 인간의 삶이 어떻게 몰락과 변신의 과정을 거쳐 스스로 자유로운 삶의 세계를 창조하는지 이야기하고 있습니다.

새로운 삶과 운명으로의 비상

장자 철학의 시작은 억압과 속박, 구속과 통제가 지배하고 있는 현실의 삶과 운명을 적극적으로 거부하고 부정하는, 다시 말해 몰락시키는 것으로 시작합니다. 그것은 「내편內篇」, 「외편外篇」, 「잡편雜篇」 등으로 제법 방대한 구성을 이루고 있는 『장자』라는 책의 첫 시작을 장식하고 있는 '곤어와 붕새의 우화'를 통해 확인할 수 있습니다. 이 우화는 이렇게 시작합니다.

    북명, 즉 북녘의 검고 어두운 바다에는 크기가 몇천 리인지 가늠조차 하기 어려운 '곤'이라는 거대한 물고기가 살고 있습니다. '곤'은 어느 날 역시 그 크기가 몇천 리인지 헤아릴 수 없는 거대한 새 '붕'으로 변신합니다. 곤어가 변신한 붕새는 바다가 요동칠 때 북녘의 검고 어두운 바다를 떠나 남명, 곧 남녘의 검고 어두운 바다로 날아가려고 합니다. 앞서 말했던 것처럼 북녘의 검고 어두운 바다는 장자가 살고 있는 현실의 삶과 세계, 남녘의 검고 어두운 바다는 장자가 욕망하는 가상의 삶과 세계를 의미합니다. 거대한 물고기 곤어 혹은 거대한 새 붕새는 모두 장자 자신을 가리킨다고 한다면, 이 우화는 현실 세계에서 현실의 삶을 살던 장자가 어느 날 변신하여 자신이 욕망하는 이상향(가상의 삶과 세계)을 찾아 나서고자 하는 이야기로 해석할 수 있겠죠.

    그렇다면 왜 곤어는 붕새로 변신했을까요? 다르게 말하면 왜 장자는 현실의 삶과 세계를 몰락시키고 가상의 삶과 세계를 창조해야 했을까요? 장자가 욕망하는 가상의 삶과 세계는 무엇일까요? 그것은 바로 '자유로운 삶과 세계'입니다. 그런데 장자가 살고 있는 현실의 삶과 세계는 어떻습니까? 그곳은 신분과 계급의 구속과 억압, 국가의 감시와 권력의 통제, 관습과 도덕에 복종해야 하는 노예의 삶과 운명에서 벗어날 수 없도록 합니다. 자유로운 삶과 세계는 이런 현실의 삶과 세계를 적극적으로 거부하거나 부정하고 몰락시켜야 비로소 가능해집니다. 왜냐하면 현실의 삶과 현실 세계 속 나는 지배와 통제에 길들여져 있고, 억압과 속박에 복종하고, 감시와 구속에 굴종하는 삶을 살고 있기 때문입니다.

곤어에서 붕새로의 변신은 바로 자유로운 삶과 세계의 가능성을 통제하고 억압하는 현실의 삶과 세계에 대한 몰락이자 새로운 운명을 창조하는 여정의 시작입니다. 장자에게 새로운 삶과 운명, 즉 자유로운 삶과 운명의 창조는 현재 자신의 삶과 현실 세계의 자신을 몰락시켰을 때 비로소 시작된다고 하겠죠. 그런 점에서 보자면 『장자』라는 책은 붕새로 변신한 장자가 스스로 새로운 삶과 운명, 다시 말해 자기 삶과 운명의 새로운 가치와 질서를 창조해 나가는 여정을 기록하고 있다고 해석해도 무방할 것입니다. 신화인지 전설인지 모를 수수께끼 같은 이 우화가 왜 『장자』라는 책의 첫머리를 장식하고 있는지에 관한 의문의 실마리를 여기에서 찾을 수 있겠죠.

곤어의 삶을 넘어서 붕새의 삶을 창조하고자 하는 이 지점에서 하나의 운명이 몰락하고 새로운 운명으로의 변신이 일어납니다. 운명에 대한 장자의 자유의지와 역량이 개입하고 작용하는 지점 역시 바로 이곳입니다. 그런데 몰락이 곧 변신은 아닙니다. 니체가 말한 '위버맨쉬의 철학'에서 확인할 수 있었던 것처럼, 몰락과 변신 사이에는 '넘어섬'의 과정이 존재하기 때문입니다. 몰락과 변신 사이에 존재하는 일련의 과정을 넘어설 때(혹은 극복할 때) 비로소 새로운 삶과 운명의 창조가 일어납니다. 장자는 이 점을 정확하게 통찰하고 있었습니다.

붕새가 남녘의 검고 어두운 바다로 날아가고자 할 때 곧바로 날아갈 수 있는 것은 아닙니다. 붕새는 거대한 태풍이 불 때를 기다렸다가 3천 리 밖까지 솟구치는 회오리바람을 타고서 9만 리 상공까지 날아오릅니다. 이때서야 비로소 붕새는 북녘의 검고 어두운 바다를 떠나 6개월을 쉬지 않고 날아서 남녘의 검고 어두운 바다로 향해 나아갑니다. 3천 리 밖까지 솟구치는 거대한 회오리바람을 타야 9만 리 상공까지 날아오를 수 있고, 9만 리 상공까지 날아올라야 6개월을 쉬지 않고 날아갈 수 있고, 6개월을 쉬지 않고 날아가야 남녘의 검고 어두운 바다에 다다를 수 있습니다.

몰락과 변신 사이에 존재하는 '넘어섬'의 과정은 때로는 고통과 고난을 견뎌 내야 하고, 때로는 용기와 의지가 필요하고, 때로는 실망하고 좌절하고, 때로는 성공하고 실패하는 그 모든 것을 다 포함합니다. 장자의 우화 속 붕새가 9만 리 상공까지 날아올라 장장 6개월을 날아서 남녘의 검고 어두운 바다로 날아간다는 이야기는 몰락과 변신 사이에 존재하는 '넘어섬'의 과정에 대한 은유라고 해석할 수 있겠죠. 그런 점에서 붕새의 변신과 비상 이야기는 현실 세계 속 자기 삶과 운명의 경계와 한계를 넘어서 새로운 삶과 운명을 창조하고자 하는 장자 자신의 '변신 선언'이자 '비상 선언'이라고 할 수 있겠습니다.

자신의 운명을 사랑하라!

장자의 철학은 운명에 대한 '무한의 긍정', 즉 자기 운명에 대한 무한한 사랑을 내포하고 있습니다.

> "젊음도 좋게 생각하고 늙음도 좋게 생각한다. 시작도 좋게 여기고 마지막도 좋게 여긴다. 삶도 좋게 받아들이고 죽음도 좋게 받아들인다."
>
> —『장자』「내편」'대종사'

왜 우리는 성공과 실패 혹은 행복과 불행 또는 부유함과 곤궁함의 여부와 상관없이 자신의 운명을 사랑해야 할까요? 첫 번째 이유는, 운명은 무한한 가능성의 세계이기 때문입니다. 어떤 일도 일어날 수 있고 무엇도 될 수 있는 것이 운명의 세계입니다. 무한한 가능성의 세계이기 때문에 운명의 세계는 우리가 아직 발견하지 못한 무궁무진한 삶의 자원이요 대지로 이루어져 있습니다. 우리가 어떤 가혹하고 잔인한 운명 앞에 놓이더라도, 그것은 삶의 끝이 아닙니다. 단지 아직 자기 운명의 또 다른 자원과 대지를 발견하지 못했을 뿐입니다. 아직 발견하지 못한 자기 운명의 자원과 대지를 찾고자 하는 의지와 용기만 잃지 않는다면, 아무리 가혹하고 잔인한 운명 앞에서라도 인간은 다시 '삶을 넘어서 운명의 도약'을 할 수 있다는 얘기입니다. 무한한 가능성의 세계로 존재하는 운명의 긍정성을 니체는 이렇게 표현하고 있습니다.

"아직도 발길이 닿지 않는 천 개의 오솔길이 있으며, 천 개의 건강법과 천 개의 숨겨진 삶의 섬들이 있다. 아직도 발견되지 않은 채로 무궁무진하게 남아 있는 것이 인간이며 인간의 대지이다."

– 프리드리히 니체, 『차라투스트라는 이렇게 말했다』[9]

두 번째 이유는, 운명은 무한히 변화하기 때문입니다. 변화를 부정하든 긍정하든 혹은 거부하든 수용하든 또는 의식하든 의식하지 못하든, 그 여부와 상관없이 우리의 운명은 끝없이 변화합니다. 운명의 세계에서는 다반사로 성공이 실패로 변하고, 실패 역시 성공으로 변화합니다. 행복이 불행이 되고, 불행은 행복이 되곤 합니다. 곤궁함은 부유함으로 변하고, 부유함은 곤궁함으로 변합니다. 삶은 죽음이 되고, 죽음은 다시 새로운 삶이 됩니다. 누구도 이 변화의 수레바퀴에서 벗어날 수 없습니다. 그래서 성공도 내 운명의 일부이고 실패도 내 운명의 일부입니다. 행복도 내 운명의 일부이고 불행도 내 운명의 일부입니다. 삶도 내 운명의 일부이고 죽음도 내 운명의 일부입니다. 이런 까닭에 장자는 삶에 대해 좋게 여긴다면 죽음 역시 좋게 생각해야 하며, 젊음을 좋게 여긴다면 늙음 역시 좋게 받아들여야 하며, 성공을 좋게 여긴다면 실패 역시 좋게 생각해야 하며, 행복을 좋게 여긴다면 불행 역시 좋게 받아들여야 한다고 말합니다. 운명의 세계에서는 그 어떤 것도 항상恒常하거나 영원永遠하지 않고 쉼 없이 변화하고 있기 때문입니다.

> "삶과 죽음은 운명이다. 그것이 밤과 낮이 교대하듯 일정하게 변화하는 것은 자연의 필연이다. (…) 그러므로 나의 삶에 대해 좋다고 생각한다면 나의 죽음 또한 좋게 생각해야 한다."
>
> -『장자』「내편」'대종사'

그렇다면 우리는 어떻게 자신의 운명을 사랑해야 할까요? 그것은 어떤 낯설고 가혹하고 잔인한 삶의 문제들에 직면하더라도 자기 운명에 대한 긍정을 잃지 않는 것입니다. 성공하고, 행복하고, 부유할 때 자신의 운명을 긍정하고 사랑하는 것은 어렵지 않은 일이겠죠. 반면에 실패하고, 불행하고, 곤궁하게 되면 누구나 자신의 운명을 원망하고 미워하게 됩니다. 정작 운명의 긍정성에 대한 태도와 의지가 필요할 때는 바로 이 순간인데 말입니다. 아무리 가혹하고 잔인한 운명의 굴레에 놓여 있더라도 삶에 대한 '다시 한번'의 용기와 의지를 잃지 않는다면 운명은 어떤 일도 일어날 수 있고 언제든지 변화할 수 있습니다. "그것이 삶이었던가? 좋다. 그렇다면 다시 한번!" 이것이 바로 우리가 운명을 사랑해야 할 방법이고 또한 자신의 운명을 사랑할 수밖에 없는 이유이기도 합니다. 마흔에 다다른 지금 여러분은 자신의 운명을 긍정하고 계십니까? 원망하고 계십니까? 중년의 시기로 넘어가는 지금 우리에게는 운명을 사랑할 수 있는 용기가 절실히 필요합니다.

> "용기는 심연 앞에서의 현기증도 살해한다. 인간이 서 있는 곳 그 어디 심연 아닌 곳이 있던가! 본다는 것 자체가 심연을 들여다보는 것이 아닌가? 용기는 최상의 살해자다. 용기는 동정도 살해한다. 동정이야말로 가장 깊은 심연임에도 불구하고. 삶을 깊이 통찰하는 만큼 인간은 고통도 깊이 통찰한다. 그러나 용기는, 공격하는 용기는 최상의 살해자다. 이 용기는 죽음조차도 살해한다. 왜냐하

성공하고, 행복하고, 부유할 때 자신의 운명을 긍정하고 사랑하는 것은 어렵지 않은 일이겠죠. 반면에 실패하고, 불행하고, 곤궁하게 되면 누구나 자신의 운명을 원망하고 미워하게 됩니다. 정작 운명의 긍정성에 대한 태도와 의지가 필요할 때는 바로 이 순간인데 말입니다.

면 용기는 '그것이 삶이었던가? 좋다! 그러면 다시 한번!' 이라고 말하기 때문이다. 이러한 말에는 승리의 음악이 힘차게 울려 퍼진다. 귀 있는 자는 들을지어다."

– 프리드리히 니체, 『차라투스트라는 이렇게 말했다』[10]

2장

누구의 욕망을
좇으며 살았는가?

무엇을 욕망하는가?

운명을 알고 싶다는 말의 정확한 의미는 무엇일까요? 그것은 자신의 욕망이 실현될 수 있는지 혹은 실현될 수 없는지를 알고 싶다는 의미입니다. 예를 들어 보죠. 자신의 운명이 궁금할 때 찾아가는 곳이 어디입니까? 점집이죠. 그럼 점집에 가서 무엇을 물어봅니까? 진학운, 취업운, 결혼운, 연애운, 건강운, 재물운, 출세운 등등이죠. 다시 말해 원하는 학교에 진학할 수 있는지, 바라는 직장에 취직할 수 있는지, 갈망하는 연애와 결혼이 이루어질 수 있는지, 기대하는 재물을 얻고 출세를 할 수 있는지에 관해 궁금한 것입니다. 그런 의미에서 진학운은 진학 욕망, 취업운은 취업 욕망, 결혼운은 결혼 욕망, 건강운은 건강 욕망, 재물운은 재물 욕망에 다름없다고 할 수 있습니다. 이러면 운명이 곧 욕망이고, 욕망이 곧 운명이라고 해도 틀린 말이 아니게 됩니다. 결국 운명은 욕망과 떼려야 뗄 수 없는 관계이기 때문에, 어떤 사람의 운명이 어느 방향을 향해 갈 것인지를 알고 싶다면 그 사람의 욕망을 들여다보면 된다고 할 수 있습니다. 운명은 욕망의 얼굴을 하고 있기 때문입니다. 장자는 여기에 대해 이렇게 말하고 있습니다.

> "부유함을 최고의 가치로 여기는 사람은 재물을 다른 사람에게 양보하지 못하고, 입신출세를 최고의 가치로 삼는 사람은 관직과 명성을 다른 사람에게 양보하지 못하고, 권력을 최고의 가치로 탐하는 사람은 다른 사람에게 권력을 양보하지 못한다."
>
> - 『장자』 「외편」 '천운天運'

재물을 최고의 욕망으로 삼는 사람은 평생 재물을 좇는 운명에서 벗어나지 못할 것이고, 입신출세를 최고의 욕망으로 삼는 사람은 평생 관직과 명성을 따라다니는 운명을 살 것이고, 권력을 최고의 욕망으로 삼는 사람 역시 평생 권력을 좇는 삶을 살게 된다는 얘기입니다. 이렇듯 사람은 누구나 자신이 최고의 가치로 여기는 욕망을 좇는 삶을 살기 때문에, 욕망을 들여다보면 운명의 방향 혹은 삶의 지향을 알 수 있다는 것입니다.

마흔 이전까지 여러분은 어떤 욕망을 지니고 살아 오셨습니까? 그리고 마흔 이후에는 어떤 욕망을 가지고 살아가려 하십니까? 이것은 대단히 중요한 문제입니다. 마흔 이전에는 욕망을 좇아가기에 바빴다면 마흔 이후에는 욕망을 실현할 수 있는 가능성이 증대하기 때문입니다.

욕망이 삶의 지향과 방향을 가리키고 있다면, 욕망은 어떻게 구성되는지 또한 욕망이 삶에 어떻게 작용하는지를 사색하고 탐구한다는 것은 아주 중요한 의미를 갖게 됩니다. 그럼에도 불구하고 욕망은 19~20세기 이전까지 철학의 중요한 주제가 아니었습니다. 아니, 오히려 욕망은 부정되거나 제거되어야 할 무엇이었습니다.

먼저 서양철학에서 전통적으로 '욕망'을 어떻게 다루었는지 살펴보죠. 아리스토텔레스는 자연의 위계질서를 '신 - 인간 - 동물'로 규정한 다음 신은 순수한 이성의 존재로, 동물은 동물적 욕망, 즉 육체적 욕망만을 가진 존재로, 그리고 인간은 신의 이성과 동물의 욕망이 뒤섞여 있는 존재로 파악합니다. 인간은 신이 될 수도 있고 동물이 될 수도 있다는 얘기입니다. 다시 말해 인간은 동물적(육체적) 욕망을 억누르면 순수한 이성의 존재인 신이 될 수도 있지만, 반면에 동물적(육체적) 욕망에 사로잡히게 되면 동

마흔 이전까지 여러분은 어떤 욕망을 지니고 살아 오셨습니까? 그리고 마흔 이후에는 어떤 욕망을 가지고 살아가려 하십니까?

물로 전락하게 되고 맙니다. 이러한 철학적 사유의 전통에서 욕망이란 인간의 이성적 능력을 방해하거나 가로막는 장애물에 불과합니다.

동양철학은 어떨까요? '무욕無欲'을 역설한 불교는 세속을 벗어난 종교의 가르침에 가깝다고 하더라도, 동양철학의 전통적 사유에 가장 깊게 자리 잡고 있는 유학은 욕망을 어떻게 다루고 있습니까? 맹자는 "양심막선어과욕養心莫善於寡慾(마음을 기르는 데는 욕망을 적게 하는 것보다 더 좋은 것이 없다)"이라고 하면서 '과욕寡慾'을 강조합니다. 욕망을 절제하거나 혹은 억누를 수 있어야만 인간을 인간답게 하는 선한 마음을 갈고 닦아 기를 수 있다는 것입니다. 더욱이 주희(주자)와 같은 송나라 시대 성리학자에 이르게 되면 욕망을 적게 하라는 맹자의 주장에 만족하지 않고 아예 욕망을 제거해야 한다는 '무욕無欲'을 역설하게 됩니다.

그렇다면 왜 동양과 서양을 막론하고 욕망에 대한 부정적인 사유가 동일하게 대세를 이루게 되었을까요? 여기에는 크게 두 가지의 사회경제적 배경이 자리하고 있다고 하겠습니다.

첫 번째 근대 이전 농업이 지배하던 시대에는 인간의 물질적 수요를 충족시키기에 생산력이 빈약했다는 것입니다. 빈약한 생산력은 물질적 욕망을 통제하는 것을 사회의 최고 가치이자 공동체의 도덕규범으로 삼게 만들었습니다. 그래야 충족할 수 없는 욕망의 분출로 인한 사회적 갈등과 충돌을 방지할 수 있기 때문입니다.

　두 번째는 농업을 근본으로 하는 사회에서는 근검절약을 최고의 미덕으로 삼기 때문에 욕망을 긍정적 시각으로 바라보기 어렵다는 것입니다. 농업은 토지 면적과 생산력에 따라 생산량이 일정할 수밖에 없습니다. 생산량의 변동 폭이 크지 않다는 얘기입니다. 올해 풍년이 들었다고 해도 내년 혹은 내후년에도 그러리라는 보장이 없습니다. 오히려 자연환경의 영향에서 자유로울 수 없는 농업은 풍년과 흉년의 주기적 순환을 벗어날 수 없습니다. 또한 다음해 농사를 짓기 위해서는 올해 수확물의 일정 비율을 저장해야 합니다. 올해 수확한 생산량을 가지고 올해 먹고 사는 비용 지출은 물론이고, 내년 농사를 준비하고 계획해야 하는 비용까지 지불해야 하기 때문에 마음대로 소비할 수 없는 것입니다. 이런 사회에서는 욕망을 절제하는 것이 중요한 가치로 여겨지기 때문에 욕망을 긍정적으로 바라보기는 당연히 어렵겠죠.

　반면 상업 유통과 산업 생산이 지배하는 사회에서는 근검절약이 아닌 소비가 미덕이 됩니다. 소비를 해야 더 많은 재화와 새로운 상품이 만들어지고 유통되어서 더 큰 이익을 남기기 때문입니다. 이런 경우 욕망을 억누르기보다는 오히려 욕망을 부추기는 사회현상이 지배하게 되겠죠. 18세기 산업혁명으로 산업 자본주의가 출현하고, 20세기에 들어와서 대량 생산과 대량 소비 사회로 접어들게 되면서 사회경제적 차원에서 인간의 물질적 욕망을 긍정적으로 바라보는 인식의 전환이 일어난 이유도 여기에서 찾을 수 있겠죠. 프로이트, 레비나스, 라캉, 보드리야르, 르네 지라르, 들뢰즈에게서 볼 수 있는 것처럼, 19~20세기 이후 욕망이 철학의 핵심적인 주제로 급부상한 까닭 역시 이와 같은 사회 경제적 대전환이 그 바탕에 자리하고 있습니다.

여하튼 욕망을 부정적으로 바라보느냐 긍정적으로 바로 보느냐 여부와 상관없이, 인간에게 운명이 삶의 본성이라면 욕망은 존재의 본성이라고 할 수 있습니다. 욕망이란 부정하거나 억압하거나 제거하려고 해도 그렇게 할 수 없는 이유가 바로 여기에 있습니다. 오히려 프로이트의 표현을 빌려 말하자면, 욕망은 부정하거나 억압하거나 제거하려고 하면 할수록 무의식의 영역에 깊게 자리해 역설적으로 삶을 더욱 강력하게 통제하거나 지배하게 된다고 할 수 있습니다.

욕망이 부정당하고 거세당한 시절, 장자는 '성심性心(만들어진 마음)'이라는 개념을 통해 욕망의 문제를 철학적으로 사색하고 탐구한 족적을 남긴 거의 유일한 동양 사상가입니다. 프로이트가 '욕망, 꿈, 무의식'의 관계를 밝히기 수천 년 전에 장자가 그 어느 누구도 다가가지 못한 이 영역을 어떻게 사색하고 탐구했는지 살펴보는 것은 장자 철학의 현재적 가치와 의미를 파악하는 데 있어서 아주 중요하다고 하겠습니다. 그럼 이제부터 장자가 남긴 욕망에 관한 철학의 족적을 찾아 떠나 보도록 하겠습니다.

욕망은 만들어진다!

욕망은 어떻게 구성될까요? 다시 말해 내가 무엇인가를 욕망한다고 할 때, 나는 왜 그것을 욕망하게 된 것일까요? 이 의문에 대한 하나의 실마리로 장자는 춘추전국시대 송나라 모자 상인의 우화를 우리에게 소개합니다. 이 짧은 우화는 『장자』「내편」 '소요유逍遙遊'에 등장합니다.

송나라에 한 모자 상인이 있었습니다. 그는 동남쪽 바닷가 멀리 떨어져 있는 월나라에 가서 모자를 장사 밑천으로 삼아 큰돈을 벌 생각을 하고 송나라를 떠나 먼 길을 나섰습니다. 아마도 월나라 사람들은 모자를 쓰지 않는다는 말을 듣고, 비록 자기 고향에서 몇천 리 떨어진 머나먼 변방의 나라이지만 모자를 독점 판매하면 큰 이익을 남길 수 있다고 여겼던 것 같습니다. 송나라의 모자 상인은 생각한 대로 큰돈을 벌었을까요? 아닙니다. 오히려 단 하나의 모자도 팔지 못하고 폭삭 망했습니다. 월나라 사람들은 머리를 짧게 깎고 몸에 문신을 하고 있어서 모자를 전혀 필요로 하지 않았기 때문입니다. 그렇다면 이 짧은 우화를 통해 장자는 욕망에 관한 어떤 철학적 메시지를 우리에게 던지고 있을까요?

우리가 욕망하는 것은 세상 사람들이 욕망하는 것입니다. 다시 말해 세상 사람들이 욕망하는 것을 우리는 욕망합니다. 세상 사람들이 욕망하지 않는 것은 우리 역시 욕망하지 않습니다. 그런 의미에서 우리의 욕망은 '타자의 욕망'입니다. 우리는 타자의 욕망을 욕망하는 것입니다. 따라서 내가 무엇인가를 욕망한다고 했을 때, 그 욕망은 구체적으로 표현하자면 '타자의 욕망에 의해 만들어진 나의 욕망'을 의미합니다. 이렇게 만들어진 욕망을 장자는 '성심成心' 즉, '구성된 마음' 혹은 '만들어진 마음'이라고 말합니다.

송나라는 고대 중국 문명의 중심지인 황하 유역의 중원에 자리하고 있는 나라입니다. 이 때문에 복장에 관한 예법과 예절이 매우 발달한 문화를 가지고 있었습니다. 송나라 사람들은 어떤 사람이 착용하고 있는 의복과 모자를 통해 그 사람의 신분과 계급 또는 사회적 지위를 알 수 있었습니다. 다시 말해 송나라 사람의 의복과 모자에는 단순히 몸을 가리고 추위나 더위를 피하는 용도뿐만 아니라, 신분과 계급 그리고 사회적 지위에 대한 욕망이 내재되어 있었습니다. 송나라 사람들은 인간이라면 당연히 예법과 예절에 따른 의복과 모자를 갖추어야 한다고 여겼겠죠. 더 나아가 송나라 사람이라면 누구나 의복과 모자를 통해 높은 신분과 계급 그리고 사회적 지위 상승의 욕망을 꿈꾸고 상상했겠죠. 송나라에서 태어나 그 나라 사람들이 욕망하는 것을 욕망하면서 자란 송나라 모자 상인의 성심 즉, 만들어진 욕망은 자연스럽게 '모자의 욕망'이었겠죠. 그리고 송나라 모자 상인은 당연하게도 자신의 성심 즉, 만들어진 욕망을 통해 세상 사람들의 욕망을 바라보았기 때문에, 아직 모자를 쓰지 않는 월나라에 가서 모자 장사를 하면 큰돈과 큰 이익을 남길 수 있다고 생각한 것입니다. 그런데 월나라 사람들은 송나라 사람들과는 성심 즉, 만들어진 욕망이 완전히 달랐습니다. 월나라는 고대 중국 문명의 중심지인 중원에서 아주 멀리 떨어져 있는 장강(양자강) 이남의 동쪽 구석진 곳에 자리하고 있었습니다. 그래서 이 나라 사람들은 의복과 모자가 아닌 몸에 새긴 문신을 통해 각각의 신분과 계급 그리고 사회적 지위를 드러냈기 때문에 모자가 전혀 필요가 없었던 것입니다. 송나라 사람들의 성심 즉, 만들어진 욕망이 '모자의 욕망'이라면, 월나라 사람들의 성심 곧 만들어진 욕망은 '문신의 욕망'이라고 할 수 있겠죠. 송나라 사람들이 문신을 욕망하지 않듯이, 월나라 사람들은 모자를 욕망하지 않았기 때문에 모자 상인은 단 하나의 모자도 팔지 못하고 망한 것입니다.

　　장자는 똑똑한 사람이든 멍청한 사람이든, 현명한 사람이든 어리석은 사람이든, 고귀한 사람이든 미천한 사람이든 상관없이 누구나 가지고 있는 게 '성심'이라고 말합니다. 마찬가지 이치로 사람은 누구나 의식하고 있든 혹은 의식하고 있지 못하든 상관없이 '성심의 작용'에 지배를 받고 있다고 말합니다. 그것은 바로 '세상 사람들(타자)의 욕망에 의해 만들어진 나의 욕망'이 얼마나 강력하게 삶에 작용하고 있는지에 관한 장자의 철학적 메시지입니다.

> "성심(만들어진 마음 혹은 구성된 마음)을 따라 그것을 스승으로 삼는다면, 그 누군들 스승이 없겠는가? 어찌 반드시 변화의 이치를 꿰뚫어 보고 마음에 스스로 판단하는 사람에게만 성심이 있겠는가? 무지하고 어리석은 사람 역시 이런 사람과 마찬가지로 성심을 가지고 있다. 아직 성심이 없는데 옳음과 그름을 따진다면, 그것은 마치 '오늘 월나라에 갔는데 어제 도착했다'는 궤변처럼 터무니없는 것이다."
>
> - 『장자』「내편」'제물론'

내가 욕망의 주인인가, 욕망이 나의 주인인가?

타자의 욕망에 의해 만들어진 욕망이 나의 욕망이라면, 이제 우리는 이런 질문을 던져 봐야 합니다. "내 욕망의 주인은 나인가 아니면 타자인가?" 욕망의 실체에 관한 장자의 탐구 역시 이 지점에서 시작합니다.

"대상이 없으면 '나'라는 주체를 증명할 수 없고, 내가 없으면 기쁨·슬픔·노여움·즐거움의 감정이 나타날 수 있는 주체가 없어진다. 이것은 진실에 가깝지만, 무엇이 그렇게 하도록 만든 것인지는 알 수 없다. 진정한 주재자主宰者가 있는 것 같지만 특별한 증거는 찾을 수 없다. 작용을 주재하는 존재의 가능성은 분명하지만, 그 주재자의 구체적인 형체는 볼 수 없다. 작용의 진실성은 분명하지만, 그것을 주재하는 주재자의 구체적 증거는 없다. (…) 어디엔가 진정한 주재자가 존재하는 것일까? 진정한 주재자의 실상을 알고 있든 모르고 있든 상관없이 주재자의 실체에는 아무런 영향도 미치지 못한다."

- 『장자』「내편」'제물론'

    욕망하는 것은 나 자신이고, 욕망은 나의 소유이기 때문에 내가 욕망의 주인인 것 같지만, 실제 무엇이 그렇게 욕망하도록 하는지에 대해서 우리는 의식하지 못하거나 혹은 인식하지 못한 채 그렇게 한다는 얘기입니다. 프로이트가 말한 것처럼 욕망은 대부분 무의식으로 이루어져 있기 때문에 의식의 표층이나 삶의 표면에 거의 드러나지 않습니다. 다시 말해 우리가 무엇인가를 욕망한다고 할 때, 대부분 왜 그것을 욕망하는지 인식하지도 의식하지도 못한 채 단지 무의식적으로(혹은 자동적으로) 욕망할 뿐이라는 것입니다. 그래서 장자는 우리 삶에 작용하는 욕망의 존재성과 진실성은 분명하지만, 그렇게 욕망하도록 하는 참다운 주재자는 무엇인지 알 수 없다고 말합니다. 작용으로서의 욕망은 분명하게 존재하지만, 실체로서의 욕망은 분명하지 않다는 뜻입니다. 쉽게 말해 욕망이 나의 삶에 작용한다는 사실은 분명하게 알 수 있지만, 나의 삶에 작용하는 그 욕망의 실체 혹은 주재자는 알 수 없다는 것입니다.

이해를 돕기 위해 '돼지고기와 이슬람'을 예로 들어 보겠습니다. 돼지고기 하면 우리의 욕망은 어떻게 작용합니까? 삼겹살 혹은 돼지갈비를 먹고 싶다, 족발이나 감자탕 혹은 제육볶음을 먹고 싶다는 식으로 작동하겠죠. 돼지고기에 대한 이런 욕망은 대한민국에서 태어나고 자란 우리에게 무의식적으로 형성된 음식 문화의 관습이기 때문에 거의 자동적(무의식적)으로 작용한다고 할 수 있습니다. 우리는 돼지고기를 왜 그렇게 욕망하는지 생각조차 하지 않습니다. 아니, 생각할 필요조차 없겠죠. 나아가 돼지고기에 대한 우리의 욕망을 너무나 당연한 것이라고 여기며 세상 사람 모두가 그럴 것이라고 짐작할 것입니다. 그런데 잘 알다시피 이슬람 사회에서 태어나고 자란 사람은 돼지고기에 대한 욕망이 우리와는 전혀 다르게 작용합니다. 이들에게 돼지고기는 금기 즉, '억압된 욕망'으로 작용합니다. 이슬람 사회의 문화와 종교 관습에서 돼지는 증오와 죄악의 대상이기 때문입니다. 그래서 우리는 돼지고기 하면 무의식적으로 기분이 좋아지고 입에 침이 고이며 유쾌한 감정을 느끼지만, 이슬람 사회 사람들은 무의식적으로 혐오스럽고 불쾌하며 더 나아가 불경스러운 감정을 느끼게 됩니다. 그럼 물어보겠습니다. 우리가 돼지고기를 그렇게 욕망하도록 하는 것은 무엇입니까? 또한 이슬람 사회에 나고 자란 사람이 돼지고기를 금기(억압된 욕망)하도록 하는 것은 무엇입니까? 돼지고기 하면 생리적으로 반응하는 주체는 분명 나이고, 유쾌하거나 불쾌한 감정의 소유자 역시 나이지만, 그렇게 하도록 시키는 것은 나입니까 아니면 다른 무엇입니까?

앞서 우리의 욕망은 세상 사람들 즉, 타자의 욕망이라고 말했습니다. 돼지고기의 욕망 역시 예외가 아닙니다. 대한민국에서 나고 자란 우리는 돼지고기에 대한 그 사회 사람들의 욕망을 욕망하는 것이고, 이슬람 사회에서 나고 자란 사람들 역시 마찬가지입니다. 욕망은 '세상 사람들(타자)의 욕망'에 의해 만들어지기 때문에, 그것은 본질적으로 '사회적'이고 '모방적'인 성격을 지니게 됩니다. 그래서 르네 지라르는 우리의 욕망을 가리켜 '모방 욕망'이라고 했습니다. 이런 까닭에 욕망은 '본능적'인 성격을 지닌 욕구와 구분됩니다. 예를 들어 배가 고파서 음식을 찾는 것은 '본능적'인 욕구이지만, 근사한 레스토랑에서 비싸고 맛있는 음식을 먹고 싶은 것은 '모방적'인 욕망입니다.

여하튼 타자의 욕망을 욕망하기 때문에, 타자의 욕망으로부터 완전히 독립적인 고유한 주체의 욕망이란 존재하지 않습니다. 하지만 나의 욕망이 단지 타자의 욕망을 모방하는 욕망에 불과한지 아니면 진정으로 내가 원하고 바라는 욕망인지를 구분할 수는 있습니다. 바로 이 지점에서 우리는 스스로 자기 삶에 대한 성찰적 물음을 던져 봐야 합니다. "나는 단지 타자의 욕망을 욕망하는 삶을 살고 있는지 아니면 진정으로 내가 원하고 바라는 삶을 욕망하면서 살고 있는지?" 그것은 욕망의 노예로 살 것인지 아니면 욕망의 주인으로 살 것인지에 대한 삶의 성찰입니다. 그런 의미에서 인간은 자기 욕망의 성찰을 통해 다시 한번 태어나야 하고 또 태어날 수 있다고 말한 자크 라캉의 말은 새겨 볼 만한 가치가 있습니다.

> "세상에 태어날 때부터 인간은 타자로부터 욕망되는 자로서건 아니면 욕망되지 않는 자로서건 간에 타자의 욕망의 대상으로 존재한다. 자신이 욕망하는 것이 진실로 자신이 소망하는 것인지 혹은 소망하지 않는 것인지를 알기 위해서, 인간은 다시 태어날 수 있어야만 한다. 정신분석의 방법을 고안함으로써 프로이트가 밝힌 진리의 본성은 바로 이런 것이었다."
>
> – 자크 라캉, 『에크리』[1]

장자는 이렇게 말합니다. '사람들은 세상 사람들이 모두 욕망하는 재물, 권력, 출세 등을 성취한 사람을 대단하다고 존경하지만, 자신이 볼 때 그런 사람은 어떤 주체적인 관점도 없이 그저 세상의 기준에 이끌려 세상의 욕망에 동화된 사람에 불과하다.' 그저 세상 사람들이 욕망하는 것을 욕망할 줄만 알 뿐 왜 그렇게 해야 하는지는 알지도 못하기 때문에, 그런 사람의 삶이란 아무리 많은 재물을 소유하고 높은 권력을 차지한다고 해도 평생 욕망의 노예에서 벗어나지 못하는 삶에 불과하다는 것입니다.

　　더 간단한 예를 한번 들어 볼까요. 오직 돈의 욕망을 좇아 일이나 사업으로 많은 돈을 번 사람과 반대로 자신이 진정 원하고 바라는 일이나 사업을 좇아 많은 돈을 번 사람이 있다고 해 봅시다. 전자의 경우 '재물의 욕망'의 노예로 전락한 채 살아야 하지만, 후자의 경우 최소한 삶의 주인은 재물의 욕망이 아닌 '자기 욕망'이라고 할 수 있지 않을까요? 그런 의미에서 장자의 철학은 평생 타자의 욕망을 모방하는 욕망의 노예로 살 것인지 아니면 스스로 삶을 창조하는 자기 욕망의 주인으로 살 것인지에 대한 성찰적 문제의식을 담고 있다고 하겠습니다.

사람들이 사랑하는 것은
자신의 욕망이지 욕망하는 대상이 아니다!

　춘추전국시대 노나라는 공자의 고향입니다. 이번 우화에는 이 노나라의 임금이 주인공으로 등장합니다. 이 우화는 『장자』 「외편」 '지락至樂'에 실려 있습니다. 어느 날 노나라 도성 교외의 들판에 바닷새 한 마리가 와서 머물렀습니다. 노나라 임금은 그 새를 맞이해 와서 최고로 훌륭한 장소에서 술을 대접하고, 가장 듣기 좋은 음악과 제일 맛있는 음식을 갖추어 극진하게 대접했습니다. 바닷새를 너무나 사랑했기 때문입니다. 하지만 바닷새는 눈이 어질어질해지더니 두려워하며 슬퍼하다가 한 점의 고기도 먹지 못하고 한 잔의 술도 마시지 못한 채 지내다가 결국 사흘 만에 죽고 말았습니다.

　노나라 임금은 바닷새를 진심으로 사랑해 정성을 다해 대우했는데도 불구하고 바닷새가 죽음을 맞게 된 까닭을 장자는 이렇게 말합니다. "노나라 임금은 자기가 원하는 방법으로 바닷새를 기르려고 했을 뿐 바닷새가 원하는 방법으로 기르지 않았다." 이 우화는 욕망이 사랑의 감정과 방식에 어떻게 작용하는지에 관한 의미심장한 시사점을 우리에게 제공합니다. 우리는 누군가를 사랑할 때 대개 상대방이 원하고 바라는 즉, 욕망하는 방식으로 사랑하는 것이 아니라 내가 원하고 바라는 즉, 욕망하는 방식으로 사랑한다는 것입니다. 노나라 임금 역시 자신이 원하는 방식으로만 바닷새를 사랑할 줄 알았지, 정작 자신이 사랑하는 바닷새가 무엇을 원하는지 관심도 두지 않고 생각조차도 하지 않았습니다. 오히려 자신이 좋아하는 것을 당연히 바닷새도 좋아할 것이라고 생각했습니다.

그럼 여기에서 질문해 보겠습니다. 우리는 어떤 경우에 사랑에 빠지게 될까요? 사랑은 내가 원하고 바라는 즉, 욕망하는 것을 상대방이 지니고 있다고 꿈꾸고 상상할 때 빠지게 됩니다. 이때 나의 욕망은 상대방의 외모일 수도 있고, 성격일 수도 있고, 재력일 수도 있고, 권력일 수도 있고, 학벌일 수도 있고, 교양일 수도 있고, 명예일 수도 있고, 심지어 취미나 취향일 수도 있습니다. 그 밖의 말로나 글로 표현할 수 없는 그 무엇이라고 해도 결국 나의 욕망을 충족시켜 줄 무엇인가를 상대방이 가지고 있다고 꿈꾸거나 상상해야 사랑에 빠지게 된다는 이치는 마찬가지입니다. 만약 나의 욕망을 충족시켜 줄 무엇인가를 상대방이 지니고 있다고 꿈꾸거나 상상하지 않는다면 사랑은 결코 성립될 수 없습니다. 나는 내 욕망을 충족시켜 줄 무엇인가를 상대방이 가지고 있다고 꿈꾸거나 상상하지만, 상대방은 내가 자신의 욕망을 충족시켜 줄 무엇인가를 가지고 있다고 꿈꾸거나 상상하지 않는다면 어떻게 될까요? 그 사랑은 짝사랑이 되고 말겠죠.

프랑스의 정신분석학자 자크 라캉은 사랑은 '자신의 욕망과 욕망하는 대상 사이의 불일치'에서 발생한다고 말합니다. 라캉의 말은 욕망이 사랑에 작용하는 방식이 우리가 생각하는 것보다 훨씬 더 복잡하다는 사실을 암시합니다. 앞서 말한 대로 우리는 상대방에게 나의 욕망을 충족시켜 줄 무엇인가가 있다고 꿈꾸고 사랑하기 때문에 사랑에 빠집니다. 그런데 라캉은 나의 욕망을 충족시켜 줄 무엇인가를 가지고 있다고 상상된 모습이 실제 상대방의 모습과 일치하면, 사랑은 발생하지 않는다(혹은 식어 버린다)고 주장합니다. 왜냐하면 그 욕망은 이미 '충족된 욕망'이기 때문입니다. 비유하자면 마치 목이 말라 물을 갈망하는 사람이 물을 마시게 되면 곧바로 갈증이 해소되어 더 이상 물을 갈망하지 않는 것처럼, 인간의 욕망은 충족되는 바로 그 순간 더 이상 욕망이 아니게 된다는 얘기입니다. 반면에 나의 욕망 속에서 상상하는 상대방의 모습이 실제 모습과 부합하지 않을 때, 그럼에도 불구하고 "상대방이 나의 욕망을 충족시켜 줄 수 있다는 상상에 계속 집착할 때, 사랑은 불꽃처럼 타올라 결코 꺼지지 않을 것처럼 강하게 빛을 발한다는 것입니다."[2]

라캉의 주장은 결국 우리가 사랑하는 것은 '상대방의 실제 모습'이 아니라 '자신의 욕망이 만든 상대방의 모습', 더 구체적으로 말하면 '자신의 욕망이 꿈꾸고 상상하는 상대방의 모습'이라는 사실을 확인해 줍니다. 사랑에 빠지면 눈이 먼다는 말이 있죠. 왜 그렇습니까? 욕망이 이성의 눈을 가려 버리기 때문입니다.

즉 자신의 욕망이 만든 상대방의 모습이 실제 모습을 보지 못하도록 하거나 아니면 보고도 보지 못한 척 덮어 버리게 한다는 것입니다. 이러한 까닭에 니체는 『선악의 저편』에서 "사람들은 결국 자신의 욕망을 사랑하는 것이지, 욕망한 대상을 사랑하는 것이 아니다"라고까지 말했습니다. 진실로 우리가 사랑하는 것은 자신의 욕망이기 때문에 장자의 우화 속 노나라 임금처럼, 우리의 사랑은 자신이 원하고 바라는(즉 욕망하는) 방식으로 상대방을 사랑하는 것에서 벗어나기 어렵다는 것입니다. 자신의 욕망을 사랑하기 때문에, 내가 원하고 바라는 것을 상대방도 원하고 바란다고 꿈꾸고 상상하며, 내가 좋아하는 것을 상대방도 당연히 좋아할 것이라고 생각한다는 얘기입니다.

욕망하는 순간
변화와 변신이 일어난다!

욕망의 본성은 무엇일까요? 그 하나가 '변화 가능성'이라면, 다른 하나는 '실현 불가능성'이라고 할 수 있습니다. 장자의 우화 가운데 사람들 사이에서 가장 널리 알려져 있는 우화는 '호접몽胡蝶夢'입니다. 이 우화를 통해 우리는 욕망의 첫 번째 본성 곧 '변화 가능성'에 관한 장자의 통찰력을 읽을 수 있습니다.

> "예전에 장주가 꿈에 나비가 되었다. 꿈속에서 장주는 황홀하고 기뻐하며 훨훨 날아다니는 나비였다. 장주는 스스로 유쾌하고 만족스러워서 자기 마음대로 날아다니느라 꿈속 나비가 장주인 줄 알지 못했다. 얼마 지나지 않아 화들짝 꿈에서 깨어 보니 꿈속 나비는 갑자기 장주가 되어 있었다. 장주의 꿈에 장주가 나비가 된 것인가? 나비의 꿈에 나비가 장주가 된 것인가? 장주와 나비는 분명한 구별이 있으니, 장주가 나비가 되고 나비가 장주가 되는 것을 가리켜 '사물의 변화'라고 한다."
>
> – 『장자』「내편」'제물론'

욕망의 첫 번째 본성인 '변화 가능성'을 한 문장으로 요약하면 이렇게 표현할 수 있습니다. "욕망해야 변화와 변신이 일어난다!" 또는 "욕망하는 순간 변화와 변신이 일어난다!" 욕망은 아직 실현되지 않았거나 충족되지 않았다는 의미에서 '꿈이고 상상'입니다. 욕망 속의 나는 '현실의 나'가 아닌 '꿈꾸는 나 혹은 상상된 나'라고 할 수 있습니다. 그렇다면 꿈을 만든 것은 무엇입니까? 프로이트가 『꿈의 해석』에서 "모든 꿈은 (억압된) 욕망의 (위장된) 충족이다!"라고 선언한 것처럼, 꿈은 욕망이 만든 것입니다. 꿈의 세계는 곧 욕망의 세계입니다. 욕망이 없다면 꿈은 만들어지지 않습니다. 장자의 욕망이 바로 꿈속 나비를 만든 것입니다. 그럼 장자의 욕망은 무엇이기에 꿈속에서 나비로 변신한 것일까요?

앞서 '곤어와 붕새의 우화'에서 살펴본 것처럼, 장자가 욕망하는 삶은 바로 '자유로운 삶'입니다. 자유로운 삶을 욕망하지 않았다면, 장자는 결코 '제 마음대로 자유롭게 날아다니는 나비의 꿈'을 꾸지 않았을 것입니다. 현실의 욕망은 가상의 꿈을 만들고, 가상의 꿈은 현실의 욕망을 보여 줍니다. 우리는 욕망 속에서 꿈을 꾸고, 꿈속에서 욕망합니다. 다시 말해 장자의 욕망은 꿈속 나비를 만들고, 꿈속 나비는 장자의 욕망을 보여 줍니다.

만약 장자가 '자유로운 삶'을 욕망하지 않았다면 어떻게 되었을까요? 나비의 꿈은 만들어지지 않았을 것입니다. 욕망이 개입하지 않았다면 장자는 그냥 장자일 뿐이고, 나비 역시 그냥 나비일 뿐입니다. 이때 장자의 삶과 세계와 나비의 삶과 세계는 분명한 구분이 존재합니다. 하지만 욕망하는 순간 현실의 장자는 꿈속 나비로 변신하고, 꿈속 나비는 현실의 장자로 변화하게 됩니다. 장자와 나비, 현실의 삶과 세계 그리고 가상의 삶과 세계가 뒤섞여 버리는 것입니다. 다시 말해 장자가 나비가 되고 나비가 장자가 되며, 현실이 가상이 되고 가상이 현실이 되어 버립니다. 장자의 현실의 삶과 세계, 꿈속 나비의 가상의 삶과 세계를 구분하는 경계는 사라져 버립니다. 욕망의 세계에서는 현실의 삶과 세계, 가상의 삶과 세계의 구분이 아무런 의미가 없기 때문입니다. 욕망이 개입하는 순간 현실의 삶과 세계는 가상의 삶과 세계로 변화하고, 가상의 삶과 세계 역시 현실의 삶과 세계로 변화합니다. 욕망 때문에 장자는 나비가 되고, 나비는 장자가 되는 것입니다. 이것이 바로 장자가 말한 '사물이 변화하는 이치', 곧 욕망에 의해 사물의 변화가 일어나는 이치입니다.

장자의 호접몽 우화처럼 '욕망과 꿈'의 관계를 잘 보여 주는 흥미로운 고전소설이 김만중의 『구운몽九雲夢』입니다. 이 고전소설은 현실 세계에서 스님 성진의 억압된 욕망이 꿈속 세계(가상 세계)에서 양소유를 통해 충족되는(실현되는) 이야기 구조로 되어 있습니다. 고승高僧 육관대사의 수제자 성진은 스승의 심부름을 다녀오다가 우연히 팔선녀를 만나게 됩니다. 팔선녀를 본 뒤 성진은 그 아름다운 모습과 고운 목소리를 도저히 잊을 수가 없어서 스님의 신분으로 품어서는 안 될 정념情念을 품게 됩니다. 팔선녀에 대한 성진의 정념은 결국 부귀영화의 욕망으로 확장됩니다.

육관대사는 팔선녀를 본 뒤 성진이 욕망의 노예가 되어 부처의 가르침을 저버렸다면서, 그 죄를 물어 지옥세계의 하나인 풍도風都로 추방합니다. 팔선녀 역시 성진과 마찬가지로 풍도로 함께 추방당합니다. 풍도를 다스리는 염라대왕은 성진과 팔선녀에게 인간으로 환생하는 처분을 내립니다. 성진은 양소유로 환생합니다. 『구운몽』에서는 양소유로 환생한 성진의 삶이 꿈속 세계(가상 세계)로 설정되어 있습니다. 양소유는 이후 성장해서 역시 환생한 팔선녀를 한 명 한 명 만나 자신의 아내로 삼습니다. 현실 세계에서 억압당한 스님 성진의 욕망이 꿈속 양소유의 세계(가상 세계)에서 실현되는 것입니다. 환생한 팔선녀를 모두 아내로 삼고, 장수가 되어 공명功名을 세우고 나아가 황실의 부마와 정승의 자리에까지 오른 양소유는 최고의 부귀영화를 누리며 살게 됩니다. 부귀영화의 욕망을 모두 성취한 말년의 양소유는 은퇴한 후 여덟 명의 아내와 함께 여유로운 삶을 즐기다가 문득 인생의 덧없음을 깨닫습니다.

바로 이 순간 어느 이름 모를 스님이 양소유에게 다가와 웃으면서 "아직 춘몽에서 깨어나지 못했느냐?"고 묻습니다. 어리둥절한 양소유는 어떻게 춘몽에서 깨어날 수 있느냐고 다시 묻습니다. 이에 이름 모를 스님이 손에 든 지팡이를 들어 난간을 두어 번 치자, 성진은 화들짝 꿈에서 깨어납니다. 꿈에서 깬 성진은 비로소 '양소유의 삶과 부귀영화가 자신의 하룻밤 꿈'에 불과했다는 사실을 알아챕니다. 육관대사가 꿈을 꾸게 해 자신의 잘못을 깨우쳐 주려 했다고 생각한 성진은 그 즉시 스승을 찾아갔습니다. 육관대사는 성진에게 "인간 세상의 부귀영화를 겪어 보니 어떠하더냐?"고 묻습니다. 성진은 꿈속 세계를 통해 세속의 욕망을 탐한 자신의 잘못을 깨닫게 해 준 스승에게 감사의 인사를 올립니다. 하지만 육관대사는 여전히 '현실의 욕망과 가상의 꿈', '현실 세계와 가상 세계', '현실의 삶과 가상의 삶'을 구분하는 성진의 어리석음을 이렇게 힐책합니다.

> "네가 흥을 타고 갔다가 흥이 다하여 돌아왔으니 내 무슨 관여함이 있으리오? 네 또 말하되, 인간 세상에서 윤회하는 꿈을 꾸었다 하니 이것은 인간 세상의 꿈이 다르다 함이라. 네 아직 꿈을 온전히 깨지 못하였도다. 장주莊周(장자)가 꿈에 나비가 되었다가 나비가 다시 장주가 되니 무엇이 거짓이며 무엇이 진짜인지 분변하지 못했다. 성진과 소유가 누가 꿈이며 누가 꿈이 아니뇨?" [3]

성진이 팔선녀를 욕망하지 않았다면 꿈속 양소유의 삶과 세계는 만들어지지 않았을 것입니다. 그런 의미에서 성진이 팔선녀를 욕망한 그 순간 이미 삶의 변화가 일어났다고 할 수 있겠죠. 욕망하는 바로 그 순간 비로소 현실의 삶과 가상의 삶, 현실 세계와 가상 세계 사이에서 근본적인 변화가 일어난다는 것, 이것이야말로 욕망의 혁명성 즉, 욕망이 내재하고 있는 창조의 에너지라고 할 수 있습니다. 반대로 욕망하지 않는다면 나의 삶과 세계에는 아무런 변화도 일어나지 않는다고 말할 수 있습니다. 이런 까닭에 질 들뢰즈는 욕망을 '결핍의 관점'에서 바라본 자크 라캉과는 전혀 다른 관점에서 욕망을 바라봅니다.

> "들뢰즈에게 우리의 욕망은 새로운 타자와 마주쳐서 그것과 연결하려는 긍정적인 힘, 다시 말해 새로운 연결 관계

를 만들려는 생산적인 힘을 의미한다."

-강신주, 『철학 vs 철학』**4**

　타자의 욕망을 욕망한다는 것은 다르게 표현하면 타자의 욕망과의 마주침이고, 그것은 새로운 타자와의 연결 혹은 타자의 세계와의 접속이라는 얘기입니다. 이 타자와의 마주침이 질 들뢰즈에게는 우리의 삶에 변화를 일으키는 긍정적인 힘 혹은 창조적인 힘입니다. 결국 삶의 변화와 존재의 변신을 일으키는 창조의 에너지는 욕망에 의해 만들어진다는 것입니다.

욕망은 실현(충족)되지 않을 때만 욕망이다!

　욕망의 두 번째 본성은 '실현 불가능성'입니다. 욕망은 근본적으로 충족되지 않았거나 혹은 실현되지 않았을 때만 욕망이라고 할 수 있습니다. 이미 충족되었거나 실현된 욕망은 더 이상 욕망이 아닙니다. 그런데 욕망은 앞서 말했던 것처럼 인간 존재의 본성이기 때문에 죽지 않는 한 인간은 욕망을 멈출 수 없습니다. 다시 말해 하나의 욕망이 충족되거나 실현되면 다른 욕망이 발생합니다. 그 욕망이 충족되거나 실현되면 또 다른 욕망이 만들어지겠죠. 욕망을 멈추지 않는 한 우리의 욕망은 영원히 충족되거나 실현되지 않는다는 의미에서, 욕망은 본질적으로 실현 불가능하다고 말할 수 있습니다. 평생 충족할 수도 또한 실현할 수도 없는 욕망을 좇는 삶, 그것은 인간이 짊어지고 살아가야 할 삶의 숙명입니다.

　욕망이 실현 불가능한 또 다른 이유는 우리는 모두 '세상 사람들 즉, 타자의 욕망'을 욕망하기 때문입니다. 앞서 타자의 욕망을 욕망하기 때문에, 우리의 욕망은 근본적으로 사회적이고 모방적인 성격을 지닌다고 말씀드렸습니다. 이 욕망의 사회성과 모방성 때문에, 무엇인가를 욕망하는 사람이 많으면 많을수록 나 역시 그것을 욕망할 확률은 높아집니다. 더욱이 내가 욕망하는 무엇인가를 욕망하는 사람이 많으면 많을수록 내 욕망의 강도 역시 높아지게 됩니다. 반대로 욕망하는 사람이 많아지면 많아질수록 나의 욕망이 충족되거나 실현될 가능성은 어떻게 됩니까? 낮아지겠죠. 그런데 욕망이란 충족되거나 실현될 가능성이 낮으면 낮을수록 아이러니하게도 더욱더 강렬해집니다. 다시 말해 그 욕망에 더욱더 집착하게 됩니다.

　이러한 까닭에 장자는 '욕망의 아이러니성'에 대해 이렇게 말하고 있습니다. 재물을 욕망으로 삼은 사람은 평생 재물을 좇고, 권력을 욕망으로 삼은 사람은 평생 권력을 좇고, 명예를 욕망으로 삼은 사람은 평생 명예를 좇아다니지만 "권력으로는 황제의 자리에 오르고, 재물로는 천하를 소유하고, 최고의 명예를 누린다고 해도 욕망의 고통과 재앙에서 벗어날 수 없다"고 말입니다. 욕망이란 충족되는 그 순간 더 이상 욕망이 아니기 때문에 황제의 자리에 올라도 더 높고 강한 권력을 욕망하게 되고, 천하를 소유한다고 해도 더 많은 재물을 욕망하게 되고, 최고의 명예를 누린다고 해도 더 높은 찬사와 존경을 욕망하게 된다는 것입니다. 오히려 아무리 높은 곳에 오르고 많은 것을 가지고 누린다고 해도, 더 높고 더 강하고 더 많은 것을 갈망하는 욕망의 굴레에서 벗어나지 못한다면 욕망에 더욱더 집착하는 노예의 삶을 전전하게 될 뿐입니다.

그렇다면 '욕망의 굴레'로부터 벗어날 수 있는 방법은 무엇일까요? 사람들에게 가장 익숙하고 널리 알려진 방법은 욕망을 억압하거나 부정하거나 제거하려는 방식일 것입니다. 이 방법은 동양과 서양을 막론하고 주류 철학이 욕망을 대해 온 태도라고도 할 수 있습니다. 하지만 이와 같은 방법은 아무런 실효성이 없습니다. 욕망은 억압하거나 부정하거나 제거하려고 하면 할수록 오히려 우리 내부의 심연 즉, 무의식의 영역에 깊게 숨어듭니다. 이 때문에 삶에서 욕망을 떼어 내려고 하면 할수록 역설적이게도 ─의식하거나 인식하지 못할 뿐─욕망은 더욱 우리의 삶에 끈덕지게 달라붙습니다. 다시 말해 우리의 삶을 더욱더 욕망의 지배나 감시·통제 아래 놓이게 만들어 버린다는 얘기입니다.

인간의 욕망은 무의식적 혹은 자동적으로 발생하고 작동합니다. 이것은 질 들뢰즈가 인간의 욕망을 가리켜 '욕망하는 기계'라고 말한 까닭이기도 합니다. 욕망은 인간 존재의 본성이기 때문에 인간으로부터 결코 분리할 수 없습니다. 프로이트가 일찍이 밝힌 것처럼 인간 자신과 그 삶을 지배하고 있는 것은 '의식과 이성'이 아니라 '무의식과 욕망'이라고 한다면, "나는 생각한다. 고로 존재한다"는 "나는 욕망한다. 고로 존재한다"로 바꾸어야 할 만큼, 욕망은 인간에게 절대적이라고 할 수 있습니다. 욕망하면서도 '욕망의 노예'로부터 벗어나는 삶의 '가능성'을 탐색한 장자의 철학을 수천 년이 지난 지금에 와서 눈여겨 살펴봐야 할 이유가 바로 여기에 있습니다. 『장자』「내편」'응제왕'에 보면 '거울의 비유'가 등장합니다. 장자는 이 비유를 통해 '욕망하지만 욕망의 노예가 되지 않는 방법'을 우리에게 들려줍니다.

> "지인至人의 마음 씀씀이는 거울과 같다. 사물(대상)을 보내지도 않고 맞이하지도 않는다. 사물의 모습을 비추기만 할 뿐 간직하지는 않는다. 그러므로 사물을 넘어서고 또한 사물로 인해 상처받지도 않는다."
>
> – 『장자』「내편」'응제왕'

우리가 욕망의 굴레에 빠져서 욕망의 노예가 되는 까닭은 무엇입니까? 욕망을 삶의 주인으로 삼아 그것에 집착하기 때문입니다. 무엇인가를 욕망할 경우 우리는 그것을 얻지 못하면 얻으려고 집착하고, 얻게 되면 잃어버릴까 봐 집착하고, 잃어버리면 그것에 대한 미련과 아쉬움을 떨쳐 버리지 못해 집착합니다. 집착한다는 것은 무엇인가에 마음을 빼앗기고 얽매여서 벗어나지 못하는 상태를 말합니다. 이 집착 때문에 얻지 못해도 욕망의 재앙과 고통에서 벗어나지 못하고, 얻어도 욕망의 재앙과 고통에서 벗어나지 못하고, 잃어버려도 욕망의 재앙과 고통에서 벗어날 수 없습니다.

장자는 자신이 추구하는 이상적인 인간상인 '지인至人'의 마음 씀씀이는 '거울'과 같다고 말하고 있습니다. 여기에서 거울의 비유는 집착하는 마음과 정반대의 개념을 가리킵니다. 거울은 무엇이 되었든 애써 자기 앞으로 불러들이지 않고, 무언가 자기 앞에 서더라도 좋아하거나 싫어하거나 기뻐하거나 슬퍼하지 않습니다. 그저 거울 앞에 서면 그 모습을 있는 그대로 비추고, 또 거울 앞을 떠나면 그 어떤 잔상도 더 이상 간직하지 않습니다. 거울처럼 욕망을 대하라는 것은, 다시 말하면 욕망하는 것을 얻지 못하면 얻지 못한 대로, 얻으면 얻은 대로, 잃어버리면 잃은 대로 받아들일 뿐 구태여 그것에 집착하지 않는다는 것입니다. 이것이 장자가 우리에게 들려주는 욕망의 굴레에서 벗어나는 삶의 태도라고 하겠습니다. 간단하게 요약해 표현하면 "욕망하라! 하지만 그 욕망에 집착하지 마라!"라고 할 수 있겠죠. 왜 욕망하되 욕망에 집착해서는 안 됩니까? 욕망에 집착하면 집착할수록, 그 욕망이 나의 삶을 억압하고 통제하는 지배자로 군림하기 때문입니다.

무소유의 개념을 예로 들어보죠. 앞에서 말한 것처럼, 이것 역시 두 가지 방법으로 해석할 수 있습니다. 하나는 소유 자체를 부정하고 거부하는 것, 즉 "아무것도 소유하지 말라"는 방식으로 해석할 수 있겠죠. 다른 하나는 "소유하되 소유에 집착하지 말라"는 방식으로 해석할 수 있습니다. 왜냐하면 내가 소유하고 있는 무언가에 집착하는 순간, 그 소유물이 나를 소유하는 역전이 일어나기 때문입니다.

여하튼 장자는 거울 같은 삶을 사는 지인은 욕망하지만 욕망에 집착하지 않기 때문에 욕망의 노예가 아닌 욕망 위에 군림하는 주인으로 욕망을 부릴 수 있다고 말합니다. 장자가 전하는 '거울 같은 삶'은 우리가 욕망을 억압하거나 부정하지 않으면서도 욕망의 굴레로부터 벗어날 수 있는 삶을 모색할 수 있는 가능성을 보여 준다는 점에서 의미가 있습니다.

장자는 거울 같은 삶을 사는 지인은 욕망하지만 욕망에 집착하지 않기 때문에 욕망의 노예가 아닌 욕망 위에 군림하는 주인으로 욕망을 부릴 수 있다고 말합니다. 장자가 전하는 '거울 같은 삶'은 우리가 욕망을 억압하거나 부정하지 않으면서도 욕망의 굴레로부터 벗어날 수 있는 삶을 모색할 수 있는 가능성을 보여 준다는 점에서 의미가 있습니다.

욕망 때문에 현실의 삶과 가상의 삶은
뒤엉켜 있다!

　욕망하는 나는 '현실의 나'이지만 또한 '가상의 나'이기도 합니다. 욕망하는 나는 현실의 삶을 살고 있고 현실 세계에 존재하고 있지만, 그 욕망 속의 나는 가상의 삶을 살고 가상 세계에 존재하기 때문입니다. 욕망은 아직 충족되거나 실현되지 않았다는 의미에서 '꿈이고 상상'입니다. 욕망하는 나는 '꿈꾸는 나 혹은 상상된 나'라고 할 수 있겠죠. 따라서 욕망으로 인해서 우리는 현실의 삶과 가상의 삶, 현실 세계와 가상 세계를 동시에 살고 있다고 말할 수 있습니다. 욕망 때문에 삶에는 항상 현실과 가상이 뒤엉켜 있습니다. 현실의 삶과 가상의 삶, 현실 세계와 가상 세계를 분리할 수 없다는 말입니다.

　꿈꾸고 상상하지 않는다면 현실의 삶과 현실 세계 너머로 탈주할 수 없습니다. 붕새 혹은 나비의 삶과 세계를 꿈꾸고 상상했기 때문에 장자는 현실의 삶과 세계로부터 자유로워질 수 있었습니다. 하지만 현실의 삶과 세계는 꿈과 상상을 어떻게 바라봅니까? 억압하거나 혹은 부정합니다. 더욱이 세상 사람들은 욕망이 만든 꿈과 상상의 세계는 존재하지 않는 허상일 뿐이라고 하면서, 그 꿈과 상상을 좇는 삶은 아무런 수확도 없는 허황한 짓에 불과하다고 조롱하고 비웃곤 합니다. 장자의 꿈과 상상 역시 그러한 조롱과 비웃음에서 예외가 아니었습니다. 장자의 꿈과 상상에 대한 세상의 조롱과 비웃음은 '곤어와 붕새의 우화' 속 매미와 산비둘기의 이야기로 확인할 수 있습니다. 이 이야기는 뒤에 '자유에 대하여'를 주제로 다룰 때 자세히 말씀드리도록 하겠습니다.

그럼 이 지점에서 질문을 던져 보겠습니다. 현실은 존재하는 것이고 가상은 존재하지 않는 것입니까? 아닙니다. 현실 세계에도 가상 세계가 존재하며, 가상 세계에도 현실 세계가 존재합니다. 조선 시대 양반과 노비의 삶을 예로 들어 보죠. 노비에게 양반의 삶은 현실입니까, 가상입니까? 노비에게 양반의 삶은 존재하는 세계입니까, 존재하지 않는 세계입니까? 노비에게 양반의 삶은 보이는 세계입니까, 보이지 않는 세계입니까? 노비에게 양반의 삶은 현실의 삶이면서 동시에 가상의 삶입니다. 양반에게 현실의 삶은 노비가 제아무리 갈망하고 발버둥쳐도 절대 이룰 수 없는 가상의 삶이기 때문입니다. 노비에게 양반의 삶은 존재하는 세계이면서 동시에 존재하지 않는 세계입니다. 양반의 세계는 노비에게는 아무리 붙잡으려고 해도 도무지 붙잡을 수 없는 무지개 같은 세계 즉, 존재하지 않은 세계이기 때문입니다. 노비에게 양반의 세계는 보이지만 동시에 보이지 않는 세계입니다. 노비에게 양반의 세계는 아무리 보려고 해도 결코 볼 수 없는 미지의 세계이기 때문입니다. 하루 한 끼도 먹기 힘든 노비에게 하루 일곱 끼를 먹는 양반의 삶과 세계는 현실이지만 가상의 삶이고, 존재하지만 존재하지 않는 세계이며, 보이지만 보이지 않는 세계입니다.

　이와 같은 이치는 조선 시대 양반과 노비에게만 해당할까요? 같은 질문을 던져 보죠. 서민에게 재벌의 삶은 현실입니까, 가상입니까? 서민에게 재벌의 삶은 존재하는 세계입니까, 존재하지 않는 세계입니까? 서민에게 재벌의 세계는 보이는 세계입니까, 보이지 않는 세계입니까? 한 달 꼬박 일해도 몇백만 원 버는 서민에게 불과 몇 시간 만에 몇천만 원, 몇억 원을 소비하는 재벌의 삶과 세계는 가상의 삶이고, 존재하지 않는 세계이며, 보이지 않는 세계입니다. 양반에게는 현실의 삶과 세계가 노비에게는 가상의 삶과 세계이고, 재벌에게는 현실의 삶과 세계가 서민에게는 가상의 삶과 세계입니다. 반대로 노비에게는 현실의 삶과 세계가 양반에게는 가상의 삶과 세계이고, 서민에게는 현실의 삶과 세계가 재벌에게는 가상의 삶과 세계입니다. 양반에게는 존재하는 삶과 세계가 노비에게는 존재하지 않는 삶과 세계이고, 재벌에게는 존재하는 삶과 세계가 서민에게는 존재하지 않는 삶과 세계입니다.

　반대로 노비에게는 존재하는 삶과 세계가 양반에게는 존재하지 않는 삶과 세계이고, 서민에게는 존재하는 삶과 세계가 재벌에게는 존재하지 않는 삶과 세계입니다. 양반에게는 보이는 삶과 세계가 노비에게는 보이지 않는 삶과 세계이고, 노비에게는 보이는 삶과 세계가 양반에게는 보이지 않는 삶과 세계입니다. 재벌에게는 보이는 삶과 세계가 서민에게는 보이지 않는 삶과 세계이고, 서민에게는 보이는 삶과 세계가 재벌에게는 보이지 않는 삶과 세계입니다. 하루 한 끼도 먹지 못해 굶주림에 시달리는 노비의 고통스러운 삶의 세계는 양반에게는 현실이 아닌 가상의 세계일 뿐이고, 월세 내고 카드 결제하고 나면 남는 것 하나 없어 허덕이는 적자 인생은 재벌에게는 존재하지만 존재하지 않는, 보이지만 보이지 않은 삶의 세계일 뿐이기 때문입니다.

곤어와 붕새, 장자와 나비가 분명한 구분이 있는 것처럼 양반과 노비, 서민과 재벌의 삶과 세계도 분명한 구분이 있습니다. 그런데 노비가 양반을 꿈꾸고 상상하고 서민이 재벌을 꿈꾸고 상상하면, 마치 곤어가 붕새가 되고 장자가 나비가 된 것처럼 삶의 변화가 일어납니다. 꿈꾸고 상상하는 순간 노비에게 양반의 삶은 더 이상 가상이 아니고 존재하지 않는 세계가 아니며 보이지 않는 세계가 아닙니다. 서민에게 재벌의 삶은 더 이상 가상이 아니고 존재하지 않는 세계가 아니며 보이지 않는 세계가 아닙니다. 반대의 경우도 마찬가지입니다. 물론 양반이 노비의 삶을 꿈꾸고 상상하고, 재벌이 서민의 삶을 꿈꾸고 상상하는 경우는 거의 없겠지만 말입니다. 그러나 꿈꾸고 상상해도 노비에게 양반의 삶은 현실의 삶이면서 여전히 가상의 삶이고, 존재하지만 여전히 존재하지 않는 세계이고, 보이지만 여전히 보이지 않는 세계입니다. 서민에게 재벌의 삶은 현실의 삶이면서 여전히 가상의 삶이고, 존재하지만 여전히 존재하지 않는 세계이고, 보이지만 여전히 보이지 않는 세계입니다. 욕망의 딜레마 즉 '현실과 꿈(상상)' 사이의 이 딜레마가 현실의 삶과 가상의 삶, 현실 세계와 가상 세계를 마치 새끼줄처럼 뒤엉키게 하고, 이와 더불어 욕망을 둘러싼 삶의 모든 희극과 비극의 씨앗이 됩니다.

진정으로 욕망하는 것을 찾아 나서라

이제 마지막으로 욕망을 대하는 장자의 독자적인 태도라고 할 수 있는 '심재心齋'와 '좌망坐忘'에 대해 이야기해 보겠습니다.

"도道는 오직 마음을 텅 비우는 곳에만 남게 된다. 마음을 텅 비우는 것, 그것이 '심재心齋'다."

— 『장자』「내편」'인간세人間世'

"육체의 감각 작용을 모두 버리고, 마음의 지각 작용도 제거한다. 육체의 감각 작용에서 떠나고 마음의 지각 작용에서 멀어지면 대도大道의 변화와 하나가 된다. 이것을 '좌망坐忘'이라고 한다."

– 『장자』 「내편」 '대종사'

풀이하자면 심재는 마음의 재계 즉 '욕망의 재계齋戒', 좌망은 마음의 망각 곧 '욕망의 망각忘却'으로 해석할 수 있습니다. 이 두 개념은 욕망의 노예로 살아가는 삶으로부터 탈주하는 장자만의 독자적인 방법입니다. 언뜻 그 의미가 와닿지 않으시나요? 쉽게 단순화시켜 심재는 '욕망을 깨끗이 씻어 내는 것'이고, 좌망은 '욕망을 잊어버리는 것'이라고 이해하면 됩니다. 그럼 어떻게 욕망을 씻어 내고 잊어버릴 수 있을까요? 다시 말해 어떻게 하면 자신을 지배·통제하는 욕망 너머로 탈주할 수 있을까요? 여기에는 두 가지 상반된 방법이 존재합니다. 그 하나가 욕망을 억압하는 방법이라면, 다른 하나는 욕망을 발산하는 방법입니다.

이와 관련해서 아주 흥미로운 예시를 그리스의 대문호 니코스 카잔차키스의 소설 『그리스인 조르바』에서 찾아볼 수 있습니다. 이 소설에서는 욕망으로부터 자유로워지는 방법으로 '붓다의 가르침과 조르바의 가르침'이 대결합니다. 주인공 '나'는 마을의 과부를 향한 욕망으로 인해 괴로움을 겪고 있습니다. 먼저 주인공 '나'는 붓다의 가르침을 통해 이 욕망의 고통에서 벗어날 수 있다고 생각합니다. 과부를 향한 자신의 욕망을 일컬어 붓다를 욕망의 늪에 빠뜨려 망가뜨리려고 한 악령 마라魔羅라고 부르면서, 주인공 '나'는 불경佛經을 베껴 쓰고 자신의 "육신을 붓다로 만들려고 피눈물 나는 노력"을 기울입니다. 그러면서 베껴 쓴 불경 원고를 자기 앞에 두고 그 속에 담긴 붓다의 가르침이 "확실한 인간의 길을 제시"하고 있다고 확신합니다. 주인공 '나'가 과부를 향한 자신의 욕망을 잠재우려고 먼저 따라간 붓다의 가르침은 무엇입니까? 금욕, 즉 육신의 욕망을 억압하고 통제하는 방법입니다.

그런데 앞서 말씀드렸듯이 욕망은 억압하거나 통제한다고 제거되거나 사라지는 것이 아닙니다. 오히려 억압당한 욕망은 더욱 강한 집착으로 나타나거나, 또는 의식하거나 인지하거나 자각하지 못할 뿐 자기 내면의 가장 깊은 곳, 다시 말해 무의식의 심연에 저장되어 기억으로 남아 있게 됩니다. 이것을 가리켜 무의식에 저장된 기억 곧 '무의식의 기억'이라고 말합니다. 자기 내면의 심연에 자리한 '억압된 욕망'은 당장에는 모습을 나타내지 않지만 언젠가는 반드시 자신의 모습을 드러내게 되어 있습니다. 언젠가 모습을 드러내는 억압된 욕망은 '욕망의 귀환' 혹은 '욕망의 복수'라고 부를 수 있겠죠. 어쨌든 주인공 '나' 역시 붓다의 가르침, 즉 육신의 욕망을 억누르면 억누를수록 더욱더 머릿속을 꽉 채우는 과부를 향한 집착 때문에 불면의 고통에 시달리게 됩니다.

이런 주인공 '나'의 모습을 지켜보고 있던 조르바는 이렇게 말합니다. "시간 낭비하지 말고 오늘 밤 과부의 집에 찾아가십시오!" 욕망을 억압하거나 통제하는 방법으로는 절대로 욕망으로부터 벗어날 수 없다는 의미에서, 조르바는 욕망으로부터 벗어날 수 있는, 다시 말해 욕망의 지배를 받지 않는 자신만의 방법을 주인공 '나'에게 가르쳐 줍니다. 조르바의 가르침은 다음과 같습니다.

"내가 뭘 먹고 싶고 갖고 싶으면 어떻게 하는 줄 아십니까? 목구멍이 미어지도록 처넣어 다시는 그놈 생각이 안 나도록 해 버려요. 그러면 말만 들어도 구역질이 나는 겁니다."[5]

그러면서 조르바는 어렸을 때 자신을 괴롭혔던 '버찌의 욕망'에 대해 말합니다. 조르바는 버찌의 달콤한 맛에 미쳐 있었는데, 돈이 없어서 한꺼번에 많이는 사 먹지 못하고 조금씩 사 먹을 수밖에 없었다고 합니다. 하지만 입맛을 다실 정도만큼 사 먹다 보니 점점 더 버찌가 먹고 싶어져서 밤이고 낮이고 버찌 생각에 미쳐 버릴 지경이었습니다. 이런 날이 계속되자 조르바는 '버찌가 나를 데리고 논다'는 생각이 들어 너무나 속이 상하고 화가 났습니다. 조르바는 어떻게 했을까요? 어느 날 조르바는 한밤중에 일어나서 아버지 바지를 뒤져 은화 한 닢을 꼬불쳤습니다. 다음 날 아침 일찍 일어나 시장으로 달려간 조르바는 그 돈으로 버찌 한 소쿠리를 샀습니다. 도랑에 숨어 버찌를 먹기 시작한 조르바는 버찌가 넘어올 때까지 입에 처넣었다고 합니다. 배가 아파오고 구역질이 날 정도로 버찌를 먹은 조르바는 결국 버찌를 몽땅 토해 냈습니다. 그날부터 조르바는 다시는 버찌를 먹고 싶은 생각을 하지 않았고, 오히려 버찌를 보기만 해도 견딜 수 없게 되었다고 합니다. 조르바는 주인공 '나'에게 이렇게 말합니다. "나는 (버찌의 욕망으로부터) 구원을 받은 겁니다." 그 후 조르바는 자신을 지배·통제하는 모든 욕망을 이러한 방법으로 대했다고 말합니다.

"훗날 담배나 술을 놓고도 이런 짓을 했습니다. 나는 지금도 마시고 피우지만 끊고 싶으면 언제든지 끊어 버립니다. 나는 내 정열의 지배를 받지 않습니다."[6]

붓다의 가르침이 욕망을 억압하는 방식으로 씻어 내고 잊어버리는 것이라고 한다면, 조르바의 가르침은 욕망을 발산하는 방식으로 씻어 내고 잊어버리는 것이라고 할 수 있겠죠. 붓다의 가르침과 조르바의 가르침 사이에서 한동안 갈등하고 방황하던 주인공 '나'는 결국 과부의 집을 찾아가 하룻밤을 보내게 됩니다. 붓다의 가르침이 전혀 효과가 없었기 때문에 조르바의 가르침을 따르기로 결정한 거죠. 그날 밤 주인공 '나'는 비로소 처음으로 '존재의 심연에서 즐거움이 솟아올라 육체라는 대지에 물을 대어 주는 것과 같은' 기분을 느낍니다. 조르바의 가르침을 통해 자신을 괴롭힌 욕망의 굴레에서 자유로워질 수 있었기 때문입니다. 그러면서 육체의 욕망과 정신의 욕망이 하나로 연결되어 동시에 작용하고 있다는 깨달음을 얻게 됩니다. 다시 말해 육체가 욕망으로부터 자유롭지 못하면 정신 역시 그렇고, 정신이 욕망으로부터 자유롭지 못하면 육체 역시 그렇다는 사실을 깨우친 것입니다.

잘 이해가 되지 않으십니까? 그럼 이렇게 질문해 보죠. 과부를 향한 주인공 '나'의 욕망은 육체가 작용한 것입니까 아니면 정신이 작용한 것입니까? 육체가 작용했다면, 신체의 어느 기관이 그렇게 하도록 한 것입니까? 심장이 작용한 것입니까, 뇌가 작용한 것입니까? 아니면 또 다른 어떤 기관이 작용한 것입니까? 만약 정신이 작용했다면 무엇이 그렇게 하도록 작용한 것입니까? 기억이 작용한 것입니까, 의지가 작용한 것입니까, 무의식이 작용한 것입니까? 아니면 또 다른 정신의 어떤 부분이 작용한 것입니까? 육체와 정신 안에서 욕망을 주관하는 것이 무엇인지 분별하기는 어렵습니다. 아니, 분별하는 것 자체가 아무런 의미가 없습니다. 그 실상을 알든 모르든 육체와 정신이 동시에 작용하여 욕망이 작동한다는 사실에는 아무런 영향을 미치지 못하기 때문입니다. 이에 대해 장자는 이렇게 말하고 있습니다.

"사람의 몸은 100개의 뼈마디, 9개의 구멍, 6개의 장기臟器를 가지고 있다. 그 가운데 나는 어떤 것과 가장 가까운

가? 모두 다 똑같이 아끼고 있는가? 아니면 그들 가운데 어느 하나만을 특별히 사랑하는가? 만약 어느 하나가 전부를 주재할 수 없다면, 그것들 모두를 신하나 노예로 삼을 것인가? 신하나 노예는 서로를 다스리기에는 부족한가? 차례대로 서로 번갈아 가면서 임금이 되기도 하고 혹은 신하나 노예가 되기도 하는 것일까? 아니면 어디엔가 이 모든 것을 지배하는 진정한 주재자가 존재하는 것일까? 진정한 주재자의 실상을 알고 있든 모르고 있든 상관없이 그것은 참다운 진실에 아무런 영향도 미치지 못한다."

- 『장자』「내편」'제물론'

육체와 정신은 하나로 연결되어 있고 동시에 작동하기 때문에, 육체의 욕망에서 자유로워지면 정신도 자유로워지고, 정신의 욕망에서 자유로워지면 육체도 자유로워집니다. 예를 들어 '다이어트와 신체의 욕망'이 정신의 욕망과 육체의 욕망을 어떻게 하나로 연결시키고 동시에 작동시키는지 생각해 보십시오. 그렇다면 붓다의 가르침과 조르바의 가르침 가운데 무엇이 더 욕망의 본성에 가깝습니까? 욕망을 인간 존재의 본성이라는 측면에서 본다면 무엇이 더 인간적입니까? 다시 말해 무엇이 인위적인 것이고, 무엇이 자연적인 것입니까? 그런 점에서 "욕망이 우리를 겁쟁이로 만든다면, 그것은 삶을 무의미하게 만들기에 충분하다"고 한 라캉의 말은 새겨 볼 가치가 있습니다. 욕망을 억압하거나 부정하는 것은, 욕망 앞에서 인간을 겁쟁이로 만들어 결국 자신이 진정 원하고 바라는 것이 무엇인지조차 모르게 만들어 버리기 때문입니다.

지금 여러분은 타인의 욕망을 좇고 있습니까? 자신의 욕망을 좇고 있습니까? 지금까지 다른 사람들이 원하는 욕망을 좇고 있었다면 이제부터는 자신이 진정 원하고 바라는 것을 찾아 나설 때입니다.

3장

불안과
함께 사는 방법

왜 불안한가?

우리는 일상생활 속에서 얼마나 불안을 느끼며 살고 있을까요? '일상적 불안감'을 얼마나 경험하고 있는지를 묻는 한 설문 조사에 따르면, 거의 80퍼센트에 가까운 사람이 '매우 자주 경험한다' 또는 '약간 경험하는 편이다'라고 답변하고 있습니다. 열 명 중 여덟 명이 일상적으로 불안을 경험하면서 살고 있다는 것입니다. 그리고 30세 이상 성인에게 개인적 차원에서 삶의 가장 큰 불안 요소는 무엇인지 질문한 또 다른 설문 조사를 보면, 1순위가 노후 준비이고 2순위는 취업 및 소득, 3순위는 신체적 건강이라고 답변하고 있으며, 뒤를 이어 자녀 교육, 가족 부양 및 간

병, 노화로 인한 신체적·정서적 문제, 직장 내 갈등, 생활 안전, 온라인에서의 개인 정보 유출 등의 순서로 나타나고 있습니다. 이 설문 조사에서 흥미로운 점은 노후 준비, 취업 및 소득, 신체적 건강 그리고 노화로 인한 신체적·정서적 문제에 답한 비율이 거의 80퍼센트를 차지하고 있다는 사실입니다. 불안 요소의 절대적인 비중을 차지하고 있는 것이 삶의 외부 요인보다는 삶의 내부 요인에 있다는 점을 확인할 수 있습니다. 다시 말해 우리가 경험하는 불안의 근원은 삶의 외부가 아니라 삶의 내부에 존재하고 있다는 것입니다. 불안의 근원이 외부라고 한다면 예방하거나 혹은 피하거나 막을 수 있는 방법을 강구할 수도 있습니다. 그렇지만 그것의 근원이 내부라고 한다면 불안은 피하고 싶다고 해도 피할 수 없는 혹은 도망치고 싶어도 도망칠 수 없는 즉, 우리가 숙명적으로 안고 살아가야 하는 삶의 문제가 됩니다.

앞선 설문 조사는 불안 요소를 유형별로 살펴보고 있지만, 실제 세부적으로 따져 보면 삶의 불안 요소는 세대별 혹은 연령별로 다르게 나타나고 있습니다. 10대의 삶에 가장 큰 불안 요소는 무엇일까요? '공부, 진학, 진로' 문제입니다. 20대의 삶에 가장 큰 불안 요소는 '취업, 연애, 결혼' 문제이고, 30대의 삶에 가장 큰 불안 요소는 '결혼, 주택, 직장, 자녀 교육' 문제입니다. 그럼 40대의 삶에 가장 큰 불안 요소는 무엇일까요? '결혼' 문제는 30대보다 덜 심각하지만 '주택, 직장, 자녀 교육' 문제에 '부모 부양' 문제가 새로이 삶의 큰 불안 요소로 등장합니다. 또한 50대의 삶에는 '직장, 부모 부양' 문제에다가 새롭게 '자녀의 취업과 결혼' 그리고 '자신의 은퇴' 문제가 가장 큰 불안 요소로 추가됩니다. 60대의 삶에는 '자녀의 취업과 결혼' 문제에다가 새로이 '자신의 건강과 노후' 문제가 가장 큰 불안 요소로 나타나고, 70대 이후에는 '질병과 죽음'의 문제가 가장 큰 삶의 불안 요소로 우리를 괴롭힙니다. 이렇게 보면 10대부터 죽을 때까지 평생 동안 우리의 삶은 불안을 껴안은 채 불안과 더불어 살고 있다고 해도 틀린 말이 아닙니다.

여러분은 어떤 불안을 가지고 살아가십니까? 설문 조사에서 나왔던 것처럼 주택, 직장, 자녀 교육, 부모 부양 문제들 때문에 고민이십니까? 아니면 남들과는 다른 특별한 불안 때문에 밤잠을 설치고 계십니까?

불안은 우리의 삶에서 떼어 내려고 해도 떼어 낼 수 없다는 점에서, 다시 말해 좋든 싫든 불안 속에서 살아갈 수밖에 없다는 바로 그 이유 때문에 우리는 '불안을 공부하고 배워야' 합니다. 불안에 짓눌려 삶을 잠식당하거나 질식당하지 않기 위해서라도 '불안은 무엇인지' 또한 '왜 불안한지'에 대해 질문해야 합니다. 더 나아가 불안을 배우고 더불어 살아가는 방법을 익히면서 불안에 익숙해져야 합니다.

불안은 앞선 제1장과 제2장의 주제였던 '운명' 그리고 '욕

불안은 우리의 삶에서 떼어 내려고 해도 떼어 낼 수 없습니다. 다시 말해 좋든 싫든 불안 속에서 살아갈 수밖에 없죠. 바로 그 이유 때문에 우리는 불안을 공부하고 배워야 합니다.

망'과 밀접하게 관련되어 있습니다. '운명, 욕망, 불안'의 관련성에 대해 쉽게 접근해 보죠. 삶이 불안하면 주로 어디를 찾아다니십니까? 점집에 많이들 가시죠. 그럼 그곳에서 무엇을 물어보십니까? 진학 문제가 불안하면 진학운을 물어보고, 취업 문제가 불안하면 취업운을 물어보고, 연애나 결혼 문제가 불안하면 연애운이나 결혼운을 물어보고, 건강 문제가 불안하면 건강운을 물어보고, 사업 문제가 불안하면 사업운이나 재물운을 물어보고, 승진이나 출세 문제가 불안하면 승진운이나 권력운을 물어보지 않습니까? 제가 앞서 '욕망'을 다룰 때 자신의 운세를 물어본다는 것은 결국 자신의 욕망이 실현(충족)될 수 있는지 여부가 궁금하기 때문이라고 말씀드렸죠. 그런 의미에서 진학운은 진학 욕망이고, 취업운은 취업 욕망이고, 연애운이나 결혼운은 연애 욕망과 결혼 욕망이고, 건강운은 건강 욕망이고, 사업운과 재물운은 사업 욕망과 재물 욕망이라고 말할 수 있다고 지적했습니다.

그렇다면 나는 왜 불안합니까? 결과를 알 수 없는 나의 '운명'과 실현(충족)될지 여부가 확실하지 않는 나의 '욕망' 때문에 불안한 것입니다. 다시 말해 '진학 불안 = 진학 욕망 = 진학운', '취업 불안 = 취업 욕망 = 취업운', '건강 불안 = 건강 욕망 = 건강운', '사업 불안 = 사업 욕망 = 사업운'이라고 말할 수 있겠죠. 불안은 다름 아닌 운명과 욕망에서 비롯된 것입니다. 운명과 욕망 때문에 인간이라는 존재는 본질적으로 불안하고, 인간의 삶은 불안을 근본적으로 내재하고 있다고 말할 수 있습니다. 이러한 이유로 19세기 중반 활동한 덴마크의 철학자 키에르케고르는 '불안은 자기 스스로 만든다'고 역설한 것입니다.

그럼 불안의 본성은 세 가지로 정리할 수 있겠죠. 첫째는 '일상성'입니다. 더러, 간혹 혹은 특별한 경우에 불안을 느끼는 것이 아니라 삶에는 일상적으로 불안이 자리하고 있다는 것입니다. 앞선 설문 조사의 결과처럼, 일상적으로 불안을 경험한다는 사실이 비정상적인 것이 아니라 지극히 정상적이라는 의미입니다. 둘째는 '내재성'입니다. 불안은 외부에 존재하는 것이 아니라 인간 존재와 삶의 내부에 존재하고 있다는 것입니다. 불안의 원인은 외부의 특정한 대상이 아니라 자기 자신 그리고 자신의 삶이라는 의미입니다. 셋째는 '항상성'입니다. 운명은 결과를 알 수 없고, 욕망은 실현될지 여부가 불확실하기 때문에 삶에는 항상 불안이 따라다닌다는 애기입니다. 운명과 욕망으로 인해 행복한 삶이든 불행한 삶이든, 성공한 삶이든 실패한 삶이든, 긍정적인 삶이든 부정적인 삶이든 예외 없이 모두 삶의 표면 아래에는 항상 불안이 잠재되어 있다는 것입니다.

장자는 자기 시대가 던져 놓은 삶의 불안과 공포 앞에 누구보다 예민했던 사람입니다. 모든 사람이 불안과 공포에 짓눌려 삶을 잠식당하거나 질식당하고 있던 자신의 시대를 민감한 시선으로 바라봤기 때문에, 장자는 불안의 본성과 근원은 물론 그것이 어떻게 인간의 삶에 작용하고 있는지에 대해 철학적으로 사색할 수 있었다고 해도 과언이 아닙니다. 이제 장자가 전하는 '불안의 철학'을 통해 우리 시대를 들여다보고 자신의 삶을 성찰하는 여정을 시작해 보도록 하겠습니다.

절망이 지배하는 세상

2016년 EBS에서 '절망을 이기는 철학 – 제자백가'라는 제목의 다큐멘터리를 제작 방영한 적이 있습니다. 제작진이 '절망이 지배하는 세상'이라고 정의한 춘추전국시대의 제자백가 가운데 유가儒家, 묵가墨家, 법가法家, 도가道家의 철학을 통해 절망을 돌파하는 생존의 조건을 모색해 보는 프로그램이었습니다. 그동안 제자백가를 다룬 방송 프로그램은 적지 않았으니까 이 다큐멘터리가 새삼스럽지는 않았지만, 특별히 제작진이 바라본 각 학파의 철학을 관통하는 '키워드' 중 저의 흥미를 끄는 대목이 한 가지 있었습니다. 그들은 유가 철학의 키워드는 '신뢰', 묵가 철학의 키워드는 '정의', 법가 철학의 키워드는 '기득권'이라고 해석한 반면 도가 철학의 키워드는 '불안'으로 바라봤습니다. 유가, 묵가, 법가를 해석한 키워드는 여태까지 이들 철학을 다룬 기존의 관점과 크게 다르지 않았지만, 도가를 '불안'의 관점에서 해석한 점은 신선하게 다가왔습니다. 왜냐하면 저 역시 장자 철학의 핵심 주제 중 한 가지가 '불안'이라고 생각해 왔기 때문입니다. '불안'이라는 키워드를 통해 도가 철학을 바라본다는 것은 기존의 '무위無爲, 자연自然, 자유自由'의 관점에서 바라봤을 때 미처 보지 못한 장자 철학의 핵심을 발견할 수 있는 새로운 접근법입니다.

장자는 춘추전국시대 가운데에서도 가장 혼란한 때였던 전국시대 중반 무렵 태어나 활동한 사람입니다. 위대한 철학이 모두 그렇듯이, 장자의 철학 역시 자기 시대의 문제에 대한 의문이자 질문이며 동시에 답변이자 주장입니다. 장자 철학은 그가 살았던 시대 즉, 춘추전국시대의 양상과 떨어져서 이야기할 수 없습니다. 장자의 철학은 인간의 삶과 생명을 망가뜨리고 파괴하는 춘추전국시대의 수많은 문제에 대한 장자 자신의 간절한 물음이자 절박한 답변이기 때문입니다.

춘추전국시대가 '절망이 지배하는 세상'이라면, 유가를 대표하는 공자와 맹자가 바라본 '세상의 절망'은 무엇이었을까요? 그것은 '신분 질서(계급)가 무너진 세상'이었습니다. 이 시대의 신분 질서는 주나라의 천자(왕)를 정점으로 제후-경대부卿大夫-사士(선비)-평민-노예의 피라미드형 위계 구조를 갖춘 종법제宗法制였습니다. 천자는 천자의 자리에서 본분을 다하고, 제후는 제후의 자리에서 본분을 다하고, 경대부는 경대부의 자리에서 본분을 다하고, 사(선비)는 사(선비)의 자리에서 본분을 다하고, 평민은 평민의 자리에서 본분을 다하고, 노예는 노예의 자리에서 본분을 다하는 것, 이것이 공자와 맹자가 생각하는 가장 '이상적인 세상의 질서'였습니다. 유가는 바로 이 종법제의 위계 구조와 신분 질서에 대한 '신뢰'에 기초하여 세상이 유지된다고 여겼습니다. 하지만 춘추전국시대가 시작되면서 제후는 천자의 자리를 탐하고, 경대부는 제후의 자리를 탐하고, 사(선비)는 경대부의 자리를 탐하고, 평민과 노예 역시 자신의 이익과 신분 상승을 위해 수단 방법을 가리지 않게 되면서 이들 사이에 존재하는 '관계의 신뢰'는 철저하게 무너져 버렸습니다. 유가는 이것이 세상이 혼란과 절망에 빠진 원인이라고 봤습니다. 이러한 까닭에 유가는 춘추전국시대 이전, 다시 말해 주나라 초기의 신분 질서, 즉 천자-제후-경대부-사(선비)-평민-노예 사이에 존재한 '관계의 신뢰'를 회복하는 것이야말로 세상을 혼란과 절망에서 구제할 수 있는 길이라고 주장합니다. 그들이 '관계의 신뢰를 회복'하는 구체적인 방법으로 제시한 것이 바로 '인의仁義, 예법禮法' 등이라고 할 수 있습니다.

  그럼 묵가가 바라본 '세상의 절망'은 무엇이었을까요? 그것은 '강자가 약자를 잡아먹는 세상'이었습니다. 묵가의 관점에서 볼 때 유가의 신분 질서는 강자의 약자에 대한 억압 그리고 약자의 강자에 대한 복종 그 이상도 이하도 아닙니다. 신분 질서가 지배하는 세상에서는 강자의 이익과 논리가 곧 힘이고 '정의'가 됩니다. 하지만 강자의 힘과 정의는 약자의 입장에서 보면 '불의'가 됩니다. 약자에게는 약육강식과 적자생존의 세상, 다시 말해 강자의 힘과 정의를 중심으로 돌아가는 세상은 역설적으로 가장 '불의한 세상'입니다. 묵가는 약육강식과 적자생존의 세상이 아니라 강자와 약자가 동등하게 대우받고 더불어 살아가는 세상을 가장 '이상적인 세상'으로 꿈꾸었습니다. 이러한 까닭에 묵가는 '정의를 바로 세우는 것'이야말로 세상을 혼란과 절망으로부터 구제할 수 있는 길이라고 주장했습니다. 묵가가 '정의를 바로 세우는' 구체적인 방법으로 제시한 것이 '겸애兼愛, 평등平等, 비전非戰' 등입니다.

법가는 '세상의 절망'을 어떻게 바라봤을까요? 그것은 '기득권이 제멋대로 날뛰는 세상'이었습니다. 여기에서 기득권은 구체적으로 자신들의 사적인 이익과 권력을 위해 국가와 사회의 공적 체계를 마음대로 무너뜨리는 춘추전국시대의 경대부 즉, 공족公族과 귀족貴族 세력을 가리킵니다. 이들은 죄를 지어도 벌을 받지 않고, 공을 세우지 않고도 상을 독차지하고, 다른 사람의 재물을 마음대로 약탈하고, 권력을 독점한 채 무단으로 사람을 죽이는 일을 조금의 주저함도 없이 저질렀습니다. 한마디로 국가의 법과 사회의 규범을 초월한 무소불위의 권력을 제멋대로 휘둘렀습니다. 법가는 국가와 사회 그리고 법과 규범을 초월한 이들 기득권 세력의 약탈과 전횡이 세상을 혼란과 절망에 빠뜨린 주범이라고 주장했습니다. 이러한 까닭에 법가는 이들 기득권 세력의 사적인 이익과 권력을 억누르고 국가의 법과 사회의 규범에 복종하도록 통제하는 것이야말로 세상을 혼란과 절망으로부터 구제하는 길이라고 주장합니다. 그들이 기득권 세력을 억누르고 국가의 법과 사회의 규범에 복종하도록 통제하는 구체적인 방법으로 제시한 것이 바로 '상벌주의賞罰主義, 법치法治' 등입니다.

그렇다면 장자가 바라본 '세상의 절망'은 무엇이었을까요? 여기에 대해서는 장면을 바꾸어 살펴보도록 하겠습니다.

불안과 공포,
삶과 생명을 해치는 세상

장자는 지금까지 살펴본 유가, 묵가, 법가와는 전혀 다른 관점에서 '세상의 절망'을 바라봤습니다. 장자를 절망하게 만든 것은 바로 '인간의 삶과 생명을 파괴하는 세상'이었습니다. 유가 사상은 사람들에게 무엇을 위해 삶과 생명을 다하라고 가르칩니까? '천자(왕)를 위해서' 온몸과 삶과 생명을 바치라고 말합니다. 묵가 사상은 사람들에게 무엇을 위해 삶과 생명을 다하라고 주장합니까? '평등한 세상을 위해서' 온몸과 삶과 생명을 바치라고 말합니다. 법가 사상은 사람들에게 무엇을 위해 삶과 생명을 다하라고 가르칩니까? '국가의 법과 사회규범을 위해서' 온몸과 삶과 생명을 바치라고 말합니다. 하지만 장자를 진심으로 절망하게 만든 것은 천자, 평등한 세상, 국가와 사회 그리고 권력, 재물, 명예, 출세를 위해서 자신의 온몸과 삶과 생명을 다하라고 교육하며, 유혹하고, 권유하고 더 나아가 강요하고 길들이는 세상의 모습이었습니다. 왜냐하면 그것들을 위해 자신의 삶과 생명을 다하도록 훈육하고 길들이기를 마다하지 않은 세상이란, 다시 말하자면 그것들을 위해서라면 인간의 삶과 생명을 망가뜨리고 파괴하기를 주저하지 않는 세상 그 이상도 이하도 아니기 때문입니다.

천자, 평등한 세상, 국가와 사회, 권력, 재물, 명예, 출세 등은 장자 철학의 관점에서 보면 모두 '인위적인 것' 즉, 인간이 만든 제도와 관념입니다. 반면 인간의 삶과 생명은 '자연적인 것'입니다. 이런 까닭에 장자에게 유가, 묵가, 법가의 사상은 인간이 만든 제도와 관념 곧 인위적인 것으로 자연적인 것 즉, 인간의 삶과 생명을 지배·구속하고 감시·통제하는 철학에 불과합니다. 장자 철학의 포커스는 철저하게 인간의 삶과 생명을 보존하는 데 맞춰져 있습니다. 이러한 까닭에 장자에게는 인간이 만든 제도와 관념으로 인간의 삶과 생명을 해치는 것이 바로 세상을 혼란과 절망에 빠뜨린 주범입니다. 장자는 인간의 삶과 생명을 해치는 모든 인위적인 것을 부정하고 거부합니다. 그것이 바로 장자 철학의 핵심이라고 할 수 있는 '무위無爲'의 참된 뜻입니다. '무위의 삶'이란 아무것도 하지 않는 것이 아니라 '인위적인 것'으로 '자연적인 것'을 해치는 삶을 거부하고 부정하는 것이기 때문입니다.

> "하나라·은나라·주나라 이후로 사람들은 모두 인위적인 것으로써 자신의 자연적인 본성을 바꾸었다. 소인小人은 재물을 위해 제 한 몸을 바친 사람이다. 선비는 명예를 위해 제 한 몸을 바친 사람이다. 대부大夫는 가문을 위해 제 한 몸을 바친 사람이다. 성인聖人은 천하를 위해 제 한 몸을 바친 사람이다. 각자 재물, 명예, 가문, 천하 등 자기 한 몸 바친 일은 다 달랐지만, 자연의 본성을 해치고 자신을 인위적인 것의 희생물로 삼았다는 점에서는 똑같았다."
>
> —『장자』「외편」'변무駢拇'

장자는 인간의 삶과 생명을 해치는 인위적인 것들이 지배하는 세상이 당시 사람들을 괴롭히는 불안과 공포의 주범이라고 여겼습니다. 또한 자신의 몸과 삶과 생명을 해치는 줄도 모르고 권력, 재물, 명예, 출세 등을 얻기 위해 동분서주하는 인간 세태가 불안과 공포의 근원이라고 주장했습니다. 사마천의 『사기』에 기록되어 있는 당시의 시대상과 인간 세태를 예로 들어 볼까요? 춘추시대 최초의 패자霸者(제후들의 우두머리) 제나라 환공의 궁

중 요리사 역아는 권력과 출세를 누릴 목적으로 자신의 아들을 죽여 요리해 환공의 입맛을 맞추려 했고, 『오자병법』의 오기는 노나라의 장군이 되기 위해 자신의 아내를 죽였으며, 제나라의 환관 수도는 최고 권력자인 제후의 곁에 가까이 가기 위해 스스로 거세하는 것을 마다하지 않았습니다. 장자는 절망의 시선으로 당시의 시대상과 인간 세태를 통찰하면서, 자신과 세상 사람들이 느끼는 불안과 공포는 '시대의 문제'이자 동시에 '인간 존재와 삶의 문제'라는 사실을 깨달았습니다. 다시 말해 불안과 공포는 '시대 문제'이면서 동시에 '인간 문제'이기 때문에, 시대뿐만 아니라 인간 자신에게서도 불안과 공포의 근원을 찾아야 한다고 생각한 것입니다. 이 점이 장자의 철학이 여타의 제자백가들과 다른 독보적인 수준에 도달한 이유입니다.

여하튼 장자의 철학은 그 포커스가 인간의 삶과 생명을 보존하는 데 철저하게 맞춰져 있었기 때문에 불안과 공포에 대한 주파수가 높을 수밖에 없었습니다. 불안과 공포의 주파수가 높을수록, 다시 말해 불안과 공포에 민감하고 예민할수록 삶과 생명을 보존하는 데 유리하기 때문입니다. 도가의 경전 중 하나인 『노자도덕경』에 보면 "신중함이여, 겨울에 시냇물을 건너듯. 경계함이여, 사방의 이웃을 두려워하듯"이라는 구절이 있습니다. 겨울에 시냇물을 건널 때 혹시 얼음이 깨져 물에 빠지지 않을까 불안한 사람은 얼음이 충분히 얼었는지 신중하게 살펴보겠죠. 반면에 불안을 느끼지 않는 사람은 무작정 시냇물을 건너려고 하겠죠. 둘 중 어느 쪽이 삶과 생명을 보존하는 데 더 유리하겠습니까? 불안과 공포에 민감하고 예민할수록 삶과 생명을 보존하는 데 유리하다는 의미에서, 인간이 지닌 불안의 감정이란 '생존을 위한 본능'이자 평생 '신중하고 경계하는 삶을 살라는 주문'이라고 할 수 있습니다. 이런 까닭에 장자의 철학은 자신의 시대가 불러온 불안과 공포에 대한 통찰력을 바탕으로 인간의 삶과 생명을 보존하는 진정한 길은 무엇인지를 모색한 철학이라고 할 수 있습니다.

자신의 그림자를 두려워한 사람의 우화

우리가 불안을 느꼈을 때 가장 일반적으로 보이는 반응은 무엇입니까? 불안에서 벗어나려는, 다시 말해 도망치려는 반응입니다. 『장자』「잡편」'어부漁父'에 등장하는 '자신의 그림자를 두려워한 사람의 우화'는 불안에 대한 반응과 관련해 매우 흥미로운 철학적 메시지를 제공하고 있습니다.

옛날 어느 마을에 자신의 그림자를 무척 두려워한 한 남자가 살고 있었습니다. 자신의 그림자가 너무나 두렵고 무서워서 매일 불안과 공포에 떨던 남자는 마침내 그림자를 피해 도망처야겠다고 마음을 먹게 됩니다. 먼저 그는 발걸음을 빨리하면 그림자와 멀어져 자신에게서 그림자를 떨쳐 낼 수 있다고 생각했습니다. 그래서 재빠르게 걷기 시작했습니다. 그런데 발걸음을 빨리할수록 그림자가 멀어지기는커녕 오히려 더 자신의 몸에 바짝 붙어서 떨어지지 않았습니다. 자신의 발걸음이 아직 느려서 그런 것이라고 생각한 남자는 더 속도를 빨리해 그림자로부터 달아나려고 했습니다. 하지만 그러면 그럴수록 그림자는 더욱 남자의 몸에 바짝 붙어 따라왔습니다. 그는 속도를 더 올리면 그림자가 자신의 몸에서 멀어져 떨어질 것이라고 생각하고 이제는 빠르게 달리기 시작했습니다. 그런데도 그림자가 몸에서 떨어지지 않자 그는 더욱 빨리 달렸고, 그렇게 해도 그림자가 몸에 붙어 있자 더욱더 속도를 내어 달렸습니다. 자신의 그림자를 두려워한 이 사람은 어떻게 되었을까요? 더욱 속도를 올려 달리고 또 달리다 마침내 기력이 다한 남자는 결국 숨이 멎어 죽고 말았습니다. 장자는 자신의 그림자가 무섭고 두려워 피해 달아나다 목숨을 잃은 남자의 이야기에 안타까워하며 이렇게 탄식했습니다.
"만약 그 사람이 그늘 속으로 들어갔다면 그림자는 저절로 없어졌을 텐데⋯⋯."

이 우화는 불안이 두렵고 무서워서 벗어나려고 도망치다가 오히려 불안에 짓눌려 삶을 해치고 망가뜨리는 우리 자신의 모습을 떠올리게 합니다. 불안은 우리가 언제 어디에 있든 삶에 항상 붙어 따라다니는 '그림자 같은 존재'이기 때문입니다.

불안의 원인에는 외부 요인과 내부 요인이 있습니다. 불안의 외부 요인이 우리를 둘러싸고 있는 '삶의 환경'이라고 한다면, 내부 요인은 '삶 그 자체'라고 할 수 있습니다. 이 때문에 그 원인이 외재적인가 내재적인가 여부에 상관없이 불안은 우리의 삶과 떼려야 뗄 수 없는 관계를 맺고 있습니다. 불안은 우리 삶의 일부라는 얘기입니다. 마치 그림자처럼 불안은 삶에서 떨쳐 낼 수도 없고 벗어날 수도 없는데 도망치거나 달아나려고 하면 어떻게 되겠습니까? 떨쳐 내려고 하면 할수록, 벗어나려고 하면 할수록, 달아나려고 하면 할수록 역설적으로 불안은 더욱 우리에게 바짝 달라붙어 삶을 피폐하게 만들거나 망가뜨립니다. 정신분석학에서 언급하는 '예기 불안' 또는 '불안 장애' 혹은 '강박 장애'와 같은 심리 현상이 그런 경우죠. 불안이 불안을 생산하는 구조입니다. 불안에 대한 두려움이 불안을 더욱 조장하거나 혹은 불안하면 안 된다는 강박 의식이 더욱더 불안 심리를 증폭시키는 것입니다. 다시 말해 불안에서 벗어나려는 심리가 오히려 더 큰 불안 심리를 낳고, 그와 같은 현상이 반복적으로 지속하다 보면 심각한 심리 장애를 일으켜 일상생활 자체를 어렵게 만드는 것입니다. 그림자에 대한 두려움에서 벗어나려고 달리다가 목숨을 잃은 남자의 이야기가 불안을 떨쳐 내려고 하다가 오히려 불안에 질식당해 삶을 망가뜨리는 우리의 모습과 별반 다르지 않은 이유가 바로 여기에 있습니다.

그럼 그림자를 두려워한 남자의 죽음을 안타까워하며 내뱉은 장자의 철학적 메시지, 곧 그늘 속으로 들어갔다면 그림자가 없어졌을 것이라는 탄식 역시 어렵지 않게 해석할 수 있습니다. 그 말은 불안을 경험할 때 도망치려고 하기보다는 도리어 불안 속으로 들어가라는 메시지입니다. 왜냐하면 그늘 속으로 들어가면 그림자가 없어지는 이치와 마찬가지로 불안 속으로 들어가면 불안이 삶을 망가뜨리거나 파괴하는 힘으로 더 이상 작용하지 못하기 때문입니다. 그렇다면 다시 물어보겠습니다. 불안 속으로 들어가라는 말에 담긴 뜻은 무엇일까요? 여기에는 두 가지 뜻이 존재합니다. 하나는 불안을 삶의 그림자 즉, 삶의 일부로 받아들이라는 뜻이고, 다른 하나는 불안의 원인이 되는 자신의 삶 속으로 들어가라는 의미입니다. 앞선 말씀드렸던 것처럼 불안은 '자기 스스로 만든 것'이자 '자신의 삶이 만든 것'이기 때문입니다. 불안을 자기 삶의 그림자로 받아들이고, 불안을 만든 자신의 삶 속으로 들어가려면 어떻게 해야 할까요? 무엇보다 먼저 불안의 원인이 되는 자기 삶의 내면을 성찰해 봐야 합니다. 그리고 불안으로부터 도망치려고 하기보다는 그것과 더불어 살아가는 삶의 방법을 깨닫고 배우고 익혀야 합니다. 이렇게 한다면 불안은 더 이상 우리의 삶을 질식시켜 망가뜨리거나 파괴하는 힘을 발휘하지 못하게 됩니다. 그런 점에서 우리는 불안을 터득하고 배우고 익혀야 합니다. 이 점이 바로 삶에 '불안의 철학'이 필요한 이유입니다.

우리가 『그림 형제 동화집』으로 알고 있는 그림 형제의 민담집 『어린이와 가정을 위한 이야기』에는 불안과 관련해 장자의 우화와 유사한 이야기 한 편이 실려 있습니다. 이 동화의 제목은 '두려움을 배우려고 길을 떠난 젊은이 이야기'입니다. 장자의 우화 속 남자가 두려움에서 도망치려고 했다면, 그림 형제의 동화 속 젊은이는 반대로 두려움을 배우려고 세상 속으로 뛰어듭니다. 이 동화를 통해 불안을 깨닫고 배우고 익힌다는 것의 의미가 무엇인지 살펴볼 수 있습니다. 장자의 우화와 그림 형제의 동화를 비교해 읽다 보면, 불안을 마주하고 불안에 반응하는 우리의 모습을 만날 수 있습니다. 두려움을 배우려고 세상 속으로 뛰어든 젊은이의 동화가 들려주는 불안에 관한 철학적 메시지는 다시 장면을 바꾸어 계속해 보도록 하겠습니다.

두려움을 배우려고
길을 떠난 젊은이의 동화

먼저 이 동화의 줄거리를 알아야 하니까 간략하게 살펴본

다음 여기에 담긴 불안에 관한 철학적 메시지를 말씀드리도록 하겠습니다.

어떤 중년 남자에게 두 명의 아들이 있었습니다. 큰아들은 영리한 데다 분별력도 뛰어나 무슨 일을 시켜도 잘 해냈습니다. 하지만 큰아들은 무서움을 너무나 두려워해서 집 밖으로 나가기를 매우 싫어했습니다. 반면 작은아들은 말도 잘 알아듣지 못하는 데다 제대로 배우지도 못해 이웃 사람들에게 '아버지의 짐이나 될 아이'라고 조롱당하기 일쑤였습니다. 그런데 작은아들은 무서움을 전혀 느끼지 못해 자신의 형은 물론 동네 사람들이 '무섭다'고 말할 때마다 도무지 그 말뜻을 이해할 수가 없었습니다. 작은아들은 무서움이 무엇인지 너무나 궁금해 항상 "등골이 오싹해지는 무서움을 한번 겪어 봤으면!"이라는 말을 입에 달고 다녔습니다.

어느 날 작은아들은 아버지에게 세상 그 어떤 것보다 등골이 오싹해지는 무서움을 아는 법을 배우고 싶다고 합니다. 아버지가 마을의 성당지기에게 작은아들의 이상한 소원에 대해 말하자, 그는 자기가 등골이 오싹해지는 무서움을 가르쳐 줄 수 있다면서 작은아들을 교회로 데리고 갔습니다. 성당지기는 작은아들에게 교회의 종탑에서 종을 치는 일을 시켰습니다. 그렇게 며칠이 지난 뒤 성당지기는 이제 무서움을 가르쳐 줄 때가 되었다고 생각해 작은아들을 한밤중에 깨워서 종탑에 올라가 종을 치라고 했습니다. 그리고 자신은 먼저 종탑에 올라가 유령으로 변장해 숨어 있었습니다. 작은아들이 와서 유령으로 변장한 자신을 발견하면 진짜 유령인 줄 알고 깜짝 놀라 등골이 오싹한 무서움이 무엇인지 배우게 될 것이라고 생각했기 때문입니다. 성당지기의 계획대로 되었을까요? 무서움을 전혀 느끼지 못하는 작은아들은 유령으로 변장해 숨어 있는 성당지기를 발견하고 놀라기는커녕 오히려 먼저 달려들어 종탑으로 오르는 계단 아래로 밀어 버렸습니다. 자신의 기대와는 달리 성당지기가 작은아들 때문에 크게 다쳤다는 사실을 안 아버지는 불같이 화를 냈습니다. 작은아들 역시 자기 마음을 몰라주는 아버지가 너무나 야속한 나머지 이 참에 등골이 오싹한 무서움이 무엇인지를 배우기 위해 집을 떠나야겠다고 결심합니다.

집을 떠나 길을 가던 도중 작은아들은 "등골이 한번 오싹해 봤으면! 등골이 한번 오싹해 봤으면"하고 중얼거리는 자신의 혼잣말을 우연히 들은 어떤 남자를 만납니다. 그는 작은아들에게 "일곱 사람이 교수형을 당한 교수대 아래 앉아서 하룻밤을 보내다 보면 등골이 오싹해지는 무서움이 무엇인지 배우게 될 것"이라고 말해줍니다. 작은아들은 교수대 아래로 가서 목 매달린 일곱 명의 시체와 함께 하룻밤을 보냈습니다. 하지만 등골이 오싹한 무서움은 전혀 느껴지지 않았습니다.

크게 실망한 작은아들은 그곳을 떠나 다시 "등골이 한번 오싹해 봤으면!"이라는 혼잣말을 중얼거리면서 길을 걸어갔습니다. 이번에는 짐마차를 끄는 마부가 작은아들의 중얼거림을 듣게 되었습니다. 마부는 작은아들을 어느 왕국의 한 여인숙으로 데리고 갔습니다. 여인숙에 들어선 작은아들은 여태까지와 똑같이 "등골이 한번 오싹해 봤으면"이라고 중얼거렸습니다. 작은아들의 말을 들은 여인숙 주인은 웃으면서 여기서 가까운 곳에 마법에 걸린 성이 있는데, 그곳에 가서 사흘 밤만 지내면 등골이 오싹한 무서움이 무엇인지 배울 수 있다고 일러 줍니다. 그러면서 왕국의 임금이 마법에 걸린 성에서 살아 돌아오면 '아름다운 공주와 엄청난 보물'을 선물로 준다는 약속을 내걸었다는 말까지 알려 줍니다. 그러곤 이미 많은 사람들이 성안에 들어갔지만 단 한 명도 살아서 나온 사람은 없었다는 말까지 덧붙였습니다. 아름다운 공주와 엄청난 보물보다 오직 등골이 오싹한 무서움을 배울 수 있다는 기대감에 작은아들은 왕을 찾아간 다음 허락을 받고 마법에 걸린 성안으로 들어갔습니다.

첫째 날 밤, 사방팔방에서 벌겋게 달구어진 쇠사슬을 목에 건 무시무시한 형상의 검은 고양이와 검은 개 무리가 엄청나게 쏟아져 나와 작은아들을 위협했습니다. 그동안 성안에 들어간 사람들은 이 무서운 광경에 놀라 자빠져서 단 하룻밤도 넘기지 못하고 모두 목숨을 잃었습니다. 하지만 무서움을 전혀 느끼지 못하는 작은아들은 도리어 가져간 목공 칼을 휘둘러 검은 고양이와 검은 개 무리를 때려죽여서 연못에 던져 버렸습니다.

둘째 날 밤, 이번에는 반 토막으로 나누어 나타났다가 하나로 합쳐지는 흉측한 괴물들이 출현해 작은아들을 위협했습니다. 그들은 9개의 뼈다귀를 세워 놓더니 2개의 해골을 가지고 볼링과 비슷한 놀이를 했습니다. 무서움이 무엇인지 알지 못하는 작은아들은 이 모습을 보고도 놀라기는커녕 오히려 괴물들과 어울려 놀이를 즐겼습니다. 그렇게 놀이를 즐기던 중 열두 시를 알리는 종이 치자 괴물들은 하나도 남김없이 눈앞에서 사라져 버렸습니다.

셋째 날 밤이 되자 여섯 명의 덩치 큰 남자들이 시체가 담긴 관을 들고 나타났습니다. 관 속 시체는 일어나 작은아들의 목을 졸라 죽이려고 했습니다. 작은아들이 살아난 시체의 멱살을 잡아 다시 관 속으로 넣고 뚜껑을 닫자 여섯 명의 덩치 큰 남자들이 관을 들고 사라졌습니다. 작은아들은 아직 등골이 오싹한 무서움을 느끼지 못해 짜증이 났습니다. 그때 허옇고 기다란 수염이 달린 무시무시한 생김새의 덩치 큰 늙은 괴물이 나타났습니다. 늙은 괴물은 등골이 오싹한 게 무엇인지 가르쳐 주겠다면서 위협하더니 작은아들을 끌고 캄캄한 복도를 지나 대장간으로 간 다음 도끼를 들고 모루를 내리치는 힘겨루기를 하자고 했습니다. 이 힘겨루기에서 작은아들은 늙은 괴물을 제압했고, 그를 살려 주는 대가로 성안 지하실의 황금이 가득 든 궤짝 3개까지 차지했습니다.

　사흘 밤을 무사히 보낸 작은아들은 왕이 약속한 대로 공주와 결혼했고, 그 뒤 왕국의 임금 자리까지 물려받았습니다. 왕이 된 작은아들은 이제 왕비가 된 공주를 무척 사랑했고 또 아주 행복했습니다. 하지만 등골이 오싹한 무서움을 아직 경험하지 못했기 때문에 예전과 마찬가지로 항상 "한 번이라도 등골이 오싹해 봤으면! 한 번이라도 등골이 오싹해 봤으면!" 하는 소리를 입고 달고 다녔습니다. 작은아들의 불평을 곁에서 듣다 지친 왕비는 점차 짜증이 나기 시작했습니다. 어느 날 왕비의 짜증을 지켜보던 시녀가 이렇게 말했습니다. "임금님께서 등골이 오싹한 게 뭔지 배우도록 제가 돕겠습니다." 그리고 시녀는 왕궁 정원을 흐르는 개울에서 양동이에다 작은 물고기를 가득 담아 가지고 왔습니다. 밤이 되어 작은아들이 깊은 잠에 빠졌을 때 왕비는 이불을 벗기고 양동이에 가득 담은 찬물과 물고기를 확 쏟아부었습니다. 깜짝 놀라 잠에서 깬 작은아들은 소리쳤습니다.

　"아, 등골이 오싹해, 등골이 오싹해! 왕비! 등골이 오싹한 게 무언지 이제야 알았소."

　이 동화는 근대인의 실존적 불안을 철학적으로 탐구한 키에르케고르의 『불안의 개념』에 자세하게 소개되어 있습니다. 여기에서 키에르케고르는 "인간은 왜 불안을 배워야 하는가?"에 대한 철학적 메시지를 이 동화보다 더 적합하게 전달해 주는 텍스

트는 없다고 설명합니다. 키에르케고르는 이렇게 말합니다.

> "그림 형제의 동화에는 불안에 빠졌다는 것이 무엇인지를 배우기 위해서 모험을 떠나는 젊은이의 이야기가 있다. 이 모험가가 자신의 길을 가는 도중에 무서운 것을 만났는지 여부에 괘념하지 말고 그가 자신의 길을 가도록 내버려 두기로 하자. 그렇지만 나는 이것이야말로 모든 인간이 겪어야 하는 일이라고 말하고 싶다. 불안에 빠져 본 적이 없는 탓에, 또는 불안 속에서 굴복한 탓에 멸망하는 일이 없도록 불안을 터득하려고 한다면 말이다."
>
> —쇠렌 키에르케고르, 『불안의 개념』[1]

장자의 우화와 그림 형제의 동화를 비교해 읽어 보니 어떻습니까? 그림자가 두려워 달아난 남자는 무서움 때문에 세상 속으로 나가기를 두려워한 큰아들과, 또한 '그늘 속으로 들어갔으면 그림자가 없어졌을 텐데'라고 한 장자의 말은 두려움이 무엇인지 배우려고 세상 속으로 뛰어든 작은아들의 행동과 묘하게 대비를 이루고 있지 않습니까? 만약 그림 형제의 동화 속 큰아들처럼 무서움 때문에 집 밖으로 나서지 못한다면, 그 삶은 평생 자신의 울타리에 갇혀 사는 삶이 될 것입니다. 자신의 울타리에 갇혀 버린 삶은 편안함과 안정감을 줄지는 몰라도 삶의 새로운 변화를 기대하기는 어렵습니다. 변화가 없는 삶은 어떤 삶입니까? '성장이 멈춰 버린 삶'입니다. 이렇게 보면 무서움에 대한 큰아들의 반응은 자신의 그림자가 두려워 달아난 남자와 마찬가지로, 무서움과 두려움 즉 불안에 굴복해 삶을 잠식당했다는 점에서 별반 다르지 않다고 말할 수 있겠죠. 불안이 두려워서 어떻게든지 도망치려는 반응이나 불안 때문에 아무것도 하지 않거나 혹은 아무것도 하지 못하는 태도는 모두 불안에 지배당해 스스로 삶을 망치거나 파괴한다는 점에서는 동일하기 때문입니다.

반면에 그늘 속으로 들어가야 비로소 그림자가 없어진다는 장자의 말과 같은 맥락에서, 불안을 무서워하거나 두려워하기는커녕 오히려 그것이 무엇인지 깨닫고 배우려고 한다면 불안은 더 이상 우리의 삶을 지배하거나 굴복시키지 못하게 됩니다. 무서움을 두려워하지 않고 도리어 무엇인지 배우려고 세상 속으로 뛰어든 작은아들과 같이, 우리가 불안을 경험하고 또 깨닫고 배우려고 한다면 어떻게 될까요? 세상 속으로 뛰어든 작은아들이 교수대와 마법에 걸린 성에서 겪었던 여러 사건과 그 뒤 일어난 삶의 변화처럼, 우리 역시 불안을 경험하고 배우는 과정에서 무수한 사건과 변화를 겪게 될 것입니다. 그리고 작은아들의 경우와 마찬가지로 그 과정에서 더 많은 사건과 변화를 겪으면 겪을수록 우리는 '더욱 성숙하고 종합적인 인간'으로 성장하게 될 것입니다. 이것이 장자와 키에르케고르가 자신의 우화와 동화를 통해 우리에게 얘기하고자 한 불안에 관한 철학적 메시지입니다.

> "불안하다는 것을 제대로 깨달은 사람은 누구든지 궁극적인 것을 터득한 셈이다. 만일 인간이 동물이나 천사라면, 불안에 빠질 수 없을 것이다. 인간은 종합이기 때문에 불안해질 수 있다. 게다가 불안에 더 깊이 빠질수록, 인간은 더 위대하다."
>
> —쇠렌 키에르케고르, 『불안의 개념』 [2]

모든 것은 연결되어 있다!

이제 장자가 어떻게 자기 시대의 불안을 깨닫고 배우고 익혔는지에 관한 이야기 속으로 들어가 보도록 하겠습니다. 『장자』 「외편」 '산목山木'에 등장하는 '이상하게 생긴 까치의 우화'는 자기 시대의 불안에 관한 장자의 철학적 깨달음을 고스란히 담고 있습니다.

장자가 조릉雕陵이라는 곳의 울타리 부근을 산책하고 있을 때, 남쪽에서 날아오는 이상하게 생긴 까치 한 마리를 발견했습니다. 까치는 날개의 넓이가 일곱 자에다 눈은 직경이 한 치나 될

우리는 불안을 경험하고 배우는 과정에서 무수한 사건과 변화를 겪게 될 것입니다. 그리고 그 과정에서 더 많은 사건과 변화를 겪으면 겪을수록 우리는 더욱 성숙하고 종합적인 인간으로 성장하게 될 것입니다.

정도로 거대했습니다. 까치는 장자의 이마를 스치듯 지나간 다음 울창한 밤나무 숲에 내려앉았습니다. 그 모습을 지켜보던 장자는 혼자 중얼거렸습니다.

"이상한 새구나! 날개는 거대한데도 잘 날지 못하고, 큰 눈을 가졌는데도 제대로 보지 못하는구나?"

혼잣말을 중얼거리던 장자는 까치를 잡아야겠다는 생각에 옷을 걷어 올리고 재빠르게 밤나무 숲으로 뛰어들어 갔습니다. 탄궁彈弓을 집어 든 장자는 이상하게 생긴 까치를 쏘려고 자세를 잡았습니다. 그런데 그 순간 매미 한 마리가 울창한 나무 그늘을 차지하고선 자신의 존재조차 잊은 듯 한창 편안하게 쉬고 있는 모습이 장자의 눈에 띄었습니다. 그 뒤에서는 사마귀 한 마리가 나뭇잎에 제 몸을 숨긴 채 매미를 잡아먹으려고 도사리고 있었습니다. 사마귀 역시 매미를 잡아먹는 일에만 눈이 멀어 자신의 존재를 잊고 있었습니다. 밤나무 숲에 내려앉은 이상하게 생긴 까치는 그 사마귀를 먹잇감으로 노리고 있었습니다. 까치 역시 자신의 존재는 잊어버린 듯 사마귀를 잡아먹는 일에만 몰두하고 있었습니다. 매미는 나무 그늘의 편안함에 빠져 자기에게 일어난 일을 전혀 알지 못하고, 사마귀는 매미를 노리느라 자기에게 일어난 일을 전혀 살피지 못하고, 까치는 사마귀를 잡는 데 몰두하느라 자기에게 일어난 위험을 전혀 감지하지 못했습니다. 이 모든 광경을 지켜보고 있던 장자는 갑자기 두려운 생각이 엄

습해 혼잣말로 중얼거렸습니다.

"아! 세상의 모든 사물은 본래 서로 뒤엉켜 있구나. 각자 다른 사물들은 서로를 유인하는구나!"

장자는 그 즉시 탄궁을 버리고 돌아 나와 밤나무 숲을 벗어났습니다. 그때 밤나무 숲의 산지기가 욕을 퍼부으면서 장자를 쫓아왔습니다. 장자 역시 이상하게 생긴 까치를 잡으려는 욕심에만 정신이 팔려서 밤나무 숲의 산지기가 자신을 노려보고 있다는 사실을 알지 못했던 것입니다. 집으로 돌아간 뒤 장자는 3개월 동안 바깥출입을 하지 않았습니다. 인저라는 장자의 제자가 걱정스러운 마음에 찾아와 물었습니다. "선생님께서는 왜 요즘 바깥출입을 전혀 하지 않으십니까?" 제자의 물음에 장자는 답했습니다. "이상하게 생긴 까치를 잡는 데만 마음을 빼앗겨 내 삶과 생명을 해칠 수 있다는 것조차 잊어버리고 함부로 들어가서는 안 되는 밤나무 숲으로 들어갔다. 한순간 외물外物의 이익을 쫓느라 내 몸을 보존하는 것조차 잊어버렸으니 나 자신을 잃어버린 것이 아니냐. 이것이 나를 두렵게 만들었고, 그 두려움 때문에 집 밖으로 나가지 못했다."

앞의 '자신의 그림자를 두려워한 사람의 우화'가 자기 안의 불안에 관한 장자의 깨달음을 이야기하고 있다면, 여기 '이상하게 생긴 까치의 우화'는 자기 밖 세계 즉, 세상의 불안에 관한 장자의 깨달음을 이야기하고 있습니다. 유가, 묵가, 법가와 같은 여타의 제자백가와 비교해 장자의 지혜가 독보적인 이유는 자기 안의 불안뿐만 아니라 자기 밖 세계의 불안 역시 깨닫고 배워야 비로소 불안에 지배당하거나 굴복해 삶이 망가지거나 파괴당하지 않을 수 있다는 사실을 통찰한 점입니다. 나 자신과 삶을 불안하게 만드는 원인은 '자기 안의 불안'이기도 하지만 동시에 '자기 밖 세계의 불안'이기도 합니다. 또한 '자기 안의 불안'과 '자기 밖 세계의 불안'은 하나로 연결되어 있으며 함께 작동합니다. '조릉의 깨달음'이라고도 불리는 '이상하게 생긴 까치의 우화'는 '자기 밖 세계의 불안'에 관한 장자의 두 가지 철학적 깨달음을 알려 줍니다.

장자의 첫 번째 깨달음은 이익과 욕망 때문에 '인간이 인간을 잡아먹는 세상'이 불안과 공포를 만든다는 사실입니다. 우화 속 매미, 사마귀, 까치, 장자, 산지기의 관계는 약육강식이 지배하는 인간 세상의 먹이사슬 관계와 다르지 않습니다. 장자가 활동한 시대는 강자만 약자를 잡아먹는 것이 아니라 약자 역시 자신보다 더 약자를 잡아먹는 세상이었습니다. 또한 강자와 약자를 막론하고 더 강자가 되기 위해서 수단 방법을 가리지 않는 세상이었습니다. 한마디로 표현하자면, 자신의 이익과 욕망에 눈이 멀어 자연의 본성 즉, 다른 사람의 삶과 생명은 말할 것도 없고 자신의 삶과 생명을 보존하는 것조차 잊어버린 세상이었습니다. 장자가 3개월 동안 두문불출한 이유는 자기 역시 이상하게 생긴 까치를 잡는 데 정신을 빼앗겨 들어가서는 안 되는 밤나무 숲으로 유인당했고 또한 산지기가 자신을 노려보고 있다는 사실조차 알지 못했기 때문입니다. 매미, 사마귀, 까치와 마찬가지로 외물外物의 이익과 욕망에 몰두하느라 제 몸도 잊어버리고 자기 삶도 잃어버린 꼴이었습니다. 더욱이 장자 자신이 가장 중요하게 여긴 자연의 본성, 다시 말해 무엇보다 삶과 생명의 보존을 우선시하는 삶의 가치조차 무너뜨려 버렸습니다. 자신도 시대의 불안과 공포를 만든 '인간이 인간을 잡아먹는 세상'에서 예외가 아니라는 '조릉의 깨달음'은 장자의 삶과 철학이 한층 더 성숙해지는 중요한 전환점이 됩니다. 그 전환점을 통해 장자는 불안과 공포로부터 자유로워질 수 있는 방법과 새로운 삶의 가능성을 발견할 수 있었습니다. 이 발견은 장자의 두 번째 깨달음으로 연결됩니다.

그럼 장자가 조릉의 사건에서 배운 두 번째 깨달음은 무엇일까요? '세상의 모든 사물은 본래 서로 뒤엉켜 있고 의존한다'는 사실입니다. 장자에게 이 깨달음이 얼마나 중요했는가는 『장자』「내편」'제물론'에 실려 있는 '반그림자와 그림자의 우화'를 통해서도 재차 확인할 수 있습니다.

"곁그림자(옅은 그림자)가 그림자에게 말했다. '아까는 네가 걷고 있더니 지금은 멈추었다. 조금 전에는 네가 앉아 있더니 지금은 일어서 있다. 왜 그렇게 이랬다저랬다 하는 거냐?' 그림자가 말했다. '내가 무엇인가에 의존하고 있어서 그러한가? 내가 의존하고 있는 것 또한 다른 무엇인가에 의존하고 있어서 그렇게 되는 것인가? 뱀이 비늘에 의존하고, 매미가 날개에 의존하는 것처럼 나 역시 무엇인가에 의존하고 있는가? 그렇다면 왜 그런 줄 내가 어떻게 알겠으며, 그렇지 않다면 왜 그렇지 않은 줄 내가 어떻게 알겠는가?"

-『장자』「내편」'제물론'

이것은 '모든 사물은 서로 연결되어 있고 의존하기' 때문에 인간이 인간을 잡아먹는 세상이 만든 불안과 공포에서 자유로워지는 방법과 새로운 삶의 가능성 역시 '나와 다른 사물과의 관계', 다시 말해 '나와 타자와의 관계'에서 찾아야 한다는 깨달음입니다. '이상하게 생긴 까치의 우화' 속으로 다시 돌아가 보죠. 매미에게 불안과 공포의 대상은 무엇입니까? 사마귀죠. 사마귀에게 불안과 공포의 대상은 무엇입니까? 이상하게 생긴 까치죠. 까치에게 불안과 공포의 대상은 무엇입니까? 장자죠. 그럼 장자에게 불안과 공포의 대상은 무엇입니까? 산지기죠. 내가 누군가를 잡아먹으려고 하는 순간 다른 누군가가 나를 잡아먹으려고 하고, 또한 다른 누군가가 나를 잡아먹으려고 하듯 또 다른 누군가가 그를 잡아먹으려고 하는 먹이사슬 관계에서는 '다른 누군가' 곧 타자가 불안과 공포의 원인이자 주범일 수밖에 없습니다. 이런 세상은 '만인이 만인의 적'이기 때문에 '만인에 대한 만인의 투쟁'이 지배할 수밖에 없습니다.

그런데 내가 타자 때문에 불안하다면, 타자는 누구 때문에 불안합니까? 바로 나 때문에 불안합니다. 왜냐하면 타자에게는 나 역시 타자이기 때문입니다. 나의 불안은 타자의 불안과 연결되어 있고, 타자의 불안은 나의 불안과 연결되어 있습니다. 나와 타자의 불안이 연결되어 있다면 내가 불안에서 자유로워지기 위해서는 타자 역시 불안으로부터 자유로워져야 합니다. 반대의 경우도 마찬가지입니다. 그럼 어떻게 해야 할까요? '타자가 타자를 잡아먹는 관계'로부터 탈주하여 타자와 새로운 관계를 맺어야 합니다. 타자가 타자를 잡아먹는 관계는 외물外物에 대한 자신의 이익과 욕망에 뿌리를 두고 있습니다. 반면에 '타자와의 새로운 관계 맺기'는 타자의 타자에 대한 이해, 공감, 애정, 연대가 우선적인 가치가 됩니다. 이 지점에서 장자의 사상은 타자의 구속과 억압, 지배와 통제로부터 자신의 고유성과 독립성을 보존하는 '자유의 철학'과 더불어 타자와 새로운 관계 맺기를 모색하는 '타자의 철학'까지 자기 품 안에 품게 됩니다.

불안과 더불어
살아가는 방법

　장자의 철학을 오랫동안 탐독하고 사색하면서 제가 그에게 얻은 최고의 지혜는 운명·욕망·불안이 우리의 삶을 구성하고 있는 '삼각 축'이라는 사실입니다. 삶의 행복과 불행, 성공과 실패, 희극과 비극의 롤러코스터는 이 삼각 축의 상호작용에서 비롯된다고 해도 과언이 아닙니다. 우리가 살면서 겪는 삶의 거의 모든 문제가 운명·욕망·불안의 삼각 축에서 파생된다고 말할 수 있습니다. 이 점에 대해서는 다음과 같은 질문으로 접근해 보겠습니다. "불안은 외재적입니까, 내재적입니까?" 외재적이면서 내재적이라고 답변할 수 있겠죠. 그럼 다시 묻겠습니다. "외재적인 불안과 내재적인 불안 중 어느 것이 더 본질적입니까?" 내재적인 불안이 더 본질적이라고 하겠습니다. 왜냐하면 앞서 여러 차례 말씀드렸듯이, 자신의 운명과 욕망이 불안을 만드는 근본적인 원인이기 때문입니다. 결과를 알 수 없는 운명과 실현(충족) 여부가 확실하지 않은 욕망 때문에 우리의 삶에는 근본적으로 불안이 내재(혹은 잠재)되어 있습니다. 예를 들어 당신이 지금 행복과 성공의 정점에 있다고 가정해 봅시다. 불안으로부터 자유로울까요? 아닙니다. 행복과 성공이 지속될 수 있을까에 대한 의혹과 불안으로부터 결코 벗어날 수 없기 때문입니다.

삶의 선택과 결정은 모두 운명과 욕망에 연결되어 있습니다. 그리고 우리가 선택하고 결정하는 운명과 욕망은 불안의 내재적인 원인이 됩니다. 누군가 나의 삶을 선택하고 결정한다면, 내가 불안해하는 사람은 그 사람이 됩니다. 반면 자기 스스로 삶을 선택하고 결정한다면, 내가 불안해하는 사람은 바로 자신이 됩니다. 예를 들어 노예의 삶에는 주인이 불안의 주된 원인이 됩니다. 하지만 자유인의 삶에는 자기 자신이 불안의 주된 원인이 됩니다. 왜냐하면 선택과 결정의 자유에는 필연적으로 성공과 실패에 대한 자기 책임이 뒤따르기 때문입니다. 자기가 <u>스스로</u> 한 선택과 결정에는 '성공에 대한 기대와 동시에 실패에 대한 두려움'이 공존하기 때문에 불안이 내재되어 있습니다. 그런 의미에서 키에르케고르는 자기 삶에 대한 '선택과 결정의 자유'가 인간을 불안하게 만든다고 말합니다. 키에르케고르가 불안은 '자기가 <u>스스로</u> 만든 것'이고 '자유의 현기증(어지러움)'이라고 말한 이유가 바로 여기에 있습니다.

> "불안은 자유의 현기증인바, 이 현상이 나타나는 때는 정신이 종합을 정립하기를 원하고 자유가 자신의 가능성을 내려다보면서, 자신을 지탱하기 위해서, 유한성을 붙잡을 때이다."
>
> – 쇠렌 키에르케고르, 『불안의 개념』[3]

'불안은 자유의 현기증'이라는 말은 '불안은 자유의 가능성'이라는 뜻입니다. 우리에게는 선택의 자유가 있습니다. 선택의 자유는 곧 가능성의 자유입니다. 바로 이 선택의 자유 때문에 우리는 불안을 느낍니다. 다시 말해 가능성의 기대와 두려움으로 인해 불안이 생긴다는 것입니다. 키에르케고르는 공포는 대상이 존재하지만, 불안은 대상이 존재하지 않는다고 말합니다. 성공에 대한 기대와 동시에 실패에 대한 두려움이 불안을 만든다면 우리가 불안해하는 진정한 대상은 다른 무엇도 아닌 바로 자기 자신이기 때문입니다. 자신의 선택과 결정에 뒤따르는 성공과 실패에 대한 불안은 모두 '내가 기대하는 운명'과 연결되어 있고, 여기에서 '내가 기대하는 운명'이란 다르게 표현하면 '내가 꿈꾸고 상상하는 욕망'입니다. 이러한 까닭에 운명과 욕망에 집착하면 할수록 더욱더 불안해지는 것입니다. 운명의 본성은 무엇입니까? 결과를 알 수 없다는 것이죠. 결과를 알 수 없는데 자신이 기대하는 결과를 어떻게든지 알려고 집착하기 때문에 불안할 수밖에 없습니다. 욕망의 본성은 무엇입니까? 실현될지 확실하지 않다는 것이죠. 실현 여부가 확실하지도 않는데 어떻게든지 실현하려고 집착하기 때문에 불안할 수밖에 없습니다. 자신의 운명에 대한 기대가 크면 클수록 불안 역시 커지고, 욕망의 강도가 세면 셀수록 불안의 압박 역시 강해지는 이유 역시 마찬가지 이치로 설명할 수 있습니다.

운명·욕망·불안의 삼각 축이 삶을 구성하고 작동시킨다는 사실을 통해 우리가 알 수 있는 불안에 관한 철학적 메시지는 이렇게 말할 수 있습니다. "나만 불안한 것이 아닙니다. 당신만 불안한 것이 아닙니다. 우리는 모두 불안합니다. 불안에서 자유로운 사람은 아무도 없습니다." 따라서 불안의 문제는 '불안하냐, 불안하지 않으냐'가 아니라 '불안에 민감하냐 둔감하냐'의 문제로 바라봐야 합니다. 또한 불안이 '삶에 긍정적으로 작용하고 있느냐, 아니면 부정적으로 작용하고 있느냐'의 문제로 접근해야 합니다. 이렇듯 자기 삶의 그림자로 불안과 더불어 살아가야 한다는 바로 그 이유 때문에 우리는 '불안을 깨닫고 배워야' 합니다. 그럼 장자의 철학을 통해 우리가 깨닫고 배울 수 있는 불안과 더불어 살아가는 방법은 무엇일까요? 지금까지의 논의를 종합해보면 다섯 가지로 정리해 볼 수 있습니다.

첫째, 불안하면 가장 먼저 불안을 만든 자신의 운명과 욕망을 들여다봐야 합니다. 자신이 기대하는 운명은 무엇인지, 다시 말해 '실현되기를 기대하는 자신의 욕망'이 무엇인지 살펴봐야 합니다. 그래야 내가 지금 무엇 때문에 불안해하고 있는지 깨달을 수 있기 때문입니다.

둘째, 자신의 운명과 욕망에 얼마나 집착하고 있는지 들여다봐야 합니다. 운명과 욕망에 대한 집착의 정도가 불안의 강도를 결정하기 때문입니다. 자신의 운명과 욕망에 대해 집착하면 집착할수록, 그것이 만든 불안이 일상의 삶을 지배하거나 질식시켜 버릴 수 있습니다. 장자가 '거울과 같은 삶'을 강조한 이유 역시 여기에 있습니다. 자신이 '기대하는 운명'대로 살 수도 있고 그렇지 못할 수도 있습니다. 또한 자신이 '꿈꾸고 상상하는 욕망'을 실현할 수도 있고 그렇지 못할 수도 있습니다. 하지만 자신의 삶과 생명을 해치거나 망가뜨릴 정도로 자기가 기대하는 운명과 꿈꾸고 상상하는 욕망에 집착한다면, 장자가 말한 대로 얻지 못하면 얻지 못한 대로, 얻으면 얻은 대로, 잃어버리면 잃어버린 대로 불안의 고통과 재앙에서 벗어나지 못할 것입니다. 운명과 욕망의 '가능성에 대한 기대와 실패에 대한 두려움'이 문제가 아니라 운명과 욕망에 '안달복달하는 집착이 문제'라는 얘기입니다.

셋째, 불안이 자신의 삶에 긍정적으로 작용하고 있는지 아니면 부정적으로 작용하고 있는지 성찰해 봐야 합니다. 앞서 살펴봤던 불안의 유형들을 범주화해 보면 불확실한 것들에 대한 불안, 예측할 수 없는 것들에 대한 불안, 낯설고 이질적인 것들에 대한 불안 등으로 분류할 수 있습니다. 진학·취업·결혼·직장·소득·건강·죽음 등이 불확실한 것들이라면, 질병·범죄·사고·재난·전쟁 등은 예측할 수 없는 것들이라고 할 수 있습니다. 또한 이방인·이민자·외국인·장애인·동성애자 등의 사회적 소수자와—넓은 의미에서의—모든 타자는 낯설고 이질적인 존재들이라고 말할 수 있습니다. 이러한 불안의 유형과 범주들이 삶에 긍정적으로 작용하고 있다면, 불안은 삶에 신중함과 예방력, 도전과 모험, 공감과 연대, 통섭과 융합, 혁신과 창조의 힘과 에너지를 불러일으킬 것입니다.

반면에 그것들이 삶에 부정적으로 작용하고 있다면, 불안은 삶을 무능함과 무기력, 배타와 배척, 혐오와 증오, 공격과 파괴 등으로 이끌 것입니다. 예를 들어 사회적 소수자와 타자 등 낯설고 이질적인 존재들에 대한 불안이 삶에 긍정적으로 작용한다면, 그 불안은 낯설고 이질적인 사람들에 대한 공감과 연대, 낯설고 이질적인 삶과 세계에 대한 도전과 모험으로 나타날 것입니다. 그리고 낯설고 이질적인 삶과 세계와의 통섭과 융합은 새로운 삶과 세계를 창조하는 혁신의 힘과 에너지를 불러일으킬 것입니다. 반면 낯설고 이질적인 존재들에 대한 불안이 삶에 부정적으로 작용한다면, 낯설고 이질적인 사람들에 대한 혐오와 증오, 낯설고 이질적인 삶과 세계에 대한 배타와 배척, 나아가 공격과 파괴 등으로 나타날 것입니다.

넷째, 타자와의 관계에서 자신의 고유성과 독립성을 유지하고 있는지 들여다봐야 합니다. 불안은 많은 경우 '타자와 비교하는 삶', 다시 말해 타자를 욕망하는 삶을 살면서 자신의 삶에 만족하지 못하거나 자기다운 삶을 잃어버린 데서 파생됩니다. 내가 비교의 대상으로 삼고 있는 타자의 삶이란 대개 나보다 더 나은 삶 혹은 내가 꿈꾸고 상상하는 삶입니다. 타자와 비교하는 삶의 가장 큰 문제점은 무엇일까요? '자기다움'을 잃어버리는 것이고, '자기다운 삶'을 살지 못하는 것입니다. 끊임없이 나보다 더 나은 삶 혹은 꿈꾸고 상상하는 삶과 비교하면서 자신을 괴롭히는 것은 불안의 고통과 재앙 속으로 뛰어드는 꼴이나 다름없습니다. '자기다움'에 대해 성찰하고 '자신이 진정으로 원하는 삶'이 무엇인지를 모색하는 일은 불안과 더불어 살아가기 위해 갖추어야 할 필수 불가결한 요건 중 하나입니다.

다섯째, 타자와 나의 관계가 이익과 욕망의 관계인지 아니면 이해와 공감, 연대의 관계인지 성찰해 봐야 합니다. 먼저 타자와 나의 관계가 이익과 욕망의 관계 그 이상도 이하도 아닌지, 아니면 관계의 변화를 기대할 수 있는지 살펴봐야 합니다. 이익과 욕망의 관계에 불과하다면 구태여 관계의 변화에 얽매일 필요가 없습니다. 괜히 되지도 않을 일에 얽매여 삶의 불안을 키울 이유가 없기 때문입니다. 만약 관계의 변화를 기대한다고 해도 타자의 이익과 욕망이 자신의 고유성과 독립성을 해치지 않도록 유의해야 합니다. 타자와의 관계에서 파생되는 불안이 자칫 자신의 삶을 망가뜨릴 수 있기 때문입니다. 자신의 운명과 욕망이 만든 불안 못지않게 타자와의 관계가 만든 불안 역시 삶의 중대한 문제입니다. 전자의 불안과 후자의 불안은 항상 동시에 존재하면서 또한 동시에 작동하고 있기 때문입니다. 예를 들어 자기 욕망의 많은 내용은 타자의 욕망으로 이루어져 있지 않습니까? 이러한 이유로 타자와의 관계에서 만들어진 불안에 어떻게 반응하고 또한 대응하느냐에 따라 '좋은 삶'의 질 자체가 달라진다고 말할 수 있습니다.

4장

명확하게
아는 것이 있는가?

절대적인 앎 vs 상대적인 앎, 명확한 앎 vs 모호한 앎

　우리가 추구하는 '앎'의 목표는 무엇입니까? 절대적인 '앎'입니다. 다시 말해 절대적으로 옳고 영원히 변하지 않는 앎입니다. 동·서양을 막론하고 인류의 역사가 시작된 이래 수천 년 동안 철학사와 지성사를 지배해 온 흐름이 절대적인 진리 곧 영원불변한 진리의 탐구였다는 사실에서도 그것을 확인할 수 있습니다. '앎'에 관한 장자의 철학은 바로 이 절대적이고 영원불변한 진리의 존재를 거부하고 부정하며 비판하고 공격하는 데서 시작됩니다.

'절대적'이라고 불리는 모든 것들을 전복하고 해체한다는 점에서 장자의 철학은, 자신을 가리켜 절대적이라고 불리는 모든 우상을 파괴하는 '망치를 든 철학자'라고 한 니체의 철학과 닮았습니다. '절대적'인 것들 중에서도 특히 장자가 가장 강력하게 비판하고 공격한 주적은 '절대적인 앎' 즉 '절대 진리'였습니다. 이런 관점에서 장자는 유가, 묵가, 법가의 철학을 신랄하게 비판하고 공격합니다. 예를 들어 유가에게는 '인의' 즉 도덕과 윤리가 절대 진리이고, 묵가에게는 '정의'가 절대 진리이고, 법가에게는 '법'이 절대 진리였습니다. 하지만 어떤 사람에게는 인의 즉 도덕과 윤리가 어떤 사람에게는 비도덕과 비윤리가 되고, 어떤 사람에게는 정의가 어떤 사람에게는 불의가 되고, 어떤 기준에서는 합법이 다른 기준에서는 불법이 됩니다. 애초에 인의, 정의, 법의 절대적인 개념이나 기준 자체가 존재하지 않는다는 뜻입니다. 단지 인간이 인위적으로 만든 개념이자 결정한 기준에 불과할 뿐입니다. 인위적이기 때문에 절대적일 수도 없고 영원불변할 수도 없습니다. 장자가 볼 때 인간이 만든 모든 것은 예외 없이 반드시 소멸하거나 변화하기 때문입니다.

장자에게 절대적인 '앎'이란 애초부터 존재하지 않습니다. 절대적인 '앎'의 존재는 신화에 불과할 뿐입니다. 모든 '앎'은 상대적이기 때문입니다. 장자는 이렇게 말합니다.

> "천하에는 추호秋毫(가을철 짐승의 가는 털)의 끝보다 큰 것이 없고, 태산泰山은 가장 작다. 태어나자마자 죽은 어린아이보다 장수한 사람은 없고, 800년을 살았다고 하는 팽조는 요절한 것이다."
>
> — 『장자』「내편」'제물론'

추호가 티끌만큼 작다고 해도 육안肉眼으로 볼 수 있습니다. 육안으로도 볼 수 없는 존재들과 비교하면 추호보다 큰 것이 없습니다. 사람들이 크고 높은 산의 대명사로 가리키는 태산은 그보다 더 크고 높은 산과 비교하면 낮고 작은 산일 뿐입니다. 태어나자마자 죽은 어린아이는 그래도 어머니의 뱃속에서 10개월 동안 생명을 유지했기 때문에 하루살이의 생명과 비교하면 엄청나게 장수한 셈입니다. 팽조가 800년을 살았다고 하지만 몇만 년을 사는 나무나 해초와 비교하면 요절했다고 말할 수 있습니다. 크다, 작다 혹은 길다, 짧다는 상대적인 개념과 기준입니다. 상대적인 개념과 기준이기 때문에 절대적으로 크다거나 길다는 말은 애초 성립될 수 없습니다. 무엇에 대해서는 크지만 무엇에 대해서는 작고, 무엇에 대해서는 길지만 무엇에 대해서는 짧기 때문입니다. 개념과 기준 자체가 끊임없이 소멸하고 변화하는데 어떻게 절대적이고 영원불변할 수 있겠습니까?

우리가 추구하는 앎의 목표가 절대적인 앎이라면, 그럼 우리가 좋아하는 '앎'은 무엇일까요? '명확한' 앎입니다. 명명백백한 '앎' 즉, 의심의 여지가 없고 한 치의 의혹도 용납하지 않는 '앎'입니다. 하지만 장자에게는 '명확한' 앎 역시 애초부터 존재하지 않습니다. '명확한' 앎의 존재 역시 신화에 불과할 뿐입니다. 모든 '앎'은 모호하기 때문입니다. 장자는 이렇게 말합니다.

> "모든 사물은 이것 아닌 것이 없고 동시에 저것 아닌 것이 없다. 저것은 나를 이것이라고 하는 데서 생긴다. 이것 역시 저것과 대립해서 생긴다. 그러므로 저것은 이것으로부터 나오고, 이것 역시 저것에 말미암는다고 말한 것이다. 저것과 이것이 서로 나란히 동시에 발생한다는 주장이다. 삶과 아울러 죽음이 있고, 죽음이 있기에 삶이 있다. 옳음에 의해 그름이 존재하며, 그름에 의해 옳음이 존재한다. 참은 거짓에서 나오고, 거짓은 참에서 나온다."
>
> ―『장자』「내편」'제물론'

'이것은 이것이고, 저것은 저것이다. 삶은 삶이고, 죽음은 죽음이다. 옳은 것은 옳은 것이고, 그른 것은 그른 것이다. 아는 것은 아는 것이고, 모르는 것은 모르는 것이다. 참은 참이고, 거짓은 거짓이다.' 이것은 모두 '명확한 앎'의 논리이자 철학입니다. 반면 장자는 이것과 저것, 삶과 죽음, 가능함과 불가능함, 옳음과 그름 그리고 아는 것과 모르는 것, 참과 거짓은 뒤엉켜 있거나 뒤섞여 있다고 말합니다. 이 때문에 이것이면서 저것이고, 저것이면서 이것입니다. 삶은 죽음이고, 죽음은 삶입니다. 옳으면서 그르고, 그르면서 옳습니다. 아는 것이 모르는 것이고, 모르는 것이 아는 것입니다. 참이면서 거짓이고, 거짓이면서 참입니다.

이것 혹은 저것, 삶 혹은 죽음, 옳음 혹은 그름, 아는 것 혹은 모르는 것, 가능성 혹은 불가능성, 참 혹은 거짓, 그 가운데 어느 한쪽이라고 명확하게 말할 수 없습니다. 이것은 '명확한 앎'을 거부하고 부정하는 '모호한 앎'의 논리이자 철학입니다. 예를 들어 기하학에서 선과 점은 개념적으로 명확하게 구별되지만, 실제로 선은 점이고 점은 선이 됩니다. 파동과 입자는 과학적으로 명확하게 다른 개념이지만, 양자물리학에서 빛은 파동이면서 입자이고 입자이면서 파동으로 존재합니다. 세상의 모든 것은 명확하게 존재하지 않고 모호하게 존재한다는 얘기입니다. 그런 의미에서 명확함은 인위적인 것이고, 모호함은 자연적인 것이라고 할 수 있습니다.

장자는 삶은 유한하지만 앎은 무한하다고 말합니다. 유한한 삶으로 무한한 앎 즉, 절대적이고 영원불변한 앎 또는 명확한 앎을 추구하는 것이야말로 어리석음 중에서도 가장 큰 어리석음입니다. 이러한 이유로 장자는 이렇게 경고합니다.

"삶은 한계가 있지만 앎에는 한계가 없다. 한계가 있는 삶을 가지고 한계가 없는 앎을 추구하는 것은 위험할 뿐이다. 그런데도 계속 알려고만 한다면 더더욱 위험해질 뿐이다."

- 『장자』「내편」'양생주養生主'

장자는 절대적이고 영원불변한 앎 또는 명확한 앎의 감옥에서 벗어났을 때 비로소 우리의 삶과 생명을 위협하는 '앎의 위험'에서도 벗어날 수 있다고 주장합니다. 이번 장에서는 앎의 '절대성, 영원불변성, 명확성'을 뿌리에서부터 거부하고 공격한 장자의 사유를 좇아 우리의 앎에 대한 '시각, 관점, 감정, 사고, 인식의 틀'을 들여다보려고 합니다. 앎의 감옥과 위험에서 벗어날 수 있는 길을 찾는 것 역시 '좋은 삶'을 위한 필수 불가결한 조건 중 하나이기 때문입니다.

앎은 모호하다!

'앎의 모호성'에 관한 장자의 철학은 호수濠水라는 곳에서 물고기의 즐거움을 둘러싸고 혜자(혜시)와의 사이에 오간 논쟁으로 꾸며져 있는 '관어觀魚의 우화'를 통해 확인할 수 있습니다. 이 이야기는 『장자』 「잡편」 '추수秋水'에 등장합니다.

장자가 혜자와 더불어 호수의 돌다리를 한가로이 거닐고 있었습니다. 그때 물속에서 물고기를 발견한 장자가 "물고기가 여유롭게 헤엄치면서 놀고 있군. 이것이 물고기의 즐거움이지"라고 말했습니다. 장자의 말을 듣고 있던 혜자는 비아냥대듯 "자네는 물고기가 아닌데 어떻게 물고기의 즐거움을 아는가?"라고 반문했습니다. 이에 다시 장자가 혜자에게 "그럼 자네는 내가 아닌데 어떻게 내가 물고기의 즐거움을 모른다는 것을 아는가?"라고 되물었습니다. 가만히 듣고 있던 혜자는 장자의 말에 대해 "나는 자네가 아니네. 그래서 정말로 자네를 알지 못하지. 자네 역시 물고기가 아니네. 그러니 자네가 물고기의 즐거움을 모른다는 것은 너무나 명확하지 않은가?"라고 되받아쳤습니다. 혜자의 말에 대해 장자는 이렇게 반박합니다. "처음으로 돌아가 생각해 보세. 자네가 나를 보고 '물고기가 아닌데 어떻게 물고기의 즐거움을 아는가?'라고 물은 것은 내가 물고기의 즐거움을 알고 있다는 사실을 자네가 이미 알고서 물은 거지. 나는 여기 호수의 물가에서 그것을 알았네."

혜자(혜시)는 장자의 우화 속 단골 등장인물입니다. 우화 속 혜자는 완전함, 합리적 사고, 언어의 엄격함, 논리의 정밀함을 옹호하는 사람으로 묘사됩니다. 한마디로 '앎의 명확성'을 대변하거나 대표하는 사람이라고 할 수 있습니다. 이렇듯 장자의 우화 속 혜자라는 인물의 특성을 고려해 볼 때, '관어의 우화'는 장자의 논리가 옳은지 아니면 혜자의 논리가 옳은지 시비를 가리는 문제로 접근하면 안 됩니다. 오히려 장자가 이 우화를 통해 혜자와 같은 사람들, 다시 말해 앎의 명확성을 옹호하거나 집착하는 사람들에게 전하려고 하는 철학적 메시지가 무엇인지의 문제로 접근해야 합니다.

그렇다면 마치 말꼬리를 잡고 서로 논리 싸움에서 지지 않으려고 다투는 듯한 모양새로 구성된 이 우화는 어떻게 해석할 수 있을까요? '물고기의 즐거움'을 안다는 것입니까? 아니면 모른다는 것입니까? 그것도 아니면 알 수 없다는 것입니까? 알고 있는지, 모르는지, 알 수 없는지 '모호하다'는 것입니다. 알고 있을 수도 있고, 모르고 있을 수도 있고, 애초 알 수 없는 것일 수도 있다는 뜻입니다. 다시 말해 '앎은 모호하다'는 것이 이 우화가 담고 있는 장자의 철학적 메시지입니다.

우리에게 익숙한 앎은 아닙니다. 우리가 선호하는 앎은 더욱 아닙니다. 알면 아는 것이고 모르면 모르는 것이고 알 수 없는 것이면 알 수 없는 것이지, 아는지 모르지 알 수 없는지 모호하다는 것은 우리에게 친숙하지도 않고 심지어 불편하기까지 합니다. 하지만 장자는 앎을 그렇게 보고, 또한 그렇게 바라봐야 한다고 주장합니다. 왜냐하면 '앎의 명확성'보다는 '앎의 모호성'이 더 진실에 가깝기 때문입니다.

이러한 이유로 우화 속 장자는 평소 자신의 앎(지식)에 대해 확고한 믿음을 지닌 혜자에게 '물고기의 즐거움'을 먼저 언급하면서 일종의 논리적 도발을 감행한 것입니다. 이러한 논리적 도발을 통해 장자는 '앎'이란 정말로 알고 있는 것인지, 아니면 모르는데도 알고 있다고 믿는 것이지, 아니면 애초에 알 수 없는 것인지 확인 자체가 불가능하다는 사실을 깨우쳐 주고 있습니다. '앎에 대한 확신', 다르게 말하면 '앎의 명확성'에 근본적인 의문을 던지고 있는 것입니다.

'앎의 명확성'에 대한 장자의 의문에 대해서는 어떻게 접근하고 해석해야 할까요? 다음과 같은 질문으로 시작해 보죠. "내가 '아는 것'을 다른 사람에게 설명할 때 어떻게 해야 그 사람이 내 말을 납득할 수 있을까요?" 또한 "그 사람은 나의 설명을 어떤 방식으로 이해하고 받아들일까요?" 내가 아는 것을 다른 사람에게 설명할 때 그 사람이 아는 것과 비교해야만 그 설명을 이해시키고 납득시킬 수 있습니다. 그 사람이 이미 알고 있는 무언가와 비교하지 않으면 어떤 방법을 써도 이해하거나 납득하기 어렵습니다. 이것이 근본적으로 앎을 모호하게 만듭니다. 예를 들어 보겠습니다. 조선 시대 사람들은 평생 코끼리라는 동물을 볼 수 없었기 때문에 그 생김새에 대해 전혀 알지 못했겠죠. 그런데 이 시대에도 실제 코끼리를 직접 볼 기회가 있었던 사람들이 있었습니다. 다름 아닌 사신의 신분으로 중국(청나라)의 수도 베이징에

간 사람들입니다. 그 대표적인 경우가 연암 박지원입니다. 『열하일기』에 기록되어 있는 '상기象記'가 바로 코끼리 이야기입니다. 생전 코끼리라는 동물이 존재하는지 생각조차 하지 못하고 있다가 베이징에 가서 실제로 이 거대하고 신기한 동물을 구경한 사람이 조선으로 돌아온 다음 주변 사람들에게 코끼리에 대해 자랑삼아 이야기하는 모습을 한번 상상해 보십시오. 우리 역시 외국 여행을 가서 생전 처음 보거나 혹은 신기한 구경거리 또는 흥미로운 경험을 하면 돌아와서 주변 사람들에게 자랑삼아 떠벌리며 이야기하는 것을 좋아하지 않습니까?

자, 이제 코끼리를 직접 보고 온 사람이 단 한 번도 코끼리를 본 적 없는 사람에게 코끼리의 생김새에 대해 설명하는 모습을 상상해 보십시오. 어떻게든지 자신이 본 코끼리의 실제 모습에 가깝게 설명하려고 애쓰는 모습이 눈앞에 그려지지 않습니까? 그런데 코끼리를 직접 보고 온 사람이 이 동물의 생김새에 대해 말로 아무리 자세하게 설명한다고 해도 코끼리를 단 한 번도 본 적 없는 사람은 코끼리의 생김새를 이해할 수 있을까요? 이해할 수 없습니다. 그럼 어떻게 해야 "아아! 코끼리라는 동물은 그렇게 생겼구나!"라고 바로 이해시키고 납득시킬 수 있을까요? 코끼리를 단 한 번도 본 적 없는 사람이 이미 알고 있는 어떤 대상(사물)과 비교해 설명해야 비로소 코끼리의 생김새에 대해 이해하고 납득할 수 있습니다.

예를 들어 코끼리를 직접 본 사람이 코끼리를 단 한 번도 본 적 없는 사람에게 아무리 말로 코끼리의 코가 어떻게 생겼는지 설명한다고 해도 알아듣지 못할 것입니다. 하지만 그 사람이 이미 알고 있는 구렁이에 비유하여, 코끼리의 코는 굵고 길고 움직이는 모양새가 마치 구렁이처럼 생겼다고 하면 그때서야 "아아! 코끼리의 코는 구렁이처럼 생겼구나!" 하고 맞장구를 치며 고개를 끄덕여 줄 것입니다. 또한 코끼리의 이빨(상아)은 멧돼지의 앞니처럼 입 양쪽으로 튀어나와 있지만 그 크기는 비교할 수 없을 정도로 거대하다고 설명해야 비로소 코끼리의 이빨(상아)의 생김새를 떠올릴 수 있게 됩니다. 코끼리의 몸뚱이는 어떨까요? 마치 소나 돼지의 몸뚱이와 흡사한데, 과장 좀 섞어서 그 크기가 몇십 배에 이른다고 해야 코끼리를 직접 본 사람이 기대하는 반응을 보이면서 "세상에 그렇게 거대한 동물이 있다고!!"하면서 부러워하겠죠. 하지만 코끼리를 단 한 번도 본 적 없는 사람의 머릿속을 차지한 코끼리의 몸체는 '거대한 소 혹은 거대한 돼지'일 것입니다. 코끼리의 다리 역시 마찬가지겠죠. 크기는 소나무 기둥처럼 거대하고, 피부는 소나무 껍질처럼 거칠게 생겼다고 설명해야 비로소 코끼리의 다리를 상상할 수 있게 됩니다.

그럼 이제 코끼리를 단 한 번도 본 적이 없는 사람이 알고 있는 '코끼리의 생김새'는 어떤 모습일지 상상해 보십시오. 코끼리에 관한 이 사람의 '앎'은 무엇입니까? 구렁이의 코, 멧돼지의 이빨, 소나 돼지의 몸뚱이, 소나무 기둥의 다리 혹은 소나무 껍질의 피부를 하고 있는 코끼리가 바로 이 사람이 알고 있는 코끼리일 것입니다. 실제 코끼리의 생김새와 달라도 너무 다르지만, 이 사람은 자신이 알고 있는 코끼리의 생김새가 실제 코끼리와 같다고 믿겠죠. 다시 이제 이 사람이 다른 사람에게 자신이 알고 있는 코끼리에 대해 이야기하는 모습을 상상해 보십시오. 또한 이 사람에게 이야기를 전해 들은 사람이 또 다른 사람에게 이야기를 전하는 모습을 떠올려 보십시오. 그리고 그 사람이 또 다른 사람에게, 또 그 사람이 다른 사람에게 자신이 알고 있는 코끼리 이야기를 하는 모습을 상상해 보십시오. 나중에는 코끼리를 실제 본 사람보다 코끼리를 단 한 번도 본 적이 없는 사람이 전한 '코끼리의 생김새'가 코끼리에 관한 사람들의 '앎'을 지배해 버리게 될 것입니다. 실제 우리가 눈으로 확인할 수 있는 코끼리조차 이와 같은데, 확인 불가능한 대부분의 '앎'은 더 말할 필요조차 없지 않겠습니까?

　이렇게 우리의 '앎'이란 사실 '실제에 가까운 앎'이기보다는 '믿음에 가까운 앎'이라는 사실을 알 수 있습니다. 다시 말해 어떤 대상(사물)에 대한 앎이란 대부분 실제 그러한 것이 아니라 그렇다고 믿는 것에 불과한 경우가 대부분이라는 의미입니다. 장자가 자신의 '앎'에 대한 확신을 버리라고 한 이유를 바로 여기에서 찾을 수 있습니다. '확실한 앎' 보다는 '모호한 앎'이 더 진실에 가

깎기 때문입니다. 확실한 앎일수록 실제에 가까운 앎이 아니라 믿음에 가까운 앎이기 때문입니다. 확실한 것이 아니라 확실하다고 믿는 것일 뿐입니다. 더욱이 앎의 확신에 갇혀 버리면 앎의 다른 무수한 진실을 볼 수 없게 되고 맙니다. 자신의 앎에 대한 확신보다는 항상 의문을 품고 질문을 던지는 것, 이것이 장자가 전하는 '앎'에 대한 좋은 태도라고 말할 수 있습니다.

'옳음'과 '그름'을 가릴 수 있을까?

우리에게 익숙해도 너무 익숙한 앎이란 무엇일까요? 그것은 구별區別과 시비是非입니다. 이것과 저것으로 구별하고, 이것과 저것 중 '옳음'과 '그름'을 가리는 것이야말로 우리에게 가장 익숙하고 친숙한 앎이라고 할 수 있습니다. 그러나 장자는 참된 '앎'의 길은 구별과 시비를 넘어설 때 비로소 가능해진다고 주장합니다. 장자는 이렇게 말합니다.

> "참된 진리는 본래 구별이 존재하지 않는다. 말은 본래 고정불변의 의미가 있지 않다. 자기가 옳다고 여기는 것이 존재하기 때문에, 거기에서부터 구별이 생겨나는 것이

다. 구별에 대해서 말해 보겠다. 왼쪽이 있고 오른쪽이 있다. 인륜人倫이 있고 의리義理가 있다. 분변分辨이 있고 우열優劣이 있다. 경쟁이 있고 다툼이 있다. 인간에게 있는 이 여덟 가지 작용을 가리켜 '팔덕八德'이라고 한다. 성인聖人은 하늘과 땅, 위와 아래, 동서남북의 바깥쪽 일에 대해서는 언급하지 않는다. 그 안쪽의 일에 대해서는 언급은 하지만 다른 사람의 주장과 견해에 대해 옳고 그름을 따지지 않는다. (…) 사람들은 모든 사물을 구별하지만, 그 가운데에는 구별할 수 없는 것이 있다. 사람들은 모든 것에 옳고 그름을 가리려고 하지만, 그 가운데에는 옳고 그름을 가릴 수 없는 것이 있다. (…) 성인은 구별과 옳고 그름을 마음속에 지니고 있지만, 보통 사람들은 구별하고 옳고 그름을 따져서 자신의 주장과 견해의 정당성을 다른 사람에게 증명해 보이려고 한다. 이러한 까닭에 구별하고 옳고 그름을 따지는 사람은 보지 못하는 것이 있다고 말하는 것이다."

-『장자』「내편」'제물론'

애초 세상의 모든 것에는 구별이 존재하지 않았다는 것입니다. 구별은 인간의 사고 작용이 만든 것 곧 인위적인 것입니다. 이것과 저것 혹은 왼쪽과 오른쪽으로 구별하고, 도덕과 비도덕 또는 윤리와 비윤리로 구별한 다음에는 우등과 열등, 옳음과 그름의 다툼과 경쟁이 일어나게 됩니다. 구별과 시비를 상대방에게 자기 견해와 주장의 정당성을 증명하는 수단으로 사용합니다. 하지만 그것은 자신의 '시각, 관점, 사고, 인식'을 구별과 시비에 가두는 것입니다. 구별과 시비에 갇히게 되면 자신이 옳다고 믿는 '시각, 관점, 사고, 인식의 틀'로 세상의 모든 것을 바라보게 됩니다. 이렇게 되면 어떻게 될까요? '자신의 앎에 갇혀 버린 앎'에서 벗어나지 못하게 됩니다. 장자는 그런 사람을 가리켜 '앎의 불구자'라고 말합니다. 장자는 원래 '옳음'과 '그름'을 가리는 것 자체가 불가능하거나 혹은 의미가 없다고 말합니다. 옳음과 그름은 뒤섞여 있기 때문입니다. 절대적인 옳음 혹은 절대적인 그름은 존재하지 않습니다. 옳음 속에 그름이 존재하고 그름 속에 옳음이 존재합니다. 옳음은 언제든지 그름으로 변화할 수 있고, 그름 역시 언제든지 옳음으로 변화할 수 있습니다. 애초에 영원불변하는 옳음과 그름은 존재하지 않습니다.

> "예를 들어 나와 네가 논쟁을 한다고 하자. 네가 나를 이기고 내가 너를 이기지 못하면, 너는 정말 옳고 나는 정말 그른 것일까? 반대로 내가 너를 이기고 네가 나를 이기지 못하면, 내가 정말 옳고 너는 정말 그른 것일까? 누가 옳고 누가 그른 것일까? 둘 다 옳은 것일까? 아니면 둘 다

그른 것일까? 나와 네가 알 수 없다면 다른 사람들도 도저히 알 수 없다고 여길 텐데, 그렇다면 누구에게 옳고 그름을 가려 달라고 할 것인가? 만약 너와 같은 의견을 가진 사람에게 옳고 그름을 가려 달라고 하면, 이미 너와 의견이 같은데 어떻게 제대로 가릴 수 있겠는가? 반대로 나와 같은 의견을 가진 사람에게 옳고 그름을 가려 달라고 하면, 이미 나와 의견이 같은데 어떻게 제대로 가릴 수 있겠는가? 그럼 너와 나 두 사람과 다른 견해를 가진 사람에게 옳고 그름을 가려 달라고 하면 어떨까? 이미 너와 나 두 사람과 의견이 다른데 어떻게 옳고 그름을 바로잡을 수 있겠는가? 마지막으로 너와 나 두 사람과 같은 견해를 가진 사람에게 옳고 그름을 가려 달라고 하면 어떨까? 이미 너와 나 두 사람과 의견이 같은데 어떻게 옳고 그름을 바로잡을 수 있겠는가? 그렇다면 나와 너 그리고 다른 사람 모두 알 수 없으니 또 다른 누구를 기다려 옳고 그름을 가려서 바로잡을 수 있겠는가?"

- 『장자』 「내편」 '제물론'

옳음과 그름을 가릴 수 없다면 참된 '앎'은 어디에 있을까요? 아니면 아예 존재하지 않을까요? 연암 박지원의 「낭환집 서문(蜋丸集序)」이라는 글을 보면 이와 관련해 아주 흥미로운 이야기가 소개되어 있습니다. 조선 시대 유명 문인 중 한 사람인 백호 임제와 관련한 이야기입니다.

어느 날 백호 임제가 술을 마시고 말을 타려고 하는데 하인이 나서며 이렇게 말합니다. "나으리 취하셨나 봅니다. 한쪽 발에는 가죽신을 신으시고, 다른 한쪽 발에는 짚신을 신으셨습니다." 아무리 술에 취했다고 해도 세상에 이름이 널리 알려진 임제가 이 일로 인해 체통을 잃었다고 사람들의 웃음을 사지나 않을까 걱정한 것입니다. 그런데 백호 임제는 아무렇지 않다는 듯 말합니다. "오른쪽 방향의 길로 지나가는 사람들은 나를 보고 가죽신을 신었다고 할 것이고, 왼쪽 방향의 길로 지나가는 사람들은 나를 보고 짚신을 신었다고 할 것이다. 그런데 내가 무엇 때문에 걱정하겠느냐!" 연암은 이 이야기를 통해 어떤 생각을 말하고 싶었던 것일까요? 연암은 이렇게 말합니다. "세상에서 사람들이 가장 쉽게 볼 수 있는 것 가운데 발만 한 것이 없다. 그런데도 오른쪽과 왼쪽의 방향이 다르면 가죽신을 신었는지 짚신을 신었는지조차 분간하기가 어렵다. 이로 말미암아 보건대 참되고 올바른 식견은 진실로 '옳다고 여기는 것'과 '그르다고 여기는 것'의 '중간(中)'에 있다. 오른쪽도 아니고 왼쪽도 아니라고 하겠지만, 누가 그 '중간'을 알 수 있겠는가."

연암 역시 장자처럼 시비 즉, 옳음과 그름을 가리는 것은 어렵거나 혹은 불가능하다고 말하고 있습니다. 오른쪽 방향의 길로 지나가는 사람은 백호 임제가 가죽신을 신었다고 알겠지만, 그의 앎은 그렇게 믿는 것에 불과합니다. 즉 '실제에 근거한 앎'이 아닌 '믿음에 근거한 앎'일 뿐입니다. 마찬가지 이치로 왼쪽 방향의 길로 지나가는 사람 역시 백호 임제가 짚신을 신었다고 알겠지만, 그의 앎 역시 '실제에 가까운 앎'이 아닌 '믿음에 가까운 앎'에 불과합니다. 우리의 '앎'은 대부분 이렇게 '실제에 근거한 앎'보다는 '믿음에 근거한 앎'이거나 또는 '실제에 가까운 앎'보다는 '믿음에 가까운 앎'으로 구성되어 있습니다.

그럼 연암이 참되고 올바른 앎이라고 말한 옳다고 여기는 것과 그르다고 여기는 것의 중간, 또는 오른쪽도 아니고 왼쪽도 아닌 중간은 어떻게 해석해야 할까요? 옳음에도 치우치지 않고 그름에도 치우치지 않고, 옳음에도 갇히지 않고 그름에도 갇히지 않으며, 옳음도 아니고 그름도 아닌, 다시 말해 옳으면서 그름이고 그름이면서 옳음인 지점은 어디일까요? 그것은 바로 옳음과 그름의 '경계'입니다. 옳음과 그름의 '중간'은 곧 옳음과 그름의 '경계'로 해석할 수 있습니다. 이것도 아니고 저것도 아닌, 이것이면서 저것이고 저것이면서 이것인 지점이 바로 이것과 저것의 경계입니다. 가죽신도 아니고 짚신도 아닌, 가죽신이면서 짚신이고 짚신이면서 가죽신인 것은 오른쪽도 아니고 왼쪽도 아닌, 다시 말해 오른쪽이면서 왼쪽이고 왼쪽이면서 오른쪽인 지점 곧 오른쪽과 왼쪽의 '경계'에 서 있어야만 제대로 볼 수 있습니다.

경계의 '시각, 관점, 사고, 인식'이 아니면 결코 이것과 저것, 오른쪽과 왼쪽, 가죽신과 짚신을 다 볼 수 없습니다. 경계에 선 앎이야말로 참된 앎입니다. 이러한 이유로 다시 앎은 '명확한 것'이 아니라 '모호한 것'이라고 말할 수밖에 없습니다.

앎은 인위적이다!

일상생활에서 우리의 앎을 지배하고 있는 가장 대표적인 경우 중 하나가 미추 美醜 즉, 아름다움과 추함에 대한 구별과 시비입니다. 아름다움과 추함에 대한 우리의 감각과 사고는 거의 무의식의 반응과 작용에 가까워서 자연스럽다고 생각하기 쉽습니다. 하지만 장자는 분명하게 아름다움과 추함에 대한 감각 반응과 사고 작용은 인위적인 것이며, 단지 훈육과 학습의 결과에 불과하다고 말합니다. 인위적으로 만들어진 아름다움과 추함의 개념과 기준에 의해 훈육되고 학습된 결과, 무언가에 대해 무의식적으로 아름답다 혹은 추하다는 반응과 작용이 일어난다는 것입니다. 장자의 말은 아름다움과 추함의 개념과 기준이 달라지면 예전에는 아름답게 보인 것이 추하게 보일 수 있고, 반대로 추하게 보인 것이 아름답게 보일 수 있다는 뜻이 됩니다. 장자는 춘추전국시대 위나라의 제후 영공과 제나라의 제후 환공의 이야기로

'아름다움과 추함'에 대한 우리의 시각과 관점 그리고 사고와 인식을 뿌리에서부터 뒤흔들어 놓습니다.

> "절름발이에 꼽추이자 언청이인 사람이 위나라 임금인 영공을 만나 유세遊說했는데, 그 말솜씨에 흠뻑 빠져서 영공은 그를 좋아하게 되었다. 그 이후로 영공은 온전한 사람을 보면 오히려 목이 가늘고 길게 느껴져 이상하게 보였다. 목에 항아리만 한 큰 혹이 붙어 있는 사람이 제나라 환공을 만나 유세했는데, 그 말재주가 뛰어나 환공은 매우 기뻐하였다. 그 뒤로 환공은 온전한 사람을 보면 도리어 그 목이 가늘고 길게 느껴져 이상해 보였다. 이 때문에 덕이 뛰어나면 외부로 드러나는 겉모습은 잊어버리게 된다. 그런데 사람들은 잊어버려야 할 것은 정작 잊지 않고, 잊지 말아야 할 것은 오히려 잊어버리니, 이것을 가리켜 '진짜 잊어버렸다'고 한다."
>
> -『장자』「내편」'덕충부'

아름다움과 추함의 구별과 시비가 인위적인 것이라면, 애초에는 그것의 구별과 시비가 존재하지 않았다는 말이 됩니다. 아름다움과 추함을 구별하고 시비를 가리는 앎이 '인위적인 앎'이라면, 구별과 시비가 존재하기 이전의 앎은 '자연적인 앎'입니다. 장자는 참된 앎은 인위적인 것에 의해 타고난 자연의 본성을 잃지 않는 곳에서 찾을 수 있다고 주장합니다.

> "발가락이 붙어 있어도 네 발가락이라 하지 않고, 손가락이 하나 더 덧붙여 있어도 육손이라 하지 않는다. 본래부터 긴 것은 남는 것으로 여기지 않고, 본래부터 짧은 것은 부족한 것으로 여기지 않는다. 이러한 까닭에 오리의 다리가 비록 짧아도 이어 주면 괴로워하고, 학의 다리가 아무리 길어도 자르면 고통스러워한다. 본래부터 긴 것은 잘라서는 안 된다. 본래부터 짧은 것은 이어서는 안 된다. 거기에는 근심거리로 여겨서 없애야 할 것이 없다."
>
> – 『장자』「외편」'병무'

아름다움과 추함에는 실체가 있을까요? 아니면 아름다움과 추함은 단지 인간이 인위적으로 부여한 명칭·개념·의미에 불과할까요? 다시 말해 '아름다운 사물' 또는 '추한 사물'은 애초 존재하지 않는데, 인간이 사물에 대해 '아름다운' 혹은 '추한'이라는 명칭을 붙이고 개념과 의미를 부여한 것은 아닐까요? 장자는 이렇게 말합니다.

"옛사람들은 지혜가 지극한 수준에까지 이르렀다. 어디

에까지 이르렀을까? 애초에 사물은 존재하지 않는다고 생각한 사람이 있었다. 이것은 지극하고 완벽하여 더 이상 보탤 것이 없는 경지다. 그다음은 사물이 존재하기는 하지만, 그 사물과 다른 사물의 구별은 없다고 생각한 것이다. 그다음은 사물과 사물 사이의 구별은 존재하지만, 아직 옳음과 그름을 가려서 나뉘지 않는다고 생각한 것이다. 옳음과 그름을 분명히 가려서 드러내는 것은 참된 진리가 손상을 입게 되는 원인이 된다. 참된 진리가 손상을 입게 되면 편애偏愛가 발생하게 된다."

- 『장자』「내편」'제물론'

우리의 감각 반응과 사고 작용에서 사물은 어떻게 존재할까요? 명칭으로 존재합니다. 우리의 앎 즉 '시각, 관점, 감각, 사고, 인식의 틀'에서 명칭을 부여한 사물은 존재하지만, 명칭이 없는 사물은 아무것도 아닌 존재나 다름없습니다. 마치 김춘수의 시 '꽃'과 같이 '이름을 불러 주기 전에는 하나의 몸짓에 지나지 않지만, 이름을 불러 주었을 때는 꽃이 되는' 것처럼 말입니다. 아름다움과 추함 역시 인간이 사물에 부여한 명칭입니다. 그렇다면 우리의 감각 반응과 사고 작용 이전에 사물은 어떻게 존재할까요? 본래 사물은 자연 그대로의 본성으로 존재합니다. 존재 그 자체이지 '아름다운' 존재이거나 혹은 '추한' 존재로 구별되어 존

우리의 앎에서 명칭을 부여한 사물은 존재하지만, 명칭이 없는 사물은 아무것도 아닌 존재나 다름없습니다. 마치 김춘수의 시 '꽃'과 같이 '이름을 불러 주기 전에는 하나의 몸짓에 지나지 않지만, 이름을 불러 주었을 때는 꽃이 되는' 것처럼 말입니다.

재하지 않는다는 말입니다. 하지만 일단 '아름다움' 혹은 '추함'이라는 명칭이 발생하면 사물은 '아름다운 존재' 또는 '추한 존재'로 구별됩니다. 그다음 아름다움과 추함에는 시비 즉, 옳고 그름이 발생합니다. 아름다움은 옳음이 되고 추함은 그름이 됩니다. 그다음 아름다움에 대한 편애가 일어납니다. 편애가 발생하면 우리의 '시각, 관점, 감각, 사고, 인식의 틀'은 한쪽으로 치우치게 됩니다. 이제 한쪽으로 치우친 '시각, 관점, 감각, 사고, 인식의 틀'이 우리의 앎을 지배·통제하게 됩니다. 아름다움과 추함의 명칭·개념·의미가 앎을 지배·통제하게 된 다음에는 어떤 사물을 보는 순간 즉각적이고 무의식적으로 '아름답다 혹은 추하다'는 감각 반응과 사고 작용이 발생합니다.

장자의 견해와 논리에 따라 우리가 흔히 아름다움과 추함의 기준으로 삼는 하얀 피부색과 검은 피부색을 예로 들어 말해 보겠습니다. 본래 인간은 피부색과는 아무런 상관없이 인간 그 자체로 존재했습니다. 그다음 인위적으로 즉 인간에 의해 '하얀' 혹은 '검은'이라는 피부색의 명칭이 만들어졌습니다. 그다음 '하얀 피부'와 '검은 피부'의 구별이 발생했습니다. 그다음 '하얀 피부'는 고귀함과 아름다움의 상징이 되고 '검은 피부'는 천함과 추함의 상징이 됩니다. '하얀 피부 = 아름다움, 고귀함, 높음, 상류층', '검은 피부 = 추함, 미천함, 낮음, 하층민'이라는 개념과 의미 그리고 이미지가 만들어지게 됩니다. 그다음 아름다움과 추함에 대한 시비 곧 옳음과 그름이 발생합니다. 이제 하얀 피부는 '옳은 것'이 되고 검은 피부는 '그른 것'이 됩니다. 그런 다음에 '하얀 피부'에 대한 편애가 발생합니다. 편애가 발생하면 우리의 '시각, 관점, 감각, 사고, 인식의 틀'은 하얀 피부 쪽으로 치우치게 됩니다. 그리고 하얀 피부는 아름다움과 추함에 관한 우리의 앎을 지배·통제하게 됩니다. 이제 우리는 누군가의 피부색을 보는 순간 즉각적이고 무의식적으로 '아름답다 혹은 추하다, 고귀하다 혹은 미천하다'는 감각 반응과 인식 작용을 일으키게 됩니다. 이렇게 구별과 시비와 편애가 있고 난 다음에는 피부색에 대한 차별이 발생하게 됩니다.

우리의 앎이 어떻게 발생하고 또한 그것이 '시각, 관점, 감각, 사고, 인식의 틀'을 어떻게 지배·통제하는지 깨달았다면, 구별과 시비에서 벗어나는 길과 방법 역시 바로 이 지점에서 모색해 볼 수 있다는 사실을 깨우칠 수 있습니다. 앞서 장자가 말한 구별과 시비의 앎이 발생하는 역순으로 우리의 앎 즉 '시각, 관점, 감각, 사고, 인식의 틀'을 전환하는 방법이 바로 그것입니다. 장자가 보여준 인간에 의해 구별과 시비의 앎이 만들어지는 방식은 이렇게 정리할 수 있습니다.

① 무無 : 애초에 사물은 존재하지 않는다. ⇒ ② 유有 : 사물은 존재하지만 구별은 없다. ⇒ ③ 구별區別 : 구별은 있

지만 옳고 그름은 없다. ⇒ ④ 시비是非 : 옳고 그름이 발생한다. ⇒ ⑤ 편애偏愛 : 한쪽으로 치우친 견해가 발생한다. ⇒ ⑥ 인간의 앎을 지배·통제한다.

이와 같은 방식의 역순으로 우리의 앎을 성찰해 봅시다. 가장 먼저 우리의 앎을 지배·통제하는 것이 무엇인지부터 깨우쳐야 합니다. 그것은 편애, 즉 한쪽으로 치우친 '견해, 시각, 관점, 감각, 사고, 인식'입니다. 그다음에는 당연히 편애가 발생한 원인과 이유를 살펴봐야 합니다. 그럼 시비 즉 옳음과 그름을 가리는 앎이 등장하게 됩니다. 그다음에는 옳음과 그름을 따지는 원천이 되는 구별의 원인과 이유가 무엇인지 따져 봐야 합니다. 그럼 사물에 인위적으로 부여한 명칭·개념·의미가 등장하게 됩니다. 이 지점에서 이제 명칭·개념·의미 너머에 무엇이 존재하는지 살펴봐야 합니다. 그러면 사물에 부여한 명칭·개념·의미로는 절대 볼 수 없었던 그 사물의 바깥(외부)이 나타나게 됩니다. 우리는 사물을 명칭·개념·의미로 사고하거나 인식하기 때문에 그것의 바깥, 다시 말해 명칭·개념·의미가 담지 못한 사물의 어떤 것에 대해 사고하지 않거나 인식하지 못합니다. 이 지점에 이르러서야 비로소 사물의 '안(내부)' 즉 명칭·개념·의미에 갇혀 있던 앎에서 벗어나 사물의 바깥 곧 명칭·개념·의미 너머의 앎으로 탈주할 수 있게 됩니다. 이것이 바로 장자가 우리에게 보여 주는 현재 자신을 지배·통제하고 있는 '인위적인 앎을 성찰하는 길이자 방법'입니다. 이 방법을 앞서 정리한 방식의 역순으로 정리하면 이렇게 정리할 수 있습니다.

① 자신의 앎을 지배·통제하고 있는 것은 무엇인지 살펴본다. ⇒ ② 앎의 편애와 차별이 발생한 원인과 이유를 따져 본다. ⇒ ③ 앎의 시비 즉, 옳고 그름이 어떻게 발생했는지 살펴본다. ⇒ ④ 앎에 왜 그리고 어떻게 구별이 발생했는지 따져 본다. ⑤ 앎 이전의 사물 즉, 자연 그대로의 사물은 무엇인지 성찰한다.

앎이 앎을 방해한다!

이제 앎의 안과 밖 즉, 내부와 외부에 대한 장자의 견해와 주장을 살펴보도록 하겠습니다. 이와 관련한 이야기에서도 장자 우화의 단골손님 혜자(혜시)가 등장합니다. 이 우화는 『장자』「내편」'소요유'에 실려 있습니다.

어느 날 혜자가 장자를 찾아와 위나라 왕이 자신에게 조롱박 씨를 주어서 땅에 심었더니 곡식을 다섯 섬이나 담을 정도로 거대한 박이 열렸다고 말했습니다. 그러면서 혜자는 이 조롱박이 너무 거대해서 아무 쓸모가 없다고 투덜댔습니다. "이 거대한 조롱박에 물을 담았더니 너무 무거워서 들어 올릴 수조차 없었네. 그래서 조롱박을 반으로 갈라서 바가지로 쓰려고 했지. 그런데 이것은 너무 널찍하고 편편해서 아무것도 담을 수가 없었네. 거대하기만 했지 내게는 아무런 쓸모가 없어서 그냥 부숴 버렸네." 혜자의 말을 가만히 듣고 있던 장자는 "자네는 참으로 거대한 것을 사용하는 데 서툴군"이라고 나무라며 '신통한 약을 만드는 송나라 사람'의 이야기를 들려주었습니다.

송나라에 손이 트지 않게 하는 신통한 약을 제조하는 비법을 알고 있는 사람이 있었습니다. 그의 집안은 대를 이어서 헌 솜을 세탁하는 일을 가업으로 삼아 왔습니다. 손을 트지 않게 하는 약을 제조해 사용했기 때문에 그의 집안은 다른 세탁업자에 비해 훨씬 더 많은 세탁물을 처리할 수 있었고 그 덕분에 부유하게 살 수 있었습니다. 그러던 어느 날 손을 트지 않게 하는 신통한 약에 관한 소문을 들은 어떤 나그네가 그를 찾아와서 약을 제조하는 비법을 자신에게 팔면 100금의 돈을 지불하겠다고 했습니다. 송나라 사람은 집안 식구들을 모아 놓고 나그네의 제안에 대해 의논하면서 이렇게 말했습니다. "우리 집안은 대를 이어 헌 솜을 세탁하는 일을 해 왔다. 하지만 아무리 열심히 일해도 벌어들인 돈은 몇 금에 불과하다. 이제 손을 트지 않게 하는 약을 제조하는 비법을 사겠다는 사람이 나타났다. 그 사람은 약을 만드는 비법을 알려주면 100금의 돈을 주겠다고 한다. 100금의 돈을 받고 약의 제조 비법을 알려 주는 게 낫지 않겠는가!" 집안 식구들은 모두 그의 말에 동의했습니다. 이렇게 해서 나그네는 손을 트지 않게 하는 신통한 약의 제조 비법을 알아냈습니다. 나그네는 그 즉시 약의 제조 비법을 가지고 오나라 왕을 찾아갔습니다. 나그네는 오나라 왕에게 손을 트지 않게 하는 신통한 약에 대해 자세하게 설명하면서 벼슬자리를 요청했습니다. 오나라는 장강(양자강) 하류 동쪽의 강동 땅을 두고 월나라와 크게 다투고 있었습니다. 나그네가 오나라 왕을 찾아갔을 때 마침 월나라의 군대가 오나라를 공격하고 있었기 때문에, 오나라 왕은 다급하게 그를 장군으로 임명했습니다. 나그네는 겨울철에 오나라 병사들을 이끌고 월나라 군대와 수전水戰을 벌여 대승을 거두었습니다. 손을 트지 않게 하는 약을 활용해 오나라 병사들의 양손을 보호한 덕분에 항상 강한 전투력을 유지할 수 있었기 때문입니다. 오나라 왕은 월나라와의 전쟁에서 대승을 거둔 나그네에게 큰 공을 세웠다고 치하하면서 땅까지 분봉해 주었습니다.

장자는 송나라 사람과 나그네의 이야기에 대해 이렇게 논평합니다. "송나라 사람이나 나그네나 똑같이 손을 트지 않게 하는 약의 제조 비법을 알고 있었다. 하지만 송나라 사람은 헌 솜을 세탁하는 일에서 벗어나지 못했지만, 나그네는 한 나라의 군대를 지휘하는 높은 벼슬자리와 땅까지 분봉받아 귀족의 지위를 누리게 되었다. 어디에서 이와 같은 차이가 발생했는가? 그것은 자신이 알고 있는 것을 사용하는 방법이 달랐기 때문이다." 그러면서 장자는 자신의 앎에 갇혀서 다른 앎은 생각조차 하지 못한 혜자의 어리석음을 크게 꾸짖었습니다. "지금 자네는 곡식을 다섯 섬이나 담을 수 있는 거대한 조롱박을 가지고 있으면서 어찌하여 그것을 요주腰舟(허리에 묶어 물에 뜨게 하는 기구)로 사용해 강이나 호수 위에 띄워 볼 생각은 하지 못하는가. 어찌하여 그 거대한 조롱박을 사용할 수 있는 다른 방법은 생각도 하지 않은 채 널찍하고 편편하기만 해 아무짝에도 쓸모가 없다고 투덜대기만 하는가. 자네는 참으로 생각이 꽉 막혀 있는 사람이네."

우리가 앎에 대해 언급할 때 가장 자주 인용하는 말 중에 "아는 만큼 보인다"는 말이 있습니다. 너무 당연한 것처럼 들리지만 사실 곰곰이 따져 보면 이 말은 '보는 것'은 '아는 것'에 지배·통제당한다는 뜻이 됩니다. 다시 말해 자신의 앎을 통해서 본다는 것은 곧 자신이 이미 알고 있는 지식과 경험에 갇혀서 본다는 의미입니다.

혜자는 조롱박을 어떻게 봤습니까? 자신의 앎 즉, 이미 알고 있는 지식과 경험을 통해서만 봤습니다. 혜자의 지식과 경험에서 조롱박은 물을 담거나 혹은 뜨는 그릇이나 바가지로 사용하는 물건입니다. 혜자의 앎을 통해서 보면 조롱박은 그릇 아니면 바가지로밖에 보이지 않습니다. 너무 거대해 물을 담아도 무거워 들어 올릴 수 없고, 너무 널찍하고 편편해서 물을 뜰 수도 없는 조롱박은 혜자에게 아무런 쓸모없는 쓰레기에 불과할 뿐입니다. 그래서 혜자는 조롱박을 깨뜨려 부숴 버린 것입니다.

그럼 송나라 사람은 손을 트지 않게 하는 약을 어떻게 봤습니까? 그의 앎 즉, 지식과 경험에서 이 약은 헌 솜을 세탁하는 일을 할 때 손을 트지 않도록 하려고 사용하는 물건입니다. 송나라 사람은 헌 솜을 세탁하는 일 외에 이 약의 다른 사용 방법을 알지 못했습니다. 다시 말해 손을 트지 않게 하는 신통한 약에 대한 그의 앎은 헌 솜을 세탁하는 일에 갇혀 있는 앎입니다. 이렇게 본다면, 혜자와 송나라 사람의 앎이야말로 '앎을 방해하는 앎'이라고 말할 수 있지 않을까요?

자신이 이미 아는 것을 가리켜 '자기 앎의 안(내부)'이라고 한다면, 자신이 아직 모르는 것은 '자기 앎의 밖(외부)'이라고 할 수 있습니다. 조롱박에 대한 혜자의 '앎의 안'이 그릇과 바가지라고 한다면, 그 '앎의 밖'은 장자가 말한 요주(허리에 묶어 물에 뜨게 하는 기구)입니다. 마찬가지 이치로 손을 트지 않게 하는 약에 대한 송나라 사람의 '앎의 안'이 헌 솜을 세탁하는 일에 사용하는 방법이라면, 그 '앎의 밖'은 나그네가 사용하는 방법이 되겠죠. 장자는 혜자와 송나라 사람의 우화를 통해 '자기 앎의 안' 즉, 자신이 아는 것에 갇혀 버리면 '자기 앎의 밖' 곧 자신이 모르는 것을 절대 볼 수 없게 된다는 사실을 깨우쳐 줍니다. 혜자와 송나라 사람은 자신의 앎 즉, 지식과 경험 때문에 역설적이게도 '앎의 맹인'이 되어 버린 셈입니다.

공자는 "아는 것을 안다고 하고 모르는 것을 모른다고 하는 것, 이것이 아는 것이다"라고 말합니다. 자신이 모르는 것이 무엇인지를 아는 것이야말로 진정으로 아는 것이라는 뜻입니다. 소크라테스의 "너 자신을 알라!"는 말의 속뜻을 풀이하면 "너 자신의 무지함을 알라!"는 것입니다. 자신이 얼마나 무지한지를 알게 될 때 비로소 무엇을 알아야 하는지 깨닫게 되기 때문입니다. 공자와 소크라테스의 말에 따르면 자신이 모르는 것이 무엇인지 모르는 것이야말로 진짜 무지와 어리석음입니다. 장자의 말대로 아무리 많이 알고 있다고 해도 "아는 것의 범위는 아직 알지 못하는 것에 훨씬 미치지 못합니다." 이 때문에 앎은 항상 자기 '앎의 밖'을 지향해야 합니다. 그래야 자기 '앎의 안'에 갇히지 않기 때문입니다. 그럼 자신의 앎에 갇히지 않으려면 어떻게 해야 할까요? 무엇보다 먼저 자신의 앎에 대한 확신과 믿음을 버려야 합니다. 그리고 자신의 앎에 대해 항상 의문을 품고 질문을 던져야 합니다. 그때야 비로소 자기 '앎의 밖'이 보이기 시작하기 때문입니다.

자신의 앎에 갇히지 않으려면 어떻게 해야 할까요? 무엇보다 먼저 자신의 앎에 대한 확신과 믿음을 버려야 합니다. 그리고 자신의 앎에 대해 항상 의문을 품고 질문을 던져야 합니다.

모든 앎은
상대적이다!

　세상의 모든 앎 가운데 장자가 가장 신랄하게 비판하고 공격하는 주적은 '절대적인 앎 즉, 앎의 절대성'입니다. 이제 장자는 사람들이 너무나 명백해서 의심의 여지가 없다고 확신하는 것들에 대해 의문을 제기하며 마구 질문을 던지기 시작합니다.

　"내가 알고 있다고 해도 실제로는 알지 못할 수도 있고, 내가 알지 못한다고 해도 실제로는 알고 있을 수도 있다. 시험 삼아 물어보겠다. 사람은 습기가 찬 데서 자면 허리병이 생겨 반신불수가 되지만 미꾸라지도 그러한가? 사람은 나무 꼭대기에 오르면 벌벌 떨며 두려워하지만 원숭이도 그러한가? 그렇다면 사람, 미꾸라지, 원숭이 가운데 누가 올바른 거처를 알고 있는 것인가? 또한 사람은 소·양·닭·돼지와 같은 가축을 즐겨 먹고, 고라니와 사슴은 풀을 뜯어 먹으며, 지네는 뱀을 달게 먹고, 올빼미와 까마귀는 쥐를 맛있게 먹는다. 그렇다면 사람, 고라니와 사슴, 지네, 올빼미와 까마귀 가운데 누가 올바른 맛을 알고 있는 것인가? 암컷 원숭이는 수컷 원숭이를 짝으로 여기고, 사슴은 고라니와 교미하며, 미꾸라지는 물고기와 함께 어울려 헤엄치며 노닌다. 사람들은 모장毛牆과 여희麗姬를 아름답다고 여기지만 물고기는 그녀들을 보면 오히려 물 속 깊이 숨어 버리고, 새는 그녀들을 보면 하늘 높이 날아가 버리고, 고라니와 사슴은 그녀들을 보면 죽을힘을 다해 멀리 달아나 버린다. 그렇다면 이 넷 가운데 누가 천하의 올바른 아름다움을 알고 있는 것인가? 내 입장에서 살펴보면 판단의 단서端緖와 옳고 그름을 따지는 길이 복잡하게 얽혀서 어수선하고 혼란스럽다. 내가 어떻게 옳고 그름을 구분하여 판단할 수 있겠는가?"

– 『장자』「내편」'제물론'

누군가에게는 '절대적인 것'이 누군가에게는 '아무것도 아닌 것'일 수 있습니다. 누군가에게는 '편안한 곳'이 누군가에는 '불편한 곳'이 될 수 있습니다. 누군가에게는 '맛있는 음식'이 누군가에게는 '징그러운 흉물'이 될 수 있습니다. 누군가에게는 '아름다운 대상'이 누군가에게는 '무섭고 소름 끼치는 대상'이 될 수 있습니다. 누군가에게는 '올바른 것'이 누군가에게는 '올바르지 않는 것'이 될 수 있습니다. 누군가에게는 '불변의 가치'가 누군가에게는 '아무런 가치'도 없을 수 있습니다. 누군가의 입장과 상황에 놓이느냐에 따라 천변만화千變萬化하는데 어떻게 '절대적인 무엇'이 존재할 수 있겠습니까?

사람·미꾸라지·원숭이의 '편안함'이 다르고, 사람·고라니와 사슴·지네·올빼미의 '입맛'이 다르고, 사람·물고기·새·고라니와 사슴의 '아름다움'이 다릅니다. 이렇듯 사람·미꾸라지·원숭이·고라니와 사슴·지네·올빼미·물고기·새의 '올바름'이 제각각 다른 것은 자연의 본성입니다. 다름 즉, 차이와 다양성은 자연적인 것입니다. 따라서 수만 가지의 편안함, 수만 가지의 입맛, 수만 가지의 아름다움, 수만 가지의 올바름이 존재하는 것은 너무나 당연하고 자연스러운 것입니다. 여기에는 편안함, 입맛, 아름다움, 올바름을 결정하는 그 어떤 절대적·보편적인 가치와 기준이 존재하지 않습니다. 만약 '편안함', '입맛', '아름다움', '올바름'의 절대적·보편적인 가치와 기준이 존재한다면, 그것은 인위적인 것에 불과합니다. 다름 즉 다양성이 자연적인 것이라면, 같음 즉 동일성은 인위적인 것입니다. 다름과 다양성은 '상대적인 것'입니다. 반면 같음과 동일성은 '절대적인 것'입니다. 장자는 "세상 사람들은 모두 자기와 같은 사람을 좋아하고 자기와 다른 사람은 싫어한다"고 말합니다. 다른 사람보다 자신이 더 옳고, 뛰어나며, 올바르다고 확신하면 할수록 더욱더 그렇다는 것입니다. 여기에는 자신의 앎에 대한 확신과 믿음이 '절대성과 보편성'에 가까우면 가까울수록 그 사람은 다른 사람을 더욱더 자기와 같은 사람으로 만들려고 한다는 뜻이 내포되어 있습니다. 하지만 장자의 관점에서 보면 다름과 다양성 즉, 상대적인 것을 부정하고 같음과 동일성 곧 절대적인 것을 추구하는 것은 인위적인 것으로 자연적인 삶과 생명을 파괴하는 행위 그 이상도 이하도 아닙니다.

"인위적으로 군더더기를 덧대고 억지로 기워 붙이는 행위는 올바른 길이 아니다. 올바른 길을 가는 사람은 본래부터 타고난 자연의 본성을 잃지 않는다. (…) 사물을 곡선자와 먹줄, 그림쇠와 곱자와 같은 도구를 사용하여 규격대로 바로잡으려고 하는 것은 그 사물의 본성을 망가뜨리는 것이다. 밧줄과 노끈으로 꽁꽁 묶고, 아교를 풀칠하여 견고하게 붙이는 것은 타고난 사물의 본성을 해치는 것이다. (…) 이 세상에는 본래 타고난 자연의 모습이라는 것이 있다. 자연스러운 본래의 모습이란 굽었다고 해서 곡선자를 사용하지 않고, 곧은 것도 먹줄을 사용하지 않으며, 둥글다고 해서 그림쇠를 사용하지 않고, 네모난 것도 곱자를 사용하지 않는다. 또한 아교를 풀칠해서 떨어진 것을 붙이지 않고, 밧줄과 노끈을 사용해서 꽁꽁 묶지 않는다. 천하의 모든 사물이 본성을 잃지 않은 채 자연스럽게 살아간다. 그렇게 살면서도 그렇게 살아가는 이유를 알지 못하고, 여유롭고 만족스러워하면서도 그러한 까닭을 알지 못한다. 자연스러워서 자신도 모르는 사이에 그렇게 되기 때문이다. 이와 같이 본래 타고난 자연의 모습으로 살아가는 삶의 방식은 옛날이나 지금이나 다르지 않아 훼손해서는 안 된다."

— 『장자』「외편」'병무'

　굽은 것, 곧은 것, 동그란 것, 네모난 것 등 제각각 다른 모양으로 존재하는 것은 사물의 자연적 본성입니다. 제각각 다른 모양으로 다양하게 존재하기 때문에 차이와 다양성은 사물의 본성 그 자체입니다. 굽은 것에 상대적인 것은 곧은 것이고, 동그란 것에 상대적인 것은 네모난 것입니다. 상대성 역시 사물의 본성 그 자체입니다. 이 때문에 다양성과 상대성은 자연적인 것이라고 말할 수 있습니다. 그런데 만약 굽은 것이 절대적인 것 혹은 올바른 것이라고 주장하며 곧은 것, 동그란 것, 네모난 것 등을 모두 굽은 것과 동일하게 만들려고 한다면, 그것은 사물의 본성을 파괴하는 것이 아니고 무엇이겠습니까? 이 때문에 절대성과 동일성은 인위적인 것으로 자연적인 것 곧 상대성과 다양성을 파괴하는 것이라고 말하는 것입니다.

　세상에 존재하는 모든 것이 상대적이라면, 앎 역시 상대적일 수밖에 없습니다. 인간의 앎이란 세상에 존재하는 모든 것의 앎 그 이상도 이하도 아니기 때문입니다. 그런 의미에서 본다면, 우리가 추구해야 할 앎 혹은 자신의 앎이 '절대적인 앎', '절대적인 가치', '절대적인 진리'(다르게 표현하면 '올바른 앎', '올바른 가치', '올바른 진리')라고 주장하는 사람들은 가장 강력하게 거부하고 신랄하게 공격해야 할 '지적 사기꾼'들이라고 할 수 있습니다.

앎은 위험하다!

『장자』「내편」'소요유'에 등장하는 '숙과 홀 그리고 혼돈의 우화'는 자신의 앎에 대한 확신과 믿음이 타자의 삶과 생명을 위험에 빠뜨리거나 파괴할 수 있다는 경고의 메시지를 담고 있습니다.

"남쪽 바다를 관장하는 신은 숙儵이고, 북쪽 바다를 관장하는 신은 홀忽이며, 중앙의 땅을 지배하는 신은 혼돈混沌이다. 숙과 홀은 수시로 혼돈의 땅에서 만나 어울렸는데, 혼돈은 그들을 매우 잘 대접했다. 숙과 홀은 혼돈의 극진한 대접과 은덕에 어떻게 보답할까 서로 의논하다가 이렇게 말했다. '사람들은 모두 7개의 구멍을 가지고 있지. 그 구멍으로 보고 듣고 먹고 숨을 쉬지. 그런데 혼돈만 그런 것이 없다. 혼돈에게 구멍을 뚫어 주면 보고 듣고 먹고 숨 쉬는 즐거움을 누릴 수 있을 거야.' 숙과 홀은 혼돈에게 하루에 1개씩 구멍을 뚫어 주었다. 그런데 혼돈은 7일 만에 죽어 버렸다."

- 『장자』 「내편」 '응제왕'

　혼돈은 누구일까요? 중국 신화에서 혼돈은 머리에 눈·코·귀·입이 없는 존재로 묘사되어 있습니다. 또한 혼돈은 서양 신화의 '카오스Chaos'와 마찬가지로 천지창조 곧 하늘과 땅이 나누어지기 이전 상태 혹은 모든 것이 구분 없이 마구 뒤섞여 하나의 덩어리로 존재하는 상태를 뜻하기도 합니다.

　어쨌든 이 우화는 자신의 앎으로 타자의 앎을 재단하는 것이 얼마나 위험한지에 대한 철학적 메시지를 담고 있습니다. 숙과 홀은 보고 듣고 먹는 즐거움을 누리고 또한 숨을 쉬기 위해서는 눈·코·귀·입 등 7개의 구멍이 있어야 한다고 생각합니다. 숙과 홀에게 그것은 너무도 당연한 앎이고 절대적이며 보편적인 앎입니다. 그들의 관점에서 보면 눈·코·귀·입 등 7개의 구멍이 없는 혼돈의 삶은 너무나 불행합니다. 그래서 숙과 홀은 혼돈의 은혜에 대한 보답으로 7개의 구멍을 선물한 것입니다. 그럼 이 지점에서 질문해 보겠습니다. 숙과 홀에게 혼돈은 자신들과 '같은 존재' 즉 동일자입니까? 아니면 전혀 '다른 존재' 즉 타자입니까? 다시 질문해 보겠습니다. 숙과 홀의 앎 속에서 혼돈은 자신들과 같은 존재 즉 동일자입니까? 아니면 전혀 다른 존재 즉 타자입니까? 앞의 질문에 대해서는 이렇게 답변할 수 있습니다. 혼돈은 숙과 홀과는 전혀 다른 존재 즉 타자입니다. 반면 뒤의 질문에 대해서는 이렇게 답변할 수 있습니다. 숙과 홀의 앎 속에서 혼돈은 자신들과 같은 존재 즉 동일자가 됩니다. 그랬기 때문에 숙과 홀은 혼돈에게도 자신들과 마찬가지로 눈·코·귀·입 등 7개의 구멍이 필요하다고 판단한 것입니다. 우화 속 숙과 홀에게서는 타자 즉, 혼돈의 삶과 앎에 대한 사유를 전혀 찾아볼 수 없습니다. 결국 장자는 이 우화를 통해 우리의 삶과 사유가 얼마나 '동일자의 철학'에 지배당하고 있는지 그리고 왜 타자에 대한 사유 즉, '타자의 철학'이 필요한지를 일깨워 줍니다.

앎에는 근본적으로 타자성이 내재되어 있습니다. 앎은 타자 즉, 세상에 존재하는 누군가 혹은 무언가에 대한 앎이기 때문입니다. 그런 의미에서 앎이란 타자라는 존재 혹은 타자의 앎을 안다는 것입니다. 타자의 앎은 알 수도 있고, 모를 수도 있습니다. 안다고 확신할 수도 없고, 모른다고 확신할 수도 없습니다. 다시 말해 아는지 모르는지 모호합니다. 앎이 모호한 이유는 앎의 타자성 때문입니다. 앎에는 근본적으로 타자성과 모호성이 내재되어 있습니다. 이 앎의 타자성과 모호성 때문에 앎은 위험합니다.

앞서 소개한 적이 있는 '노나라 임금과 바닷새의 우화'로 잠시 돌아가 보겠습니다. 이 우화 역시 앎의 타자성으로 인해 발생하는 '앎의 위험성'에 대해 이야기하고 있습니다. 노나라 임금은 바닷새를 사랑해서 자신이 거처하는 화려한 궁궐로 데리고 온 다음 가장 좋아하는 음악과 술 그리고 음식을 극진하게 대접했습니다. 자신이 좋아하는 것은 세상 모든 사람들이 좋아하는 것이므로 바닷새도 당연히 좋아할 것이라고 생각했기 때문입니다. 자신의 앎으로 타자인 바닷새의 습성과 식성을 판단한 것입니다. 하지만 바닷새의 습성과 식성은 사람과 전혀 달랐기 때문에 결국 죽음에 이르고 맙니다. 노나라 임금은 자신의 앎 때문에—의도와는 전혀 다르게—사랑하는 바닷새의 삶과 생명을 해친 셈입니다.

앞서 '물고기의 즐거움'에 관한 혜자와 장자의 논쟁은 앎의 모호성에 대한 철학적 메시지를 담고 있다고 말씀드렸습니다. 그렇다면 앎의 모호성은 왜 발생합니까? 앎의 모호성 역시 앎의 타자성으로 인해 발생합니다. 물고기의 즐거움을 안다는 것은 타자 즉, 물고기의 앎을 안다는 것입니다. 혜자(혜시)의 입장에서 보면, 장자가 물고기의 즐거움을 아는지 아니면 모르는지 안다는 것은 타자 즉, 장자의 앎을 안다는 것입니다. 또한 장자의 입장에서 보면, 혜자가 장자 자신이 물고기의 즐거움을 알고 있는지 아니면 모르고 있는지 안다는 것은 타자 즉, 혜자의 앎을 안다는 것입니다. 물고기의 즐거움을 알고 있을 수도 있고, 알지 못할 수도 있습니다. 하지만 물고기의 즐거움을 알고 있다고 해도 그 사실을 증명할 수 없고, 반대로 모르고 있다고 해도 그 사실을 증명할 수 없습니다. 장자의 말대로 단지 "자기가 안다고 생각하면 아는 것이고, 자기가 모른다고 생각하면 모르는 것"일 뿐입니다. 알고 있는지 아니면 모르고 있는지 아무리 논쟁한다고 해도 증명할 수 없기 때문에 누가 '옳고' 누가 '그른지' 역시 가릴 수 없습니다. 증명할 수도 없고 옳고 그름을 가릴 수도 없는데 자신의 앎이 옳다고 확신하면 확신할수록 그 앎은 어떻게 될까요? 위험해질 뿐입니다.

예를 들어 보겠습니다. 내가 사랑하는 상대방이 나를 사랑하는지 사랑하지 않는지 알 수 있을까요? 나를 사랑한다고 알고 있는데 사랑하고 있지 않을 수도 있고, 반대로 나를 사랑하지 않는다고 알고 있는데 사랑하고 있을 수도 있습니다. 그럼 사랑하는지 사랑하지 않는지 확인할 수 있는 방법이 있을까요? 가장 쉬운 방법으로 당사자에게 직접 물어보면 된다고 생각하십니까? 하지만 상대방이 나를 사랑한다고 말해도 사랑하고 있지 않을 수도 있고, 사랑하지 않는다고 말해도 사랑하고 있을 수도 있습니다. 당사자를 통해서도 확인할 수 없다면 다른 사람이 증명할 수 있는 방법이 있을까요? 다른 사람이 온갖 방법을 다 사용한다고 해도 상대방이 나를 사랑하는지 사랑하지 않는지 증명할 수 없습니다. 그 사람에게도 그것은 내가 사랑하는 상대방 즉, 타자의 앎이기 때문입니다. 장자의 말대로 하자면 "내가 사랑한다고 생각하면 사랑하는 것이고, 내가 사랑하지 않는다고 생각하면 사랑하지 않는 것"입니다. 아무리 확인하고 증명하려고 해도 사랑하는지 아니면 사랑하지 않는지 결코 가릴 수 없습니다. 이 때문에 아무리 상대방이 백만 번 천만 번 나를 사랑한다고 말해도, 내가 사랑하는 상대방이 정말로 나를 사랑하는지 항상 궁금할 수밖에 없는 것입니다.

앎의 타자성을 인정하는 것은 곧 앎의 상대성을 인정하는 것입니다. 자신의 앎은 절대적이지도 않고 보편적이지도 않기 때문에, 자신의 앎과 타자의 앎은 근본적으로 다르다는 사실을 받아들여야 합니다. 자신의 앎이 옳다면 타자의 앎도 옳을 수 있고, 자신의 앎이 올바르다면 타자의 앎 역시 올바를 수 있습니다. 하지만 자신의 앎이 절대적이고 보편적이라고 확신한다면 타자의 앎 역시 자신의 앎과 동일해야 한다고 생각하게 됩니다. 자신의 앎이 옳기 때문에 타자의 앎은 당연히 자신과 같아야 하고, 자신의 앎이 올바르기 때문에 타자의 앎 역시 자신과 당연히 같아야 하기 때문입니다. 그러나 앎이 상대적인 것이라면 자신의 앎과 타자의 앎이 다른 것은 너무나 당연합니다. 이 타자성과 상대성 때문에 타자의 앎을 안다고 확신하기 어렵습니다.

결국 앎의 타자성과 상대성 때문에 자신의 앎이 옳은지 아니면 옳지 않은지 항상 모호할 수밖에 없습니다. 앎의 모호함 때문에 더욱 자신의 앎으로 타자의 앎을 재단해서는 안 됩니다.

그것은 자신의 앎은 물론 타자의 앎까지 더욱더 위험에 빠뜨릴 뿐입니다. 그럼 어떻게 해야 할까요? 타자와의 소통을 통해 자신의 앎과 타자의 앎의 같음과 다름을 끊임없이 성찰해야 합니다. 그것은 자신의 앎을 통해 타자의 앎을 들여다보고, 다시 타자의 앎을 통해 자신의 앎을 들여다보는 방법입니다. 그러기 위해서는 무엇보다도 자신의 앎에 대한 확신과 믿음을 버려야 합니다. 자신의 앎에 대한 확신과 믿음이 강하면 강할수록 타자의 앎이 자신의 앎과 다르다는 사실을 받아들이기 어렵기 때문입니다. 그것이 자신의 앎과 타자의 앎이 소통하는 출발점이자 종착점입니다.

아는 것과 모르는 것은 끝없이 순환한다!

모든 것을 안다는 것은 애초 성립할 수 없습니다. '모든 것'이 무엇인지 정의하는 것 자체가 불가능하기 때문입니다. 모든 것을 안다는 것이 성립할 수 없다면 결국 무언가를 안다는 것은 동시에 무언가를 모른다는 것입니다. 장자는 아는 것과 모르는 것이 대립하지 않는 것이 '참된 앎'이라고 말합니다. 아는 것과 모르는 것이 대립하지 않으려면 어떻게 해야 할까요? 자신의 앎에 갇히지 않아야 합니다. 그런 의미에서 참된 앎이란 '갇혀 있지 않는 앎'입니다. 이것과 동시에 저것이 존재하기에 이것 또는 저것에 갇혀서는 안 되고, 옳음과 동시에 그름이 존재하기에 옳음 또는 그름에 갇혀서는 안 됩니다. 참과 동시에 거짓이 존재하기에 참 또는 거짓에 갇혀서는 안 됩니다. 장자는 이렇게 말합니다.

"모든 사물은 저것 아닌 것이 없고, 모든 사물은 이것 아닌 것이 없다. 저쪽의 관점에서 보면 이쪽의 옳음을 알 수 없지만, 이쪽의 관점에서 보면 이쪽의 옳음을 알 수 있다. 그래서 저것은 이것에서 나오고, 이것 역시 저것에 말미암는다고 말한 것이다. 저것과 이것이 동시에 발생한다는 주장이다. 또한 삶과 동시에 죽음이 존재하고, 죽음과 동시에 삶이 존재한다. 가능함과 동시에 불가능함이 존재하고, 불가능함과 동시에 가능함이 존재하다. 옳음은 그름에서 나오고, 그름은 옳음에서 나온다. 참은 거짓에 말미암고, 거짓은 참에 말미암는다. 이 때문에 성인은 이런 것들에 따르지 않고 자연의 본래 모습을 있는 그대로 비추어 본다. 하지만 이 역시 자신이 '옳다고 믿는 것을 따르는 것'일 뿐이다. 이것은 또한 저것이 될 수 있고, 저것은 또한 이것이 될 수 있다. 저것의 옳고 그름은 가릴 수 없고, 이것의 옳고 그름 또한 가릴 수 없다. 그렇다면 과연 저것과 이것의 구별은 존재하는 것일까? 과연 저것과 이것의

> 구별은 존재하지 않는 것일까? 저것과 이것이 서로 대립하지 않는 상태를 가리켜 '도추道樞(도의 지도리)'라고 한다. 지도리가 비로소 고리의 중심축으로 작용하게 되면 무궁한 변화에 호응한다. 이렇게 되면 옳음 역시 하나의 무궁한 변화이고, 그름 역시 하나의 무궁한 변화이다. 그래서 밝은 지혜를 따르는 것보다 더 좋은 것은 없다고 말한다."
>
> — 『장자』 「내편」 '제물론'

마찬가지 이치로 아는 것과 동시에 모르는 것이 존재하기에 아는 것 또는 모르는 것에 갇혀서는 안 됩니다. 아는 것과 모르는 것은 무궁하게 변화합니다. 아는 것과 모르는 것이 끝없이 돌고 도는 것이 바로 '앎'입니다. 알게 되면 모르게 됩니다. 아는 것의 밖(외부)에는 모르는 것이 존재하기 때문에, 무엇인가를 아는 순간 무엇인가를 모르게 됩니다. 모르게 되면 알게 됩니다. 아는 것은 모르는 것을 전제하고 있습니다. 다시 말해 모르기 때문에 알려고 하는 것입니다. 아는 것 ⇒ 모르는 것 ⇒ 아는 것 ⇒ 모르는 것 ⇒ 아는 것 ⇒ 모르는 것 ⇒ ∞. 아는 것과 모르는 것은 무한 순환할 뿐 그 시작과 끝은 알 수 없습니다. '앎의 순환 고리'는 그 시작과 끝을 알 수 없다는 점에서 '뫼비우스의 띠'와 같습니다. 장자의 말대로 삶은 유한하지만 앎은 무한합니다. 이 '앎의 무한성'이 아는 것과 모르는 것이 끝없이 순환하는 근본적인 이유가 됩니다.

아는 것의 외부(밖)는 모르는 것입니다. 이 때문에 자기 앎의 내부(안)에 갇혀 버리면 자신이 무엇을 모르는지 결코 깨달을 수 없습니다. 자신이 무엇을 모르는지 깨닫지 못하면 그 사람의 앎은 그 지점에서 멈춰 버립니다. 그렇게 되면 앎의 순환 즉, 앎의 생명은 끝났다고 할 수 있습니다. 앎의 생명을 다시 살리려면 어떻게 해야 할까요? 자신이 모르는 것이 무엇인지 깨달아야 합니다. 그 지점에서 앎의 생명은 다시 숨을 쉬기 시작할 것입니다. 이러한 까닭에 앎의 철학에서는 자신이 '모르는 것이 무엇인지를 아는 것'을 가장 중요하게 여깁니다.

철학 즉 '필로소피(Philosophy)'의 어원은 그리스어 '필로소피아(Philosophia)'입니다. 필로소피아는 '사랑'을 뜻하는 필로스(philos)와 '지혜'를 뜻하는 소피아(sophia)의 합성어입니다. 지혜를 사랑하는 것 혹은 지혜에 대한 사랑이 바로 철학입니다. 철학을 한다는 것은 곧 '지혜를 사랑하는 것 또는 지혜를 탐구하는 것'이라고 말할 수 있습니다. 소크라테스의 '너 자신을 알라!'는 경구 속에는 지혜를 사랑하고 탐구하는 그만의 철학이 담겨 있습니다. 앞서 '너 자신을 알라!'는 말은 '너 자신의 무지함을 알라!'는 뜻이라고 말씀드렸죠. 따라서 철학을 한다는 것, 지혜를 사랑한다는 것, 지혜를 탐구한다는 것은 '무지無知의 지知', 다시 말해 무지함을 깨닫는 것 또는 모르는 것이 무엇인지를 아는 것이라고 할 수 있습니다.

그럼 지식과 지혜의 차이는 무엇일까요? 먼저 한자 '알 지(知)'와 '지혜 지(智)'의 뜻풀이를 해보겠습니다. '알 지(知)'는 '화살 시(矢)'와 '입 구(口)'가 합쳐져 이루어진 한자입니다. '알다'는 뜻의 '지(知)' 자는 입에서 나오는 말이 화살처럼 빨리 나가는 모양을 취하고 있습니다. 화살처럼 말이 빨리 나가는 모양이 어떻게 '알다'라는 뜻과 연결되었을까요? 그 이유는 사람이 많이 알고 있으면 입에서 나오는 말이 화살처럼 빨리 나간다고 해서 '알다'라는 뜻을 갖게 되었다고 합니다. 이 '알 지(知)' 자에 '날 또는 해 일(日)' 자가 더해져서 만들어진 한자가 '지혜 지(智)' 자입니다. 여기에서 '일(日)' 자는 해처럼 밝다 혹은 해처럼 세상을 밝힌다는 뜻을 담고 있습니다. '알다'에 '밝다 혹은 밝히다'가 더해져서 '지혜'가 된 것입니다. 지식(知識)이라는 단어는 '알 지(知)'와 '알 식(識)' 자로 이루어져 있지만, 지혜라는 단어는 '지혜 지(智)'와 '밝을 혜(慧)' 자로 이루어져 있습니다. 지식이 '알다'는 뜻을 담고 있다면, 지혜는 '밝다'는 뜻이 강조되어 있습니다.

이렇게 볼 때 지식이 단순히 '알다'는 뜻이라면, 지혜는 '알다'는 뜻뿐만 아니라 '밝다'는 뜻을 함께 담고 있음을 알 수 있습니다. '밝게 아는 것', 그것이 바로 지혜입니다. 장자 시대의 사람들은 '안다'와 '본다'를 같은 의미로 사용했습니다. 그래서 '눈'을 지혜의 창구로 여겼습니다. '밝게 안다'는 것은 '밝게 본다'는 것과 동의어입니다. 노자, 한비자, 두자 등의 제자백가 사상가들 역시 지혜를 '견명見明(밝게 보는 것)'이라고 말합니다.

"자신을 보는 것이야말로 밝은 것이다(自見之爲明)."

— 노자

"안다는 것의 어려움은 다른 사람을 보는 데 있지 않고 자신을 보는 데 있다(知之難 不在見人 在自見)."

— 한비자

"사람의 지혜는 눈과 같아서 100보 밖은 볼 수 있지만 자신의 눈썹은 볼 수 없다(智之 如目也 能見百步之外而不能自見其睫)."

— 두자

'밝게 보는 것'이 곧 지혜인데, 밝게 보는 것 중에서도 가장 어려운 것은 자신을 밝게 보는 것이라는 뜻입니다. 자신을 밝게 볼 줄 아는 것이야말로 가장 지혜로운 것이라는 말입니다. 그럼 어떻게 해야 자신을 밝게 볼 수 있을까요? 자신이 얼마나 무지한가를 깨닫고, 자신이 모르는 것이 무엇인지를 아는 것보다 더 자신을 밝게 보는 것은 없습니다. 그런 의미에서 지식을 갖춘 사람이 '자신이 아는 것에 갇힌 사람'이라면, 지혜를 갖춘 사람은 '자신이 무엇을 모르는지 볼 줄 아는 사람'이라고 할 수 있습니다. 그럼 자신의 앎에 갇히지 않으려면 어떻게 해야 할까요? 먼저 한쪽으로 치우친 앎, 다른 쪽의 앎을 용납하지 않는 앎 즉, 편견·선입견·고정관념에서 벗어나야 합니다.

> "옳지 않다고 하는 것을 옳다고 여기고, 그렇지 않다고 하는 것을 그렇다고 여기고, 맞지 않다고 하는 것을 맞다고 여기는 것이다. 만약 옳다고 하는 것이 정말로 옳다면, 그 옳음이 옳지 않음과 다르다는 것 역시 증명할 수 없다. 그렇다고 하는 것이 정말로 그렇다면, 그렇다고 하는 것이 그렇지 않다고 하는 것과 다르다는 것 역시 증명할 수 없다. 맞다고 하는 것이 정말로 맞다면, 그 맞음이 맞지 않음과 다르다는 것 역시 증명할 수 없다. 시간을 잊어버리고 마음 속 편견을 잊어버려서 경계가 없는 경지에서 자유자재로 움직인다. 그와 같이 자신을 '경계가 존재하지 않는 없음의 세계'에 맡겨 둔다."
>
> —『장자』「내편」'제물론'

왜 이것도 없고 저것도 없습니까? 왜 옳음도 없고 그름도 없습니까? 이것은 저것으로 변화하고 저것은 이것으로 변화하기 때문에, 이것도 없고 저것도 없는 것입니다. 옳음은 그름으로 변화하고 그름은 옳음으로 변화하기 때문에, 옳음도 없고 그름도 없는 것입니다. 따라서 경계가 존재하지 않는 '없음의 경지'에 자신을 맡겨 둔다는 것은 곧 이것과 저것, 그리고 옳음과 그름이 끝없이 변화하는 자연의 이치에 자신을 맡겨 둔다는 뜻이라고 하겠습니다. 끝없이 변화하는 자연의 이치에 자신을 맡겨 두려면 어떻게 해야 할까요? 이미 알고 있는 자신의 앎을 잊어버려야 합니다. 또한 지금 자신을 지배하고 있는 앎을 파멸시켜야 합니다. 이미 알고 있는 앎에 갇혀 있는 한 또는 자신을 지배하고 있는 앎에서 벗어나지 못하는 한 '앎의 변화'는 절대로 일어날 수 없기 때문입니다. 여기에는 우리 인문학의 훌륭한 사례가 있습니다. 시인 김수영의 경우가 바로 그것입니다. 그는 일찍이 비평 산문 「시여, 침을 뱉어라」에서 다음 시를 쓰기 위해서는 그 이전까지의 시에 대해 아는 것을 모조리 파산시켜야 한다고 말했습니다. 지금까지의 시에 대한 자신의 앎에 갇혀 버리면 다음 시 즉 새로운 시를 쓸 수 없습니다. 시를 쓴다고 해도 단지 이전에 쓴 시의 모사 혹은 복제에서 벗어날 수 없기 때문입니다. 그렇다면 왜 자신의 앎을 잊어버리고 더 나아가 파멸시켜야 하는지 어렵지 않게 이해할 수 있습니다. 앎의 끝없는 순환과 변화 즉, 새로운 앎의 창조와 혁신은 '갇혀 있지 않는 앎'에서 나오기 때문입니다.

    마흔 이후의 삶은 '갇혀 있지 않은 앎'을 실현하기 좋은 기회입니다. 이전까지는 나를 기준으로 성급하게 앎을 재단했다면 이제는 그동안의 시행착오를 통해 나의 답 말고도 다른 해답이 있을 수 있다는 것을 알기 때문입니다. 마흔 이후부터는 '갇혀 있지 않은 앎'을 통해 여러분의 인생이 더욱 풍요로워지기를 바라봅니다.

5장

좋은 삶과 좋은 죽음을 만드는 방법

삶과 죽음에 대한 생각

"삶은 좋은 것이고 죽음은 나쁜 것일까요?" 이런 질문을 받으면 아마도 극소수의 사람을 제외한 대부분의 사람들은 '그렇다'고 답할 것입니다. 그럼 질문을 약간 바꿔 보겠습니다. "왜 삶은 좋고 죽음은 나쁘다고 생각할까요?" 『죽음이란 무엇인가』의 저자 셸리 케이건은 이렇게 말합니다.

> "죽음이 나쁜 이유는 죽고 나면 삶이 가져다주는 모든 축복을 누릴 수 없어서다. 살아 있을 때 삶이 가져다주는 선물을 하나도 누릴 수 없기 때문에 죽음은 우리에게 나쁜

것이다."

−셸리 케이건, 『죽음이란 무엇인가』[1]

마흔이라는 나이는 삶에서 죽음이라는 현상을 서서히 인식해 가는 시점입니다. 인생의 중간 지점을 지나면서 인생의 끝에 대해서도 생각하게 되기 때문입니다.

죽음에 대한 위의 견해는 '죽으면 모든 것이 끝'이라는 생각을 전제하고 있습니다. '죽으면 모든 것이 끝'이라는 생각은 죽음에 대한 원초적인 두려움과 공포를 불러일으킵니다. 이 원초적인 두려움과 공포가 오늘날까지 질긴 생명력을 유지하고 있는 '죽음에 대한 가장 오래된 관념'의 뿌리입니다. 그것은 바로 '육체와 영혼의 분리'입니다. 즉 죽음은 육체의 죽음일 뿐 영혼의 죽음은 아니라는 믿음입니다. 소크라테스는 육체의 죽음은 오히려 영혼의 구원이라고 말합니다. 사람들은 육체만 죽을 뿐 영혼은 죽지 않는다는 관념이 죽음에 대한 원초적인 두려움과 공포로부터 자신들을 구제해 준다고 믿습니다. 하지만 이 믿음은 '현재의 삶'보다 '죽음 이후의 삶', '지금 여기의 삶'보다 '저기 너머의 삶' 즉, 이 세상의 삶보다 저 세상의 삶을 더 중요하고 가치 있다고 여기게 만듭니다. 그것의 가장 극단적인 형태가 내세의 구원 즉, '죽음 이후 영혼의 구원'을 핵심 가치로 내건 종교입니다.

여하튼 종교는 이 책에서 다루는 논의 밖의 문제이므로 여기에서 더 언급하지는 않겠습니다. 하지만 동·서양을 막론하고 철학의 흐름을 지배해 온 죽음에 대한 견해 역시 '육체와 영혼의 이분법'에서 벗어나지 못했습니다. 철학이 종교에 종속된 대표적인 사례 중 하나가 '육체와 영혼의 이분법'이라고 할 정도로, 그것은 내세의 구원에 대한 종교적 믿음을 더욱 공고하게 만드는 데 크게 공헌했습니다.

'소크라테스의 죽음'은 죽음의 의미를 사유했다는 점에서 최초의 철학적 죽음이라고 할 수 있습니다. 삶과 죽음 또는 육체와 영혼에 대한 소크라테스의 견해는 제자 플라톤에 의해 자세하게 기록되어 전해지고 있습니다. 그것이 유명한 철학 서적 『파이돈』입니다. 소크라테스는 독약을 마시기 전 탈옥을 권유하는 사람들에게 진정한 철학자에게 '죽음이란 무엇인가'에 대해 말하면서 탈옥을 거부합니다. 그는 죽음이란 '육체와 영혼의 분리'이자 불결한 육체의 감옥으로부터 고결한 영혼이 해방되는 것이기 때문에 '영혼의 구원'이라고 말합니다. 나아가 진정한 철학자가 추구하는 '순수한 진리의 획득'은 육체의 본성과 어리석음에서 영혼이 풀려날 때, 다시 말해 죽음으로만 가능하다고 말합니다.

> "죽은 다음에야 비로소 영혼은 육체를 떠나 홀로 있게 되기 때문이다. (…) 육체의 본성에 전염되지 않고 (…) 육체의 어리석음으로부터 풀려날 때 우리는 순수하게 될 것이

며, 순수한 것과 사귈 것이며, 스스로 도처에서 밝은 빛을 보게 될 것이다. 그런데 이 빛은 바로 진리의 빛이다. (…) 영혼이 육체로부터 분리되는 것이 바로 카타르시스(淨化)가 아닌가? 곧 영혼이 모든 방면에서 육체로부터 벗어나 자기 자신으로 응집하고 결합하며, 저 세상에서와 마찬가지로 이 세상에서도 가능한 한 영혼이 자기 자신의 자리에 홀로 머물러 있는 습관, 이것이야말로 영혼이 육체의 쇠사슬로부터 풀려나는 것이 아닌가? (…) 영혼과 육체의 이러한 분리 혹은 해방을 죽음이라고 부르지 않는가? (…) 진정한 철학자만이 항상 영혼을 해방시키려고 노력하는 것이야. 영혼과 육체의 분리 혹은 해방은 그들의 각별한 관심사가 아닌가?"

— 플라톤, 『소크라테스의 변명』[2]

죽음을 '육체와 영혼의 분리'로 보는 견해는 동양철학 역시 별반 다르지 않습니다. 동양철학의 주류를 대표하는 유가(특히 성리학)의 '혼백魂魄 사상'이 바로 그것입니다. 유가의 견해에 따르면 인간은 혼魂과 백魄이 결합되어 태어나고, 혼과 백이 분리되어 죽음에 이릅니다. 여기에서 혼은 '영혼', 백은 '육체'를 가리킵니다. 사람이 죽어 혼과 백이 분리되면, 혼은 저승으로 가고 백은 땅으로 돌아갑니다. 다만 유학에서는 영혼의 불멸성不滅性을 부정하기 때문에, 죽은 후 인간의 영혼은 4대 즉 아들-손자-증손자-고손자까지만 존속한다고 여깁니다. 다시 말해 죽은 지 4대가 지나면 영혼 역시 소멸합니다. 이것이 4대 봉사奉祀 즉, 4대까지 제사를 지내는 이유입니다.

    죽음을 육체와 영혼의 분리로 보면, 육체는 영혼과 대립하고 삶 역시 죽음과 대립하게 됩니다. 육체와 영혼이 대립하면 육체보다는 영혼이 더 삶을 지배하게 됩니다. 육체는 일시적으로 존재하는 반면 영혼은 영원히 존재하기 때문입니다. 또한 육체의 본성은 불결한 반면 영혼의 본성은 순수하기 때문입니다. 삶과 죽음이 대립하면 삶보다 죽음이 더 삶을 지배하게 됩니다. 삶은 불결한 육체의 감옥으로부터 벗어날 수 없습니다. 순수한 영혼은 오직 죽음으로만 획득할 수 있습니다. 따라서 삶은 단지 죽음 이후 즉, 영혼의 구원을 위한 예비 단계이자 준비 과정일 뿐입니다.

    물론 '육체와 영혼의 이분법'에 뿌리를 둔 죽음에 대한 견해와는 전혀 다른 주장 역시 철학사에는 존재합니다. 그 대표적인 철학자가 고대 그리스의 에피쿠로스입니다. 그는 육체와 영혼(정신)은 분리될 수 없다고 주장합니다. 죽음이란 육체의 죽음이자 영혼(정신)의 죽음입니다. 죽음 이후에는 육체의 감옥도 존재하지 않고 영혼(정신)의 구원도 존재하지 않습니다. 에피쿠로스는 세상 사람들은 죽음을 가장 끔찍한 불행이라고 하지만, 사실 죽음은 우리에게 아무것도 아니라고 주장합니다. 왜 그럴까요?

> "가장 끔찍한 불행인 죽음은 사실 우리에게 아무것도 아닙니다. 우리 자신이 존재하고 있는 한 죽음은 우리와 아무 상관없다. 하지만 죽음이 우리를 찾아왔을 때 우리는 이미 사라지고 없다. 따라서 우리가 살아 있든 이미 죽었든 간에 죽음은 우리와 무관하다. 살아 있을 때는 죽음이 없고 죽었을 때는 우리가 없기 때문이다."
>
> – 에피쿠로스, '메노이케우스에게 보내는 편지'[3]

 죽음은 인간 존재 자체의 소멸인데, 육체가 어디 있고 영혼이 어디 있다 따지는 게 다 무슨 소용이냐는 얘기입니다. 그럼 죽음에 대한 장자의 견해는 무엇일까요? 육체와 영혼은 분리할 수 없다는 점에서는 에피쿠로스의 견해와 비슷하지만, 죽음을 모든 것의 소멸이 아닌 새로운 삶의 시작으로 본 점에서는 에피쿠로스와 대립합니다.
 삶은 왜 소중합니까? 삶이 소중한 이유는 언젠가는 죽기 때문입니다. 인간에게 죽음은 필연입니다. 이미 결정되어 있기 때문입니다. 다만 언제 어떻게 죽을지는 우연입니다. 죽음은 결정되어 있지만 언제 어떻게 죽을지는 결정되어 있지 않기 때문입니다. 죽음이 있기 때문에 삶은 소중합니다. 이러한 까닭에 장자의 철학은 '삶과 죽음의 문제'에 대해 이렇게 질문합니다. "왜 삶에 대해 고민하지 않고 죽음에 대해 고민하는가?" 저기 너머의 죽음을 고민하지 말고 지금 여기의 삶을 고민하라는 것입니다.

어떤 죽음을 맞이할 것인가 하는 문제는 결국 어떤 삶을 살 것인가의 문제로 귀결될 수밖에 없습니다. 왜냐하면 좋은 삶을 살면 좋은 죽음을 맞이할 것이고, 나쁜 삶을 살면 나쁜 죽음을 맞이할 것이기 때문입니다. 장자는 삶을 좋게 여기면 죽음도 좋게 여기고, 삶을 나쁘게 여기면 죽음도 나쁘게 여긴다고 말합니다. 이렇듯 장자는 삶의 관점에서 '죽음'을 바라보지, 죽음의 관점에서 '삶'을 바라보지 않습니다. 장자에게 죽음은 '삶의 마지막'이 아니라 '새로운 삶의 시작'입니다. 결국 '죽음의 문제'는 '삶의 문제'입니다.

죽음을 '육체와 영혼의 분리'로 보는 견해에서는 현실의 삶보다 죽음 이후의 삶 즉, 영혼의 구원이 더 중요합니다. 현실의 삶은 죽음 이후의 삶에 종속되어 있습니다. 하지만 장자는 죽음 이후의 삶에 대해서는 말하지 않습니다. 인간의 지적 능력으로는 아무리 알려고 애써도 절대로 알 수 없는 영역의 문제이기 때문입니다. 무엇이 변해서 내가 되고 다시 내가 변해서 무엇이 된다는 자연의 이치는 말할 수 있지만, 구체적으로 그것들이 무엇인지에 대해서는 결코 알 수 없습니다. 알 수도 없는 문제에 대해 왈가왈부하는 것은 아무런 의미도 없고 아무런 소용도 없습니다. 장자에게 죽음은 '한 존재의 삶이 다른 존재의 삶으로 변화'하는 것입니다. 육체는 죽고 영혼은 남는 것이 아닙니다. 육체와 영혼

장자의 철학은 삶과 죽음의 문제에 대해 이렇게 질문합니다. "왜 삶에 대해 고민하지 않고 죽음에 대해 고민하는가?" 저기 너머의 죽음을 고민하지 말고 지금 여기의 삶을 고민하라는 것입니다

은 모두 소멸합니다. 하지만 그 소멸은 끝도 마지막도 아닙니다. 어떤 존재의 소멸은 어떤 존재의 태동이기 때문입니다. 다시 말해 어떤 존재의 '죽음'은 다른 어떤 존재의 '태어남'입니다. 장자가 여러 우화를 통해 반복적으로 죽음은 '슬퍼할 일'이 아니라 오히려 '축복할 일'이라고 말한 까닭이 바로 여기에 있습니다.

삶은 필연적으로 죽음을 맞이합니다. 이 때문에 삶은 곧 끝없는 죽음입니다. 그러나 죽음은 삶의 마지막이 아닌 새로운 삶으로의 변화이기 때문에, 죽음은 또한 '새로운 삶의 시작'입니다. 장자는 삶을 '불'에 비유해, 삶 ⇒ 죽음 ⇒ 새로운 삶으로의 변화를 이렇게 말합니다.

"땔나무는 한번 다 타고 나면 끝이지만, 불은 다른 땔나무로 이어져 끝날 줄을 모른다."

– 『장자』 「내편」 '양생주'

'삶과 죽음'에 대한 견해는 장자 철학에서 아주 중요한 문제입니다. 장자 철학의 메시지가 '좋은 삶을 사는 지혜'라고 한다면, 좋은 삶을 살기 위해서는 '죽음'의 문제를 결코 도외시할 수 없습니다. 장자의 시대는 물론이고 오늘날에도 세상 사람들의 죽음에 대한 두려움과 공포를 이용해 이익을 챙기는 '죽음의 장사꾼들'이 지속적으로 좋은 삶을 잠식하고 파괴하고 있기 때문입니다. 이제 '삶과 죽음'에 대한 장자의 철학 속으로 들어가 보도록 하겠습니다.

아내의 장례식장에서 대야를 두드리며 노래를 부른 장자

장자의 생애과 행적은 분명하거나 확실한 것이 거의 없습니다. 장자에 관한 가장 오래된 기록은 사마천의 『사기』「노자·한비열전」입니다. 하지만 이 기록은 한자 235자字의 짧고 간단한 내용으로 장자에 관한 단편적인 사실만 전해 주고 있습니다. 여기에는 ① 장자의 출생지가 몽蒙 지방이라는 사실 ② 장자의 이름은 주周이고, 자字는 자휴子休라는 사실 ③ 고향에서 칠원漆園의 벼슬아치로 지낸 적이 있다는 사실 ④ 전국시대 중반기에 해당하는 양나라(위나라) 혜왕 및 제나라 선왕과 동시대 인물이라는 사실 ⑤ 장자의 철학은 세상 사람들에게 노자의 철학과 비슷하게 여겨졌다는 점 ⑥ 모든 학문에 통달해 10여 만 자字에 달하는 저서를 남겼고, 그 내용의 대부분은 우화로 이루어져 있다는 점 ⑦ 빼어난 문장과 비유로 유가와 묵가를 주로 공격하고 비판했다는 점 ⑧ 거센 물결처럼 거침이 없는 말과 글로 위대한 학자들, 권력자 및 위정자들을 신랄하게 조롱하고 풍자했다는 점 ⑨

초나라 위왕이 많은 재물과 재상의 지위를 미끼로 장자에게 자기 나라로 와 달라고 간청하지만 차라리 '더러운 시궁창'에서 사는 게 낫다면서 단호하게 거부한 일화 등이 간략하게 기록되어 있습니다.

그러나 사마천의 기록에는 장자의 개인 신상에 관한 정보는 전혀 담겨 있지 않습니다. 장자의 학문이 누구에게 배워 이룬 것인지 아니면 독학으로 이룬 것인지, 친구와 제자는 누구이고 어떤 관계를 맺었는지, 결혼은 했고 자식은 두었는지, 재물과 권력을 멀리한 장자가 어떻게 먹고 살았는지 등에 대한 정보는 전혀 찾아볼 수 없습니다. 더욱이 사마천 이후 장자의 생애와 행적에 관한 기록 역시 어디까지가 사실인지 확인할 수 없는 내용이 대부분입니다.

이 때문에 장자의 개인 신상에 관한 정보는 『장자』에 실려 있는 우화 속에 등장하는 인물과 그들이 엮는 이야기를 통해서 유추하는 게 그나마 적합한 방법이라고 하겠습니다. 예를 들어 앞서 『장자』 우화 속 단골손님으로 등장하는 혜자(혜시)는 장자와 가장 가까운 사이였다고 해석할 수 있는 인물입니다. 혜자(혜시)는 양나라(위나라)의 재상을 지낸 인물입니다. 『장자』 「내편」 '제물론'에 보면, 장자는 혜자(혜시)를 가리켜 "책상에 기대 강론하며 다른 사람에게 자신을 드러내 보여 주기를 좋아하고, 꼭 밝히지 않아도 될 것을 밝히려는 어리석음"에 빠져 평생을 보낸 사람이라고 비판합니다. 하지만 『장자』 「내편」, 「외편」, 「잡편」의 전체 내용에 걸쳐 혜자(혜시)보다 더 장자와 가까운 인물로 나오는 사람은 없습니다. 『장자』 「외편」 '지락'에는 장자의 아내가 죽었을 당시의 이야기가 실려 있는데, 이때도 가장 먼저 조문을 간 사람으로 혜자(혜시)가 등장합니다. 이 우화의 내용으로 장자가 결혼을 했고, 자식까지 있었다는 사실을 추정해 볼 수 있습니다. 여하튼 이제 죽음에 관한 장자의 철학적 메시지가 가장 선명하게 담겨 있는 장자 아내의 죽음을 둘러싼 우화 속으로 들어가 보도록 하겠습니다.

　　어느 날 장자의 아내가 죽었다는 말을 듣고 혜자(혜시)가 조문을 갔습니다. 그런데 혜자는 상갓집에서는 여태껏 본 적도 들은 적도 없는 황당하고 해괴망측한 광경을 목격했습니다. 장자가 아내의 죽음을 슬퍼하기는커녕 두 다리를 뻗고 앉아 대야로 장단을 맞추면서 노래를 부르고 있는 것이 아닙니까! 혜자는 장자의 행동이 너무 심하다고 생각해 크게 힐책했습니다.

　　"자네의 아내는 함께 자식을 키우고 늙어 가다가 안타깝게도 먼저 죽음을 맞았는데 슬피 울지는 못할망정 어찌하여 노래를 부르며 즐거워하는가? 부끄럽지도 않은가. 세상 사람들로부터 마땅히 비난받을 일이네. 거기에다가 대야까지 두드리며 장단을 맞춰 노래를 하다니 심해도 너무 심하지 않은가."

　　아내의 죽음 앞에서 누가 봐도 황당하고 해괴망측하기 짝이 없는 행동을 한 장자는 어떻게 답변했을까요?

"아내가 죽고 난 뒤 나라고 어찌 슬픈 마음이 없었겠는가? 처음에는 어찌할 줄 모를 만큼 너무나 슬펐지. 그런데 정신을 차리고 곰곰이 생각해 봤지. 아내가 어떻게 태어났고 또 죽어서 어떻게 되는지 말일세. 먼저 아내의 뿌리를 생각해 보았네. 그랬더니 본래는 생명이 없었다는 생각이 들더군. 생명이 없었을 뿐더러 본래는 형체도 없었지. 형체만 없었던 것이 아니라 본래는 기氣(형체를 구성하는 기본 원소)마저도 없었어. 그냥 '무無(없음)'의 상태였던 거지. 그럼 어떻게 '무無'에서 '유有(있음)' 즉, 생명으로 변화가 일어났는지 또 곰곰이 생각해 봤지."

혜자는 아내의 죽음 앞에서 대야를 두드리며 노래를 부르는 장자의 행동도 황당했지만, 자신의 힐책에 장광설을 늘어놓는 장자의 언변은 더욱 못마땅했습니다. 하지만 장자는 아랑곳하지 않고 계속 말을 이어 나갔습니다.

"본래는 생명도 없고, 형체도 없고, 기氣도 없었는데, 까마득하고 어렴풋한 것들 속에 무엇인가가 뒤섞여 있다가 변화가 일어나서 기氣를 갖게 되었네. 다시 기氣가 변해서 형체를 갖게 되었고, 다시 형체가 변해서 생명을 갖게 되었던 거지. 아내는 그렇게 생명을 갖고 태어난 것이네. 그리고 지금 다시 변화가 일어나서 죽어 갔지. 이것은 자연의 기氣가 서로 뒤섞이고 어우러져서 봄, 여름, 가을, 겨울 등의 사계절로 변화하는 이치와 무엇이 다른가! 더구나 아내는 천지天地라고 하는 거대한 방에 편안하게 누워 있지 않은가! 만약 아내의 죽음을 두고 슬퍼 통곡한다면 그것은 나 자신이 변화하는 자연의 필연적인 이치를 부정하는 행동이라는 생각이 들었어. 그래서 울음을 그쳤지."

다른 사람이 겪은 일에 대해서는 평소 현명하게 판단하고 지혜롭게 대처하던 사람도, 막상 자신이 그와 같은 일을 겪게 되면 무지하고 어리석은 행동을 하는 경우를 주변에서 찾는 것은 어렵지 않습니다. 사람이 살면서 겪는 일 중에 '배우자의 죽음'보다 더 큰 사건이 있겠습니까? 다른 사람의 죽음 앞에서 '사람은 누구나 죽으니 너무 슬퍼하지 말라'고 말할 수 있지만, 정작 자신이 가장 사랑하는 가족의 죽음 앞에서 그렇게 말할 수 있는 사람이 몇이나 될까요? 그렇게 본다면 왜 장자가 '아내의 죽음'을 우화의 소재로 삼았는지 짐작해 볼 수 있습니다. 가장 사랑하는 사람인 '아내의 죽음'을 우화로 삼아 삶과 죽음에 관한 자신의 철학적 메시지를 세상에 던지는 것보다 사람들에게 더 강한 전달력을 가질 수 있는 게 있을까요?

그렇다면 여기 이 우화에 담긴 장자의 철학적 메시지는 무엇일까요? 삶과 죽음은 자연현상이며 자연의 변화에 불과하다는 것입니다. 삶과 죽음은 자연의 필연적인 변화여서 누구도 여기에서 벗어날 수 없습니다. 하지만 죽음은 삶의 끝 혹은 마지막이 아닙니다. 오히려 새로운 무엇으로의 변화 혹은 새로운 삶의 시작입니다. 끝이고 마지막이면 '슬퍼할 일'이지만, 새로운 것으로의 변화이자 시작이라면 마땅히 '축복할 일'이 아니겠습니까? 이 때문에 장자는 슬픔에 젖어 통곡하기보다 대야를 두드리고 노래를 부르면서 아내의 '새로운 시작 혹은 새로운 삶'을 축하해 주고 있었던 것입니다. 죽음을 마지막이 아닌 시작, 소멸이 아닌 태동, 사라짐이 아닌 태어남의 관점으로 바라보는 장자 철학의 요체를 이보다 더 잘 보여 주는 우화는 없습니다.

삶과 죽음은 무한 순환할 뿐이다!

도가의 3대 사상가로 불리는 열자는 일부 사람들 사이에서 장자의 스승이라고 알려져 있습니다. 장자 철학의 뿌리에 대해서는 예부터 여러 가지 주장이 분분합니다. 노자의 제자라는 학설, 열자의 제자라는 주장, 장상공자長桑公子의 제자라는 입장에서부터 심지어 공자의 수제자인 안회顔回 계통이라는 견해, 위나라 문후文侯의 스승이자 현자賢者인 전자방田子方의 문하에서 배운 유학자라는 주장, 맹자와 더불어 공자 사상의 양대 산맥이라는 입장까지 다양합니다. 하지만 노자, 열자와 더불어 장자를 도가의 3대 사상가라고 지칭하는 것이 일반적인 학설로 받아들여지고 있는 만큼, 장자 철학의 연원淵源이―긍정적이든 부정적이든―노자 및 열자와 관련되어 있다는 점은 부정하기 어렵습니다. 여하튼 『장자』의 우화 속에 열자가 빈번히 등장하는 것만 봐도, 장자의 철학에 열자가 직·간접적으로 영향을 끼쳤다는 사실은 어렵지 않게 짐작할 수 있습니다.

그럼 열자는 어떤 사람일까요? 노자나 장자 같은 도가 사상가들이 그렇듯 열자 역시 생애와 행적이 분명하지 않습니다. 도가 사상가들은 부와 권력, 명예와 출세를 멀리하는 삶을 살았습니다. 이 때문에 세상에 그들의 행적이 거의 남아 있지 않은 것은 어떻게 보면 지극히 자연스러운 일이라고 하겠습니다. 열자는 장자의 『장자』와 마찬가지로 『열자』라는 저서를 통해 후대 사람들에게 지속적으로 이름을 알렸는데, 그의 저서 역시 대부분 우화로 이루어져 있습니다.

열자는 대략 기원전 500년 전후 활동한 노자보다는 뒤지고, 기원전 300년 전후 활동한 장자보다는 앞선, 기원전 400년 전후에 활동한 인물로 추정하고 있습니다. 『열자』의 기록을 살펴보면, 열자는 정나라 포 땅에서 40년 동안 살았는데 아무도 그의 뛰어난 식견과 지혜를 알아보지 못할 만큼 권력이나 명예와 거리를 둔 삶을 살았다고 합니다. 춘추전국시대에 활동한 제자백가들은 하나같이 권력과 명예를 얻으려고 각 나라의 제후나 귀족들을 찾아다니며 유세했기 때문에 중국 전역을 여행하고 다녔습니다. 그래서 춘추전국시대를 제자백가의 시대 혹은 유세객遊說客의 시대라고 부르기도 합니다. 그런데 열자는 일반 백성들과 다름없는 삶을 살았기 때문에—다른 제자백가와는 다르게—전쟁과 흉년을 피해 이 나라 저 나라로 떠돌아야 했습니다.

삶과 죽음에 관한 장자의 철학이 열자의 사상으로부터 적잖이 영향을 받았다는 사실을 입증해 주는 여기 이 우화 역시 그가 이 나라 저 나라로 떠돌던 도중 우연히 겪게 된 일화를 소재로 삼고 있습니다. 어느 날 길가에 앉아 밥을 먹던 열자는 100년 묵은 해골을 발견합니다. 그 순간 열자는 삶과 죽음, 태어남과 사라짐이 끝없이 순환하는 자연의 이치를 떠올리고 쑥대를 뽑아 해골을 가리키면서 이렇게 말합니다.

"오직 나와 그대만이 그대가 아직 죽지도 않았고, 아직 태어나지도 않았다는 것을 알고 있지. 그대는 과연 슬프고, 나는 과연 기쁠까? 씨앗 가운데에는 만물이 변화하는 근원이 되는 원초의 씨앗이라는 것이 있지. 원초의 씨앗은 물속에서는 수초가 되고, 물가의 습지에서는 갈파래가 되고, 언덕에서 자라면 질경이가 되지. 그 질경이가 거름더미 속에서는 오족烏足이라는 독초가 된다. 오족의 뿌리는 땅속에서 풍뎅이 유충이 되며, 그 잎사귀는 땅 위에서 나비가 된다. 나비는 얼마 지나지 않아 변화해서 벌레가 되어 부뚜막 밑에서 생겨난다. 이 벌레의 모양은 마치 막 허물을 벗은 것 같은데 그 이름을 구철鴝掇(귀뚜라미)이라고 한다. 구철은 1000일 정도 지나면 새가 되는데 그 이름을 간여골乾餘骨(까치 또는 비둘기의 일종)이라고 한다. 간여골이라는 새의 침은 쌀벌레가 되고, 쌀벌레는 눈에놀이 벌레가 된다. 하루살이는 눈에놀이 벌레에서 생겨나고, 황황黃軦이라는 벌레는 구유九猷라는 벌레에서 생겨나며, 모기는 반딧불이에서 생겨난다. 양해羊奚라는 풀은 더 이상 죽순이 자라지 않는 오래된 대나무와 교합하여 청녕青寧이라고 불리는 대뿌리 벌레를 낳는다. 청녕이라는 대뿌리 벌레가 표범을 낳고, 표범은 말을 낳고, 말은 사람을 낳고, 사람은 다시 만물이 변화하는 근원으로 작용하는 원초의 씨앗으로 돌아간다. 이처럼 모든 사물은 다 원초의 씨앗에서 나와서 모두 원초의 씨앗으로 돌아간다."

— 『장자』「외편」 '지락'

열자는 생명의 순환 사슬을 통해 삶과 죽음, 태어남과 사라짐이 무한 순환하는 자연의 이치를 설명합니다. 여기 열자의 말을 과학적으로 해석하려고 한다면, 그것은 거기에 담긴 철학적 의미를 보지 못하는 어리석은 짓입니다. 달은 보지 않고 달을 가리키는 손가락만 보는 것이나 다름없다고 할까요. 과학에서는 증명이 중요하지만, 철학에서는 의미가 중요합니다. 과학은 증명을 통해 해석하지만, 철학은 의미를 통해 해석합니다. 그럼 여기 열자의 말에 담긴 철학적 의미는 어떻게 해석해야 할까요?

열자는 지금 살아 있고, 해골은 이미 죽었습니다. 그런데 열자는 자신과 해골은 똑같이 태어나지도 않고 죽지도 않았다고 말하면서, 살아 있는 자신은 기쁘고 죽은 해골은 슬픈 것이냐고 반문합니다. 열자는 삶과 죽음이 무한 순환하는 관점에서 보면, 살아 있는 자신과 100년 묵은 해골은 다르지 않다고 주장합니다. 원초의 씨앗에서 나와서 원초의 씨앗으로 돌아간다는 점에서 동일하다는 것입니다. 이 때문에 살아 있다고 해서 기쁜 것도 아니고 죽었다고 해서 슬픈 것도 아닙니다. 삶과 죽음은 나누어져 있지 않고 끝없이 이어져 있습니다. 살아 있는 열자와 100년 묵은 해골 역시 삶과 죽음으로 분리되어 있지 않고 연결되어 있습니다. 열자의 눈에 100년 묵은 해골은 그냥 길가에 나뒹굴고 있는 뼈다귀가 아니라 원초의 씨앗에서 나와 다시 원초의 씨앗으로 돌아간 존재입니다. 해골은 새로운 삶 곧 새로운 태어남의 가능성을 내재하고 있는 원초의 씨앗입니다.

더욱이 장자는 100년 묵은 해골이 원초의 씨앗으로 돌아가 새로운 태어남의 가능성을 내재하고 있는 존재라는 해석에서 더 나아가 해골 자체가 이미 어떤 사물의 모습으로 새롭게 변화한 (혹은 태어난) 존재라고까지 주장합니다. 장자는 모든 사물은 겉으로는 각자 다른 형상을 잠시 빌려 쓰고 있을 뿐 실제로는 한 몸으로 뒤섞여 있다고 말합니다. 따라서 삶과 죽음, 태어남과 사라짐은 인간의 눈에 그렇게 보일 뿐 실제로는 이것의 모습에서 저것의 모습으로의 변화, 저것의 모습에서 이것의 모습으로의 변화일 뿐입니다. 이러한 장자의 독특한 관점은 '자상호의 죽음'를 두고 공자와 제자 자공이 나눈 대화로 꾸며져 있는 우화에서 매우 뚜렷하게 찾아볼 수 있습니다. 이 우화는 『장자』「내편」'대종사'에 실려 있습니다.

    자상호, 맹자반, 자금장 세 사람은 '함께 있다는 생각 없이 함께 있을 수 있고, 도와준다는 생각 없이 도와줄 수 있는' 사이로 지내면서 '이런 모습 저런 모습으로 끝없이 변화하면서 삶을 잊고 죽음을 무시'하기로 의기투합한 친구였습니다. 이들 세 사람은 세상에 거리낌이 없고 마음에 거슬림이 없이 함께 어울렸습니다. 그런데 친구가 된 지 얼마 지나지 않아 자상호가 죽었습니다. 자상호가 죽었다는 소식을 들은 공자는 제자 자공을 보내 장례를 돕게 했습니다. 그런데 장례식장에 도착한 자공은 지금까지 자신이 겪은 장례식과 너무도 다른 광경에 깜짝 놀랄 수밖에 없었습니다. 어떤 사람은 거문고를 연주하고, 어떤 사람은 편곡을 하며 서로 어울려 노래를 부르고 있었기 때문입니다. 그 노랫소리는 이랬습니다.

    "아! 자상호여, 아! 자상호여. 그대는 이미 본래의 모습으로 돌아갔는데 우리는 아직 사람의 모습으로 남아 있구나."

그 광경을 지켜보던 자공은 너무나 당황한 나머지 잰걸음으로 다가가 물었습니다.

"죄송하지만 한 가지 여쭙겠습니다. 어찌하여 주검을 앞에 두고 노래를 부르시는 겁니까? 이게 예의에 맞는 일입니까?"

그런데 자공의 말을 듣고 있던 맹자반과 자금장은 서로 쳐다보고 "이 사람이 어찌 예의의 의미를 알겠는가?"라면서 웃는 것이 아닙니까! 반쯤 정신이 나간 자공은 돌아와 공자에게 자신이 겪은 해괴망측한 일을 말하면서 물었습니다.

"도대체 그들은 어떤 사람들입니까? 죽은 사람 앞에서 표정 하나 변하지 않은 채 노래를 부르는데, 뭐라고 말로 표현할 수 없는 감정이 일어났습니다. 그들은 대체 어떤 사람들입니까?"

자공의 물음에 공자는 이렇게 대답합니다.

"네게 조문하게 한 내 생각이 짧았구나. 그들은 삶을 몸에 붙어 있는 혹이나 사마귀 정도로 생각하고, 죽음을 등창이나 악창 같은 종기가 터지는 일쯤으로 여긴다. 삶과 죽음을 대수롭지 않게 여기는 것이다. 그런 사람들이 어찌 삶과 죽음의 선후先後와 소재所在를 밝히려고 하겠느냐? 그들에게 사물이란 잠시 각자 다른 모습을 빌려 쓰고 있지만 실제로는 서로 한 몸으로 뒤섞여 있다. 삶과 죽음 역시 마찬가지이다. 삶과 죽음은 반복하며 그 시작과 끝을 알 수 없다. 삶이 시작이고 죽음이 끝이냐 아니면 죽음이 시작이고 삶이 끝이냐? 알 수 없는 일이다. 그러니 무엇 하러 구태여 번거롭게 세속의 예의를 갖추고 장례를 치러서 사람들의 이목을 끌려고 하겠느냐?"

세상 사람들은 삶과 죽음을 분리해 보기 때문에 죽음을 애도합니다. 이들에게 삶과 죽음은 다른 것입니다. 하지만 맹자반, 자금장과 같은 이들은 삶과 죽음은 이어져 있으며 끝없이 변화 혹은 순환한다고 보기 때문에 죽음을 애도하기보다 오히려 축복합니다. 이들에게 삶과 죽음은 같은 것입니다. 삶과 죽음은 자연의 변화, 더 구체적으로 말하면 사물의 변화이고, 더 정확하게 말하면 겉으로 보이는 모습의 변화에 불과하기 때문입니다. 삶과 죽음이 시작과 끝이 아니라 무한히 반복 순환하는 것이라면 죽음을 싫어할 필요가 어디에 있겠습니까? 죽음을 싫어하지 않으면 죽음은 더 이상 두려움의 대상이 되지 못합니다. 장자는 바로 이 지점에서 죽음의 공포와 두려움으로부터 자유로워질 수 있는 삶의 가능성을 찾고 있는 것입니다.

죽음보다 참혹한
삶의 역설과 풍자

장자의 우화는 '역설과 풍자'가 가득합니다. '장자와 해골의 대화'로 구성된 여기 이 우화 역시 삶과 죽음 또는 이 세상과 저 세상에 관한 역설과 풍자로 꾸며져 있습니다. 바로 이야기 속으로 들어가 보겠습니다.

장자는 남쪽 초나라로 가다가 길에서 앙상하게 마른 채 뼈 모양만 남은 속이 빈 해골을 발견했습니다. 장자는 말채찍으로 해골을 치면서 물었습니다.

"그대는 삶의 욕망을 탐하다가 도리를 잃어서 이 지경이 되었는가? 아니면 나라가 멸망하는 재앙을 만나 도끼로 참수당하는 형벌을 받아 이 지경이 된 것인가? 아니면 악행을 저질러 부모님과 처자식에게 추한 꼴을 보인 것이 부끄러워 스스로 목숨을 끊는 바람에 이 지경이 되었는가? 아니면 추위와 배고픔의 환난을 만나서 이 지경이 된 것인가? 그도 아니면 늙고 수명이 다해서 이 지경이 되었는가?"

길가에 나뒹구는 가엾은 해골의 처지를 한탄하던 장자는 이내 해골을 끌어당겨 베개로 삼아 누워 있다가 잠이 들었습니다. 그런데 깊은 밤 장자의 꿈에 해골이 나타나 이렇게 말하는 것이 아닙니까!

"조금 전 그대의 말솜씨는 마치 변사辯士의 이야기처럼 능숙하고 막힘이 없더군요. 하지만 그대의 말을 하나하나 살펴보면 모두 살아 있는 사람의 번거로운 걱정거리나 괴로움에 불과합니다. 죽게 되면 살아 있을 때의 근심, 걱정, 괴로움은 아예 없습니다. 그대는 죽음의 세계에 대해 한번 들어 보겠습니까?"

장자가 듣고 싶다고 하자 해골은 계속 자신의 말을 이어 갔습니다.

"죽음의 세계에서는 위로는 임금이 존재하지 않고 아래로는 신하가 존재하지 않습니다. 봄·여름·가을·겨울 등 계절의 변화에 따라 이리 쫓기고 저리 쫓기며 사는 일도 없습니다. 천지天地의 장구長久한 시간을 계절로 삼아 살아가니, 천하를 소유하고 다스리는 제왕의 즐거움이라고 해도 이보다 더 즐거울 수는 없을 것입니다."

장자는 삶의 세계보다 죽음의 세계가 더 좋다는 해골의 말이 도저히 믿기지 않았습니다. 그래서 해골의 말이 진심인지 떠볼 생각에 넌지시 제안을 했습니다.

"내가 사람의 수명을 관장하는 사명신司命神에게 부탁해 그대의 육신을 살아나게 해서 뼈와 살과 피부를 만들어 온전하게 모습을 갖춘 다음 그대의 부모님과 처자식 그리고 동네 사람들과 친구들이 있는 곳으로 돌려보내도록 하겠습니다. 그대는 그렇게 하겠습니까?"

해골은 눈살을 심하게 찡그리고 이맛살을 크게 찌푸리면서 대답했습니다.

"나를 바보로 아십니까! 내가 왜 제왕의 즐거움이나 다름없는 죽음의 세계를 버리고 걱정과 근심이 가득한 삶의 괴로움을 다시 선택하는 어리석은 짓을 하겠습니까?"

앞서 말씀드렸듯이 장자는 삶의 관점에서 죽음을 바라봅니다. 그래서 죽음 이후 영혼의 삶을 부정합니다. 또한 저 세상의 존재 즉, 죽음의 세계의 삶 역시 부정합니다. 그런데 왜 이 우화에서는 죽음 이후 영혼의 삶 또는 죽음의 세계의 삶이 등장할까요? 또한 죽음의 세계는 왜 삶의 세계 즉, 현실의 삶과 대립할까요? 결론부터 말씀드리면 이 우화는 삶과 죽음에 대한 역설이자 현실 풍자입니다. 장자는 자기가 살던 시대의 삶을 어떻게 바라봤습니까? 앞서 장자의 철학이 추구하는 최고 가치라고 할 수 있는 '인간의 삶과 생명'을 파괴하는 절망의 시대로 바라봤다고 말씀드린 것을 기억하실 것입니다.

> 세상에 대한 장자의 절망감은 "'인간 존재가 가지고 있는 숙명적인 절망감' 따위의 표현은 사치라고 느껴질 정도로 처절한 것이었다. 옳다고 여겼던 모든 가치는 파괴되고, 인간에 대한 최소한의 배려조차 사라졌으며, '만인에 대한 만인의 투쟁'이 문자 그대로의 현실이 되었다. 맹자의 표현을 빌리자면 '짐승을 몰아 사람을 잡아먹게 만드는 것과 다름없는' 절망적인 시대였고, 고염무의 표현을 따르자면 '망국亡國의 시대'가 아니라 '망천하亡天下의 시대'였다."

– 이주희, 『생존의 조건, 절망을 이기는 철학』[4]

    왜 죽음을 싫어하고 삶을 좋아합니까? 삶을 기뻐하고 죽음을 슬퍼하는 이유는 무엇입니까? 앞서 인용한 『죽음이란 무엇인가』의 저자 셸리 케이건의 말처럼 '삶이 가져다주는 축복 혹은 선물'을 하나도 누릴 수 없다고 생각하기 때문입니다. 하지만 삶이 축복 혹은 선물이 아니라 저주 혹은 재앙이라면, 다시 말해 끔찍이 싫어하는 죽음보다 더 삶이 참혹하다면 어떨까요? 삶은 축복이며 선물이고 죽음은 저주이자 재앙이지만, 만약 삶이 죽음보다 더 끔찍하고 참혹하다면 그 삶에서 벗어날 수 있는 죽음이야말로 저주가 아닌 축복이고 재앙이 아닌 선물이 아니고 무엇이겠습니까? 장자는 여기 이 우화를 통해 삶보다 더 행복한 죽음이라는 역설을 보여주면서, 죽음보다 더 참혹한 자기 시대의 삶을 날카롭게 풍자하고 신랄하게 비판하고 있는 것입니다.

    삶이 좋으면 죽음이 나쁠 수 없습니다. 마찬가지 이치로 삶이 나쁘면 죽음이 좋을 수 없습니다. 결국 삶과 죽음의 문제에서 핵심적 관건은 '삶'이지 '죽음'이 아닙니다. 이러한 이유로 이 지점에서 장자가 던진 삶과 죽음에 대한 본래의 질문을 다시 새겨봐야 합니다.

    "왜 삶을 고민하거나 걱정하지 않고, 죽음을 걱정하거나 고민하는가?"

삶이 좋아야 죽음 역시 좋다면, 좋은 죽음을 위해서는 좋은 삶을 살아야 합니다. 다시 말해 좋은 죽음을 위해 애쓰지 말고 '지금 여기의 삶' 즉, 현실의 삶을 좋게 하려고 애써야 합니다. 좋은 삶을 살려고 애쓰다 보면 자연스럽게 좋은 죽음을 맞이할 수 있기 때문입니다. 그런 의미에서 장자 철학의 관점에서 보면, 죽음 이후의 삶을 위해 지금 여기의 삶을 괴롭히거나 희생하라고 주문하는 모든 철학적·종교적 견해는 '거대한 사기'에 불과합니다.

죽음을 의식하고 살면 삶은 혼란스럽고, 죽음을 잊고 살면 삶은 편안해진다!

이번 우화의 주인공은 공자와 그의 수제자 안연(안회)입니다. 안연이 어느 날 스승 공자에게 예전에 '상심觴深의 연못'이라고 불리는 넓고 크고 깊고 물살이 거센 곳을 건널 때 만났던 뱃사공에 대해 말했습니다. 그때 안연은 배를 다루는 뱃사공의 기술이 마치 귀신의 솜씨와 같아서 크게 탄복한 나머지 "배를 다루는 기술은 배워서 그렇게 되는 것입니까?"라고 물었습니다. 뱃사공은 배우면 그렇게 될 수 있다고 대답했습니다. 그러면서 "헤엄을 잘 치는 사람은 속성으로 배울 수 있고, 잠수부 같은 사람은 배를 단 한 번도 본 적이 없어도 바로 잘 다룰 수 있습니다"라고 말했습니다. 안연이 어떻게 그렇게 할 수 있는지 그 까닭을 알려 달라고 했지만, 뱃사공은 더 이상 아무 말도 해 주지 않았습니다. 뱃사공의 말을 도무지 이해할 수 없었던 안연은 공자에게 그 말의 뜻이 무엇인지 가르쳐 달라고 청했습니다. 안연의 이야기를 가만히 듣고 있던 공자는 다음과 같이 답했습니다.

"헤엄을 잘 치는 사람이 배를 다루는 기술을 속성으로 배울 수 있는 까닭은, 그가 물을 잊어버리기 때문이다. 배를 단 한 번도 본 적 없는 잠수부 같은 사람이 곧바로 배를 잘 다룰 수 있는 까닭은, 그가 깊고 거센 물을 마치 언덕과 같이 여기고, 배가 뒤집어지는 것을 마치 수레가 뒤로 밀리는 것과 같이 생각하기 때문이다. 배가 뒤집어지거나 혹은 뒤로 밀리는 등 온갖 일들이 눈앞에서 벌어진다고 해도 그의 마음을 혼란스럽게 하지 못하는데, 무슨 일을 마주하고 어디를 간들 여유롭지 않을 수 있겠는가?"

공자가 안연에게 한 설명이 이해되시나요? 잘 이해가 되지 않으실 것입니다. 장자의 우화는 해석에 그 묘미가 있으니까 함께 공자가 안연에게 한 답변의 뜻을 해석해 볼까요? 처음 헤엄을 배울 때를 떠올려 보십시오. 아무리 발버둥 치고 애를 써도 자꾸 물에 빠지는 까닭은 무엇입니까? 물속에 있다는 사실을 의식하기 때문입니다. 물속에 있다는 사실을 의식하기 때문에 물에 빠지지 않으려고 발버둥 치고 애를 쓰는 것입니다. 예를 들어─어렸을 적 걸음마를 배울 때를 제외한다면—땅 위를 걸을 때 넘어지지 않으려고 발버둥 치거나 애를 쓰지는 않지 않습니까? 그 까닭은 땅 위를 걷고 있다는 사실을 전혀 의식하지 않거나 잊어버리기 때문입니다.

그렇게 발버둥 치고 애를 써도 물에 빠지다가 배운 방법대로 헤엄치는 연습을 자꾸 하다 보면 어느 순간 물에 빠지지 않게 됩니다. 하지만 이때도 행여 물에 빠지지 않을까 하는 불안과 두려움을 떨쳐 버리지 못해서 여전히 물속에 있다는 사실을 의식하거나 잊어버리지 못합니다. 그 뒤 헤엄치는 방법이 익숙해져서 완전히 몸에 배게 되면 어떻게 됩니까? 마치 땅 위를 걸을 때 넘어질 걱정을 하지 않는 것처럼, 물에 빠지지 않을까 하는 불안과 두려움 없이 물속에서 헤엄을 칠 수 있게 됩니다. 이렇게 되면 물속에 있다는 사실을 의식하지 않거나 잊어버린 채 자연스럽고 자유롭게 헤엄을 칠 수 있게 되지요. 결국 물속에 있다는 사실을 의식할수록 또한 물에 빠지지 않으려고 애를 쓸수록 물속에서 헤어 나오지 못하는 혼란을 겪게 되는 반면, 물속에 있다는 사실을 의식하지 않거나 잊어버리게 되면 비록 물속에 있어도 마치 땅 위를 걸을 때와 같이 편안하고 여유로울 수 있게 됩니다. 공자는 헤엄을 잘 치는 사람은 배를 다루는 기술을 배울 때도 물을 의식하지 않고 잊어버려서 불안과 두려움으로 혼란을 겪지 않기 때문에 속성으로 배울 수 있다고 설명한 것입니다.

잠수부의 경우도 마찬가지입니다. 그는 자신이 물속 세계에 있다는 사실을 의식하지 않고 잊어버리기 때문에 물속 세계에 있을 때도 땅 위 세계에 있을 때와 똑같이 행동할 수 있습니다. 물속 세계의 깊고 거센 물살을 만나도 마치 땅 위 세계의 언덕과 같이 대처할 수 있고, 물속 세계에서 배가 뒤집어지는 위급한 일을 겪어도 마치 땅 위 세계에서 수레가 뒤로 밀리는 상황처럼 대응할 수 있습니다. 잠수부 역시 물속에 있다는 사실을 의식하지 않고 잊어버리기 때문에 어떤 상황에 놓이더라도 마음의 혼란을 겪지 않고 편안함과 여유로움을 유지할 수 있는 것입니다. 그래서 단 한 번도 배를 본 적이 없다고 해도 곧바로 배를 잘 다룰 수 있다고 말한 것입니다.

　삶과 죽음의 관계도 이와 같습니다. 죽음을 의식하면 의식할수록 죽음의 불안, 공포, 두려움이 삶을 혼란스럽게 만듭니다. 그래서 죽음을 의식하고 살면 삶은 혼란스러워집니다. 반대로 죽음을 의식하지 않거나 잊고 살면 더 이상 죽음을 근심하거나 걱정하지 않게 됩니다. 죽음을 근심하거나 걱정하지 않게 되면 온전히 지금 여기의 삶 즉, 현실의 삶에 집중할 수 있게 됩니다. 그래서 죽음을 잊고 살면 삶은 편안하고 여유로워진다고 한 것입니다. 여기 이 우화 속에서 공자는 뱃사공이 한 말에 숨어 있는 뜻을 풀어 준 뒤 안연에게 이렇게 경고합니다.

　"이기고 지는 내기를 할 때 상품으로 기왓장을 내걸면 아주 잘하는 사람이 있다. 그런데 기왓장보다 값이 나가는 은이나 동으로 만든 혁대 고리를 걸고 내기를 하면 어떨까? 조금 겁을 내고 두려워하며 주저하겠지. 그럼 황금을 걸고 내기를 하면 어떨까? 황금 때문에 마음이 어두워지고 혼란에 빠져서 잘 맞추지 못한다. 그 사람이 지닌 내기의 솜씨(기술)는 같은데 이렇게 달라지는 까닭은 무엇이냐? 외물外物에 대한 집착 때문에 마음이 어두워지고 혼란에 빠졌기 때문이다. 무엇인가에 집착하면 할수록 마음은 혼란을 겪을 수밖에 없게 된다."

마찬가지 이치로 죽음에 대한 집착이 심하면 심할수록 삶의 혼란 역시 더욱더 심해지게 됩니다. 그런 점에서 뱃사공을 둘러싼 '공자와 안연의 우화'는 죽음에 대한 집착은 삶을 불안하고 혼란스럽게 만들지만, 죽음을 의식하지 않고 잊고 살면 삶은 편안하고 여유로워진다는 철학적 메시지를 담고 있습니다.

그렇다면 어떻게 해야 죽음을 의식하지 않고 잊어버린 채 살아갈 수 있을까요? 앞서 얘기한 헤엄치는 방법에 비유하여 설명해 보겠습니다. 이 방법에는 세 가지의 과정이 필요합니다. 첫 번째는 '학學의 과정'입니다. 헤엄치는 방법을 배우는 것처럼, 무엇보다 먼저 죽음의 철학 즉 죽음은 무엇이고 어떤 의미인지에 대해 배워야 합니다. 죽음이 무엇인지를 배우는 것은 다르게 표현하면 좋은 삶을 사는 지혜를 배우는 것이기도 합니다. 두 번째 과정은 '습習의 과정'입니다. 이것은 '익힌다'는 뜻 그대로 배운 것을 익숙해질 때까지 반복해 연습하는 과정입니다. 다시 말해 앞서 배운 죽음의 철학을 삶 속에서 익숙해지도록 반복적으로 연습하고 실천하는 것입니다. 세 번째 과정은 '관慣의 과정'입니다. 죽음의 철학이 익숙함을 넘어서 삶 속에 배게 되면 이제 더 이상 죽음을 의식하지 않고 잊어버린 채 살아갈 수 있게 됩니다. 그것은 죽음의 세계에 집중하는 것이 아니라 삶의 세계에 집중하는 것입니다. 죽음을 의식하지 않고 잊어버려야 비로소 온전히 좋은 삶에 집중할 수 있기 때문입니다. 죽음에 집중해서는 결코 좋은 죽음을 맞이할 수 없습니다. 좋은 삶에 집중할 때에야 비로소 좋은 죽음을 맞이할 수 있습니다.

사람이 싫어하는 것 중 '죽음'보다 더한 것이 없다면, 사람이 귀하게 여기는 것 중 '삶'보다 더한 것이 있을까요? 하지만 죽음에 대한 의식이 삶을 혼란스럽게 만드는 것과 마찬가지 이치로, 삶에 대한 집착 역시 죽음에 대한 공포와 두려움을 낳게 됩니다. 다음 이야기에서는 '진시황의 삶과 죽음'을 통해, 죽음에 대한 의식 못지않게 삶에 대한 집착이 어떻게 삶을 망가뜨리고 파괴하는지에 대해 살펴보도록 하겠습니다.

삶에 대한 집착이 죽음에 대한
두려움을 낳는다!

장자는 말합니다. "삶이란 사람이 이 세상에 태어날 때를 만나 그렇게 된 것이고, 죽음이란 이 세상을 떠나야 할 때가 되어서 그렇게 된 것이다." 따라서 "삶을 좋아하는 것은 미혹迷惑이고, 죽음을 싫어하는 것은 무지無知이다." 삶을 좋아하면 어떻게 될까요? 삶을 좋아하는 까닭은 살아 있을 때 누릴 수 있는 즐거움과 기쁨 때문입니다. 따라서 삶을 좋아하면 그 즐거움과 기쁨에 정신이 홀려서 갈팡질팡 헤매게 됩니다. 죽음을 싫어하면 어떻게 될까요? 사람에게는 누구도 예외가 없는 죽음을 망각하는 어리석음에서 빠져나오지 못하게 됩니다. 이 때문에 장자는 삶을 좋아해 갈팡질팡 헤매고, 죽음을 싫어해 어리석음에서 벗어나지 못하는 것을 가리켜 모두 "자연의 이치를 거스르는 형벌"이라고 말합니다. 아울러 삶을 좋아하지도 죽음을 싫어하지도 않는 것을 가리켜 '삶과 죽음의 고통'에서 벗어났다고 말합니다.

장자는 왜 삶을 좋아하면 안 된다고 말할까요? 삶의 즐거움과 기쁨에 집착하기 때문입니다. 삶의 즐거움과 기쁨에 집착하면 어떻게 될까요? 삶의 즐거움과 기쁨에 대해 집착하면 죽음을 싫어하거나 증오하게 됩니다. 죽음을 끔찍하게 싫어하게 된다는 말입니다. 죽음을 끔찍하게 싫어하면 어떻게 될까요? 죽음의 불안,

공포, 두려움이 지배하게 되면서 삶은 혼란스러워지게 됩니다. 결국 삶의 기쁨과 즐거움에 대한 집착이 죽음에 대한 공포와 두려움을 낳고, 다시 죽음에 대한 공포와 두려움이 삶을 망가뜨리거나 파괴하는 악순환이 일어나게 되는 것입니다.

불로장생을 꿈꾸다 몰락한 진시황의 이야기는 삶의 즐거움과 기쁨에 대한 집착이 어떻게 한 인간의 삶은 물론 죽음까지 철저하게 망가뜨리고 파괴하는지 잘 보여 줍니다. 진시황의 삶은 중국 통일 이전과 이후로 나누어 살펴봐야 합니다. 진시황에 관한 기록을 읽어 보면, 통일 이전의 진시황과 통일 이후의 진시황은 완전히 다른 사람이기 때문입니다. 진시황 하면 떠오르는 '폭군'의 이미지는 통일 이후의 진시황이고, 통일 이전의 진시황은 어진 임금은 아니지만 최소한 자기 통제력과 판단력을 갖춘 현명한 임금이었다고 평가할 수 있습니다.

만약 폭군이었다면 진시황이 어떻게 춘추전국시대 550여 년 동안 어느 누구도 이루지 못한 중국 통일의 대업을 이룰 수 있었겠습니까? 그런데 아이러니하게도 550여 년 동안 아무도 이루지 못한 진시황의 통일 제국은 불과 15년 만에 멸망하고 맙니다. 통일 이전 현명한 임금이었던 진시황이 통일 이후 잔악무도한 폭군으로 변모했기 때문입니다. 도대체 왜 진시황은 그렇게 갑작스럽게 변했을까요? 삶에 대한 애착과 집착 때문에 불로장생을 꿈꾸었기 때문입니다.

진시황은 열세 살의 어린 나이에 진나라의 임금으로 즉위한 후 스물두 살 때 친정親政에 나서고 서른아홉 살이 되던 해에 중국 통일의 대업을 달성했습니다. 진시황은 통일 제국을 일군 자신의 업적이 역사상 전무후무한 위대한 일이라고 자부했습니다. 그래서 자신의 수중에 거머쥔 천하의 재부財富와 절대 권력을 영원히 누리고 싶은 욕망에 사로잡힙니다. 이때부터 삶에 대한 애착 및 집착과 동시에 죽음에 대한 두려움과 공포가 진시황의 모든 것을 지배하기 시작합니다.

진시황이 불로장생을 꿈꾸며 그 비법과 묘약을 구하자, 불사不死의 삶을 산다는 신선의 술법을 익힌 도사와 방사들이 전국 각지에서 진나라 수도 함양의 궁궐로 모여들었습니다. 그들은 불로장생의 묘약과 함께 불사의 삶을 사는 신선을 만나는 비밀스러운 방법으로 진시황의 마음을 현혹했습니다. 이때 진시황이 불로장생의 묘약으로 장기간 가까이한 것이 수은입니다. 진시황의 '수은 사랑'은 여러 기록을 통해 확인할 수 있습니다. 사마천의 『사기』 중 「진시황본기秦始皇本紀」에는 이런 내용이 등장합니다.

> "진시황은 막 제위에 올라 (황릉을 조성할 때) 수은으로 천하의 모든 하천과 큰 강은 물론 큰 바다까지 만들어 넣고는, 기계에 수은을 집어넣어 흐르게끔 만들었다."

더욱이 진시황은 수은을 장기간 복용한 것으로 추정됩니다. 당시 수은으로 만든 단약丹藥은 불로장생의 묘약으로 여겨졌습니다. 진시황이 통일 이후 '폭군'으로 갑작스럽게 변해버린 데는 수은 중독이 크게 작용했다고 할 수 있습니다. 기록으로 확인할 수 있는 통일 이후 진시황이 보인 병적인 집착과 이상 행동들은 수은과 같은 중금속에 중독되었을 때 나타나는 전형적인 증상들이기 때문입니다. 현대 의학은 수은 중독이 육체적 측면만큼이나 정신적인 측면에서 훨씬 더 심각한 위험성을 내포하고 있다고 말합니다. 수은 중독의 대표적인 증상은 지적 능력 저하, 과도한 신경질, 정서 불안, 인격 장애로 인한 정신적 변화입니다. 자기 감정을 컨트롤할 수 있는 능력과 주변 상황에 대한 판단 능력을 상실하게 된다는 뜻입니다. 자기 통제력과 판단력은 통일 이전 진시황이 지닌 가장 큰 장점이었습니다. 하지만 자기 통제력과 판단력을 잃어버린 진시황은 거듭해서 어리석은 행동들을 저질렀고, 그러한 어리석은 행동들이 쌓이고 쌓여서 마침내 통일 제국 진나라는 몰락의 구렁텅이에 빠지고 맙니다.

특히 진시황은 사망하기 2년 전, 자신의 삶과 죽음은 물론 통일 제국 진나라를 몰락의 구렁텅이로 밀어 넣는 치명적인 실책을 저지릅니다. 이 역시 삶에 대한 집착과 죽음에 대한 공포가 빚은 참으로 어리석은 행동이었습니다. 진시황은 시간이 지나도 불로장생의 묘약과 불사의 삶을 사는 신선의 비법을 찾지 못하자 초조해져서 도사와 방사들을 다그치기 시작했습니다. 자칫 거짓말이 들통나 목숨을 잃을 수도 있게 되자 노생 등과 같은 도사와 방사들이 나서서 "황제께서 머무시는 곳을 신하들이 알면 신선께서 찾아오는 데 방해만 됩니다. 바라건대 황제께서 머무시는 궁궐을 다른 사람들이 전혀 모르게끔 하셔야 신선이 찾아와 영생불사의 약을 얻을 수 있습니다"라고 하며 또다시 진시황을 속였습니다. 하루라도 빨리 불로장생의 묘약을 얻고 싶었던 진시황은 이 말을 들은 즉시 어명을 내려 자신의 거처를 말하는 자는 사형에 처하도록 했습니다. 이로 인해 진시황과 접촉하거나 혹은 거처를 아는 사람은 총애하는 신하와 환관 몇 명 등 극소수의 측근에 불과하게 되었습니다. 극도로 폐쇄적인 생활을 한 것입니다.

이런 폐쇄적인 생활 때문에 진시황이 마지막 순행 도중 사구沙丘라는 곳에서 객사했을 때, 이 사실을 알고 있는 사람은 측근의 몇몇 사람에 불과했습니다. 사마천은 진시황의 죽음을 알고 있던 사람은 "승상 이사, 진시황의 막내아들 호해, 조고를 비롯해 진시황의 총애를 받던 환관 대여섯 명"뿐이었다고 전합니다. 진시황은 죽기 직전 큰아들 부소를 후계자로 삼는다는 유언장을 작성했습니다. 하지만 밀봉한 편지가 사자使者에게 건네져 부소에게 보내지기 전에 세상을 떠나는 바람에 진시황은 뜻을 이룰 수 없었습니다. 환고 조고, 승상 이사, 진시황의 막내아들 호해 등이 진시황의 죽음을 철저히 감춘 채 비밀리에 유언장을 조작해 부소를 죽이고 황제의 자리를 찬탈했기 때문입니다.

불로장생의 묘약을 구하고 불사의 삶을 사는 신선을 만나겠다는 진시황의 어처구니없는 망상이 낳은 폐쇄적인 생활은 진시황의 거처와 행적 그리고 죽음까지도 세상 사람들이 전혀 알 수 없게 막아 버렸습니다. 그 덕분에 조고와 이사 그리고 호해 세 사람은 쉽게 유언장을 조작해 황위를 찬탈할 수 있었습니다. 진시황이 객사한 사구에서 수도 함양까지는 엄청나게 먼 거리였습니다. 그런데 어떻게 조고와 이사, 호해 등은 그토록 오랜 시간 동안 진시황이 살아 있는 것처럼 모든 사람의 눈과 귀를 감쪽같이 속일 수 있었을까요? 그들은 진시황의 시신을 담은 관을 그의 전용 마차인 온량거 안에 안치하고 도착하는 곳마다 살아 있는 것처럼 음식을 올리고 예전과 같이 모든 신하가 나랏일을 아뢰도록 했습니다. 조고를 비롯해 환관들은 온량거 안에 있다가 마치 진시황이 한 것처럼 신하들이 보고한 나랏일을 결재했습니다.

심지어 무더운 여름철 날씨 때문에 진시황의 시체가 부패하며 심한 악취가 나자 소금에 절인 엄청난 양의 고기를 온량거 안에 실어 냄새를 숨겼습니다. 그렇게 세상의 눈과 귀를 속이고 무사히(?) 수도 함양에 도착하고 나서야 환관 조고와 승상 이사는 진시황의 죽음을 알리고 호해를 2세 황제에 즉위시켰습니다. 평소 진시황의 거처와 행적을 전혀 알 수 없었고 또한 알려고 했다가는 목숨을 잃고 멸문지화를 당할 수 있었기 때문에, 신하들은 그토록 오랜 시간 진시황의 모습을 보지 못했어도 조금도 의혹을 품지 않았을 뿐만 아니라 감히 의심하지도 못했습니다. 진시황이 중국을 통일한 해가 기원전 221년이고, 죽은 해가 기원전 210년입니다. 서른아홉 살 때 중국을 통일하고 오십 세 되던 해에 세상을 떠났습니다. 그리고 그가 죽은 지 3년 뒤인 기원전 207년 통일 제국 진나라는 서초패왕 항우의 손에 의해 멸망하고 맙니다.

　　진시황의 삶에 대한 집착과 죽음에 대한 공포가 낳은 결과는 무엇입니까? 그것은 가장 먼저 진시황의 삶을 철저하게 망가뜨렸습니다. 죽음 역시 평소 자신의 계획과 너무도 다른 죽음을 맞았습니다. 마지막으로 영원히 누리고 싶었던 통일 제국 진나라의 재부와 절대 권력은 사상누각처럼 허망하게 무너져 버렸습니다. 삶에 대한 집착과 죽음에 대한 공포가 아무것도 남기지 않고 진시황 자신은 물론 통일 제국 진나라를 몰락의 구렁텅이로 밀어 넣었다고 하면 과장일까요?

현해懸解, 삶의 즐거움과 죽음의 두려움을 넘어서!

　그렇다면 장자의 죽음은 어땠을까요? 자신의 철학처럼 죽음을 맞았을까요? 철학과 삶이 일치하지 않은 사람도 많지 않습니까? 어쨌든 장자의 죽음에 앞서 도가 사상의 비조라고 할 수 있는 노자의 죽음을 장자가 어떻게 바라봤는지에 대해서부터 간략하게 살펴보도록 하겠습니다. 노자의 죽음은 『장자』의 맨 앞부분이라고 할 수 있는 「내편」 '양생주'에 실려 있고, 장자의 죽음은 『장자』의 가장 뒷부분이라고 할 수 있는 「잡편」 '열어구 列禦寇'에 기록되어 있습니다. 노자의 죽음과 관련한 이야기가 장자 자신의 기록이라면, 장자의 죽음과 관련한 이야기는 그의 제자들의 기록입니다.

노담(노자)이 죽었을 때 친구 진일이 조문을 갔는데 단지 세 번만 곡을 한 후 바로 나와 버렸습니다. 이 모습을 지켜보던 노담(노자)의 제자 중 한 사람이 진일에게 물었습니다. "선생님은 스승님의 친구 아니십니까?" 진일이 그렇다고 답하자, 노담의 제자들은 의아한 듯 "그런데 왜 그렇게 간단하게 문상을 하십니까?"라고 재차 물었습니다. 진일은 실망한 표정을 지으면서 "나는 그대들이 스승의 가르침을 받아 높은 경지에 도달한 사람이라고 여겼는데 지금 보니 그게 아니군"이라고 말했습니다. 노담의 제자들이 이해할 수 없다는 반응을 보이자 진일은 꾸짖듯이 말을 이어 나갔습니다.

"조금 전 내가 들어가서 조문할 때 늙은이들은 마치 자기 자식을 잃은 것처럼 통곡하고, 젊은이들은 마치 자신의 어미가 죽은 것처럼 통곡을 하더군. 그들이 장례식에 모여든 까닭은 노담이 칭송해 주기를 바라지 않았는데도 칭송하고, 통곡해 주기를 바라지 않았는데도 통곡하고 싶은 마음이 있었기 때문이지. 하지만 이것은 자연의 도리에서 벗어날 뿐만 아니라 자연으로부터 받은 본성을 잊어버린 것이다. 옛사람들은 이것을 가리켜 '자연의 이치를 저버려서 받게 되는 형벌'이라고 불렀다."

그러면서 진일은 태어남과 죽음은 무엇이고, 또한 어떻게 해야 삶의 즐거움 그리고 죽음의 두려움과 슬픔을 넘어서는 경지에 이를 수 있는지 깨우쳐 줍니다.

"그대들의 스승은 자연의 흐름에 따라 태어날 때가 되어서 태어난 것이고, 또한 자연의 변화에 따라 세상을 떠나야 할 때가 되어서 죽은 것이라네. 시간의 흐름과 자연의 변화에 딱 맞춰 태어나는 때를 편안하게 따르고, 죽는 때를 편안하게 맞이하면 삶의 즐거움도 죽음의 슬픔도 사람의 마음속으로 들어갈 수 없다. 옛사람들은 이것을 가리켜 '현해懸解'라고 했다."

'현해'란 하늘에 거꾸로 매달려 있다가 풀려난 것을 가리키는 말로, 끔찍한 고통과 재앙에서 벗어났다는 뜻을 지니고 있습니다. 여기에서는 삶의 즐거움과 죽음의 두려움으로 인해 겪게 되는 고통과 재앙에서 벗어나는 것, 다시 말하면 삶의 즐거움과 죽음의 두려움을 넘어선 상태를 의미합니다.

여하튼 노자의 죽음을 통해 장자는 죽음을 두려워하고 슬퍼하는 것은 자연의 도리에서 벗어난 것이고, 자연의 변화를 거스르는 것이며, 자연의 본성을 잊어버리는 것이자, 자연의 이치로부터 도망치는 것이라는 사실을 깨달았습니다. 또한 태어남, 삶, 죽음의 시간이란 모두 변화하는 자연의 흐름에 따른 것이므로 즐거워할 것도, 두려워할 것도, 또한 슬퍼할 것도 없다는 사실을 깨우쳤습니다.

그럼 이러한 깨달음과 깨우침은 장자 자신의 죽음에 어떤 영향을 미쳤을까요? 장자가 죽음을 맞이하려고 할 때 제자들이 당시의 예법과 관습에 따라 성대하게 장례를 치르려고 했습니다. 장자는 제자들을 만류하며 단호하게 말했습니다.

"나는 하늘과 땅을 관곽棺槨(겉관과 속관)으로 삼고, 해와 달을 연벽連璧(한 쌍의 옥)으로 삼고, 별들을 입에 물리는 구슬로 삼고, 만물을 저승길 가는 노잣돈으로 삼을 것이다. 이처럼 내 장례에 필요한 모든 것은 이미 다 갖추어져 있지 않느냐? 여기에 무엇을 더 보탤 게 있다는 말이냐?"

하지만 제자들은 장자의 말을 듣지 않고 더욱 간곡하게 요청했습니다. "저희들은 스승님의 시신을 까마귀나 솔개가 뜯어 먹을까 봐 두렵습니다." 제자들의 말을 듣고 있던 장자는 이렇게 나무랐습니다. "(풍장風葬하여) 내 시신을 땅 위에 두면 까마귀나 솔개의 먹이가 될 것이다. (매장埋葬하여) 내 시신을 땅 밑에 두면 땅강아지나 개미의 먹이가 될 것이다. 너희들은 땅 위쪽의 까마귀나 솔개의 먹이를 빼앗다가 땅 아래쪽의 땅강아지나 개미에게 주려고 하는가. 어찌 그렇게 공평하지 못한가? 어리석은 자들은 자신이 여태껏 보아 온 것에만 의지해 인위人爲의 세계에 빠져들어서 공적을 밖으로 드러내려고 하는데 이 또한 슬픈 일이 아니냐!"

장자에게 삶과 죽음이란 자연현상이자 자연의 흐름일 뿐입니다. 사람은 자연에서 와서, 자연과 더불어 살다가, 죽어서 다시 자연으로 돌아가 새로운 삶을 시작하는 것입니다. 태어날 때도 자연의 모습(일부)이고 삶을 살 때도 자연의 모습(일부)이고 죽어서도 자연의 모습(일부)인데, 죽음을 화려하게 장식하는 것이야말로 인위적인 것으로 자연적인 것을 해치는 행위가 아니고 무엇이겠습니까? 때에 맞춰 이 세상에 태어났다가 때가 되어서 이 세상을 떠나는 것인데, 죽음을 화려하게 꾸며서 애도하고 행적을 칭송해서 뭐 하겠습니까?

"삶의 이유를 알려고 하지 않고, 죽음의 이유도 알려고 하지 않는다. 삶과 죽음 가운데 어떤 것이 좋은 것이고 어떤 것이 나쁜 것인지는 알 수 없다. 태어나기 이전의 모습을 알려고 하지 않고, 죽고 난 뒤의 모습도 알려고 하지 않는다. 단지 사물과 한 몸으로 뒤섞여서 어떻게 변화하든 그것에 순응하며 자신으로서는 알 수 없는 변화를 기다릴 뿐이다. 변화가 막 일어나는 순간 아직 변화하지 않은 이전의 모습을 어찌 알 것이며, 아직 변화하지 않았을 때 이미 변화한 이후의 모습을 또한 어찌 알겠는가?"

－『장자』「내편」'대종사'

이 때문에 장자는 태어날 때와 죽을 때를 편안하게 받아들이고 자연의 변화에 순응한다면 삶의 즐거움도 죽음의 두려움과 슬픔도 끼어들 수 없다고 말합니다. 다시 말해 삶과 죽음을 편안하게 여기고 자연의 변화에 순응하는 것, 바로 그 지점에 삶의 즐거움 그리고 죽음의 두려움과 슬픔을 넘어서는 길이 존재한다는 것입니다.

삶도 좋게 여기고
죽음도 좋게 여긴다!

마지막으로 '삶과 죽음'에 대한 장자의 철학적 메시지가 함축되어 있는 우화 두 편을 소개하는 것으로 이 장을 마무리하려고 합니다. 장자는 이 두 편의 우화를 통해 삶과 죽음을 자연의 필연적인 변화로 받아들여 순응하면 삶도 좋게 여기고 죽음도 좋게 여길 수 있다는 사실을 구체적으로 일깨워 줍니다.

첫 번째 우화는 『장자』「내편」'대종사'에 실려 있는 '자사, 자여, 자리, 자래' 네 사람의 우정과 죽음에 관한 우화입니다. 자사, 자여, 자리, 자래 네 사람이 서로 이야기를 나누며 이렇게 말했습니다. "누가 무위無爲를 머리로 삼고, 삶을 등뼈로 삼고, 죽음을 엉덩이로 삼을 수 있는가? 누가 삶과 죽음, 보존과 멸망이 한 몸임을 알 수 있는가? 만약 그런 사람이 있다면 우리는 그와 사귀고 싶다." 네 사람은 서로 쳐다보며 웃고 마음에 거슬리는 것이 없자 마침내 서로 더불어 친구가 되었습니다.

그런데 얼마 지나지 않아 자여가 갑작스럽게 병에 걸렸습니다. 문병을 간 자사가 자여의 모습을 보고 깜짝 놀라 말했습니다. "기이하구나! 조물주가 그대를 꼬부랑이로 만들어 가고 있구나." 자여의 모습은 구부러진 곱사등이 등에 생겨났고, 오장五臟이 위쪽에 붙어 있으며, 턱은 배꼽 아래 파묻혔고, 어깨는 이마 위로 튀어나왔으며, 상투는 하늘을 향해 있었습니다. 음양의 기운이 어긋나 조화를 잃어버렸는데 기이하게도 자여의 마음은 여유로워 아무 일도 없는 것처럼 보였습니다. 자사의 말을 듣고 자여는 비틀거리며 우물가로 걸어가 자신의 모습을 비춰 보고선 말했습니다. "아아, 조물주여! 다시 나를 이렇게 꼬부랑이로 만들어 가는구나." 자사가 물었습니다. "그대는 이렇게 변한 모습이 싫은가?" 자여는 어떻게 대답했을까요?

"내가 왜 싫어하겠는가. 만약 나의 왼쪽 팔뚝을 천천히 변화시켜 닭이 되게 한다면, 나는 그 변화를 따라 새벽을 알리는 울음 소리를 내게 할 것이다. 나의 오른쪽 팔뚝을 서서히 변화시켜 탄환으로 만든다면, 나는 그 변화를 따라 새를 잡아 구워 먹을 것이다. 만약 나의 엉덩이를 천천히 변화시켜 수레바퀴로 만들고 또한 나의 정신을 말(馬)로 만든다면, 나는 그 변화를 따라 수레를 탈 것이다. 어찌 수레를 따로 준비할 필요가 있겠는가. 생명을 얻는 것은 우연히 때를 만나 그렇게 된 것이고, 생명을 잃는 것 역시 우연히 때를 만나 그렇게 된 것이다. 모두 자연의 변화에 따르는 것이니, 태어나는 때를 편안히 따르고 죽는 때를 순순히 맞이하면 즐거움이나 슬픔의 감정이 마음에 끼어들지 못한다. 이것이 옛사람들이 말한 '현해懸解(꽁꽁 묶인 채 거꾸로 매달려 있다가 풀려나는 것)'이지. 그런데도 사람들이 스스로 풀려나지 못하는 까닭은 마음이 다른 무엇인가에 묶여 있기 때문이다. 세상 그 어떤 것도 자연의 변화를 이기지 못한 지 오래되었는데, 어찌 내 모습의 변화를 싫어하겠는가?"

또 얼마 있다가 자래가 병에 걸려 숨을 헐떡이며 막 죽어가고 있었습니다. 자래의 아내와 자식들은 그를 둘러싼 채 슬퍼하며 울고 있었습니다. 문병을 간 자리가 그 모습을 보고 "쉿! 물러나십시오. 자연의 변화 작용을 방해하지 마십시오"라고 말했습니다. 그리고 자리는 창문에 기대어 자래에게 말했습니다. "위대하구나! 자연의 변화여. 다시 그대를 무엇으로 만들려고 하며 또한 어디로 데려가려고 하는가. 그대를 쥐의 간으로 만들려고 하는 것인가 아니면 벌레의 다리로 만들려고 하는 것인가?" 자리의 말을 듣고 있던 자래가 이렇게 말했습니다.

"부모가 자식에게 동서남북 어디로 가라고 하든 자식은 오직 그 말씀을 따라야 하지. 자연의 음양이란 사람에게 부모 그 이상이지 않은가. 그런데 지금 그 자연의 음양이 나를 죽음에 가까이 데려가려고 하고 있네. 만약 내가 따르지 않는다면 그것은 부모보다 더한 존재인 자연의 음양을 거역하는 셈이 아닌가. 음양의 변화가 무슨 잘못이 있겠는가! 대지는 내게 육신肉身을 주어 이 세상에 살게 하고, 삶을 주어 나를 수고롭게 하고, 늙음으로 나를 편안하게 하고, 죽음으로 나를 쉬게 해 주지. 그러므로 나의 삶을 좋게 여긴다면 같은 이유로 나의 죽음을 좋게 여겨야 하지 않겠는가."

그러면서 자래는 '대장장이와 쇠붙이'에 비유하여 '자연의 변화와 삶과 죽음'에 대해 이렇게 설명합니다.

"예를 들어 대장장이가 쇠붙이를 녹여서 무언인가를 만들려고 하는데, 쇠붙이가 뛰어 올라와 '나는 반드시 막야와 같은 명검名劍이 되어야 합니다'라고 한다면 어떻게 될까? 분명 대장장이는 '불길한 쇠붙이'라고 생각하겠지. 이제 한 번 우연히 사람의 모습으로 만들어져서 이 세상에 태어났을 뿐인데 '나는 영원히 사람으로만 살겠다'라고 한다면, 자연의 조물주가 뭐라고 할까? 분명 자연의 조물주는 '불길한 자'라고 생각하겠지. 비유하자면 하늘과 땅은 거대한 용광로이고, 자연의 변화는 대장장이일세. 어떻게 변화한다고 한들 좋지 않겠는가? 삶과 죽음이란 편안하게 잠들었다가 화들짝 깨어나는 것일 뿐이지."

두 번째 우화는 『장자』 「외편」 '지락'에 실려 있는 '지리숙과 골개숙의 우화'입니다. 지리숙과 골개숙이 일찍이 황제黃帝가 휴식을 취했던 '명백冥伯'이라는 언덕과 '곤륜崑崙'이라는 산에 가서 구경을 하고 있었습니다. 그런데 갑자기 골개숙의 왼쪽 팔꿈치에서 종양(혹)이 자라났습니다. 깜짝 놀란 골개숙은 처음에는 허둥대며 싫어하는 것처럼 보였습니다. 그 모습을 보고 있던 지리숙이 물었습니다. "자네는 그것을 싫어하는군." 그러자 골계숙이 이렇게 답했습니다.

"아닐세. 내가 왜 싫어하겠는가? 삶이란 본래 내가 잠시 빌린 것에 불과하지. 빌려서 살고 있기 때문에 삶이란 먼지나 때와 다름없지. 삶과 죽음이란 밤과 낮이 교대하는 것과 같지. 게다가 나는 자네와 더불어 이 두 눈으로 만물의 변화를 막 보고 있다가, 때마침 그 변화가 나에게 당도한 것이 아닌가. 그런데 내가 왜 그 변화를 싫어하겠는가."

여기에서 삶도 죽음도, 젊음도 늙음도, 건장하고 건강한 몸과 정신도 쇠약하고 병든 몸과 정신도 '좋다'는 말은 어떻게 해석해야 할까요? 이렇게 돼도 좋고 저렇게 돼도 좋다는 뜻이기도 하지만, 이것이 '소중한' 것처럼 저것도 '소중하다'는 뜻으로 해석하면 훨씬 이해하기 쉽습니다. 다시 말해 삶이 소중한 것처럼 죽음도 소중하고, 젊음이 소중한 것처럼 늙음도 소중하고, 건장하고 건강한 몸이 소중한 것처럼 쇠약하고 병든 몸도 소중하다는 것입니다. 왜 그렇습니까?

우리의 육체와 정신은 시간의 흐름에 따라 필연적으로 변화를 겪게 됩니다. 따라서 유년기, 청년기, 중년기, 노년기의 흐름에 따라 겪게 되는 육체와 정신의 변화를 받아들이고, 그 흐름과 변화에 맞춰 삶 역시 바꾸어야 합니다. 영원히 10대, 20대 혹은 30대, 40대의 육체와 정신으로 살 수 없기 때문입니다. 젊음도 일시적이고 혈기왕성함도 일시적인 것처럼, 건장하고 건강한 육체와 정신도 영원히 유지할 수 없습니다. 그러므로 젊음을 좋게 여긴 것처럼 늙음도 좋게 여겨야 합니다. 건장하고 건강한 육체와 정신을 소중하게 여긴 것처럼, 쇠약하고 병든 육체와 정신 역시 소중하게 여겨야 합니다.

왜 변화에 순응해야 합니까? 어떤 것도 항상恒常하지 않기 때문입니다. 모든 것은 무상無常하기 때문입니다. 삶도 변화이고 죽음도 변화입니다. 젊음도 변화이고 늙음도 변화입니다. 건강도 변화이고 질병도 변화입니다. 변화하는 자연의 관점에서 보면 삶과 죽음, 젊음과 늙음, 건강과 질병은 다르지 않습니다. 그래서 삶을 좋게(소중하게) 여기면 죽음도 좋게(소중하게) 여겨야 합

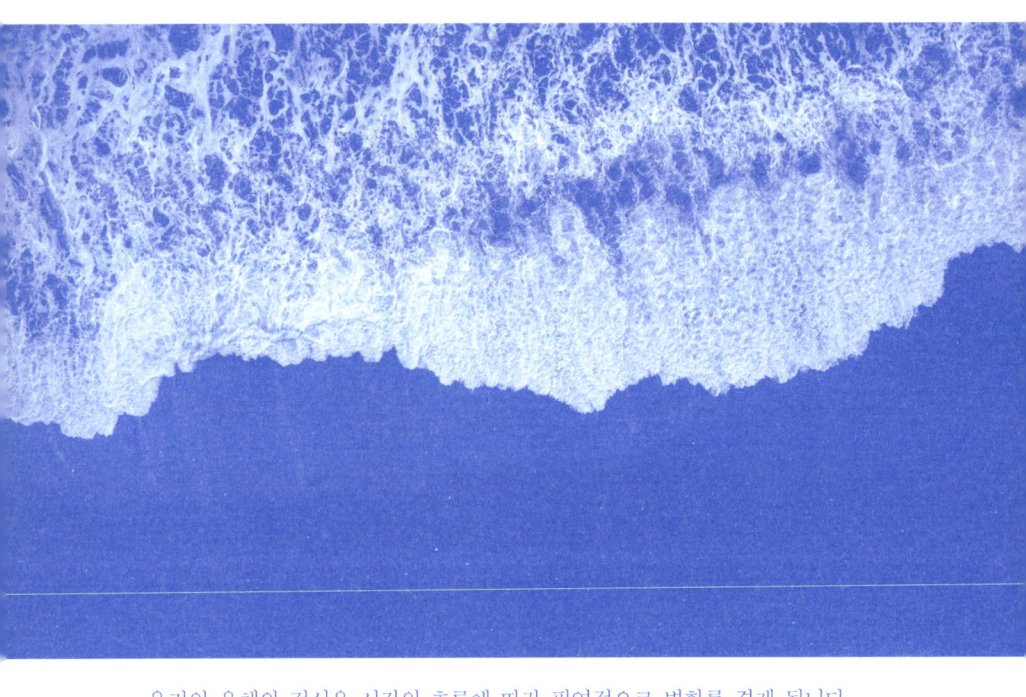

우리의 육체와 정신은 시간의 흐름에 따라 필연적으로 변화를 겪게 됩니다. 따라서 유년기, 청년기, 중년기, 노년기의 흐름에 따라 겪게 되는 육체와 정신의 변화를 받아들이고, 그 흐름과 변화에 맞춰 삶 역시 바꾸어야 합니다. 영원히 10대, 20대 혹은 30대, 40대의 육체와 정신으로 살 수 없기 때문입니다니다. 젊음을 좋게(소중하게) 여기면 늙음도 좋게(소중하게) 여겨야 합니다. 건강을 좋게(소중하게) 여기면 질병 역시 좋게(소중하게) 여겨야 합니다. 그때야 비로소 삶과 죽음, 젊음과 늙음, 건강과 질병의 고통과 재앙에서 자유로워질 수 있기 때문입니다.

지금 여러분은 변화에 순응하고 계십니까? 아니면 부정하고 계십니까? 마흔 이후의 삶은 앞으로 다가올 늙음의 시간들을 받아들이고 변화에 순응하는 지혜가 꼭 필요한 시간입니다.

6장

자유로운 삶을
위하여

'자유롭게 산다는 것'의 의미

대개 장자 철학을 가리켜 '우화의 철학' 또는 '자유의 철학'이라고 말합니다. 장자 철학을 담은 그릇이 '우화'라고 한다면, 그 그릇을 채우고 있는 내용은 '자유'이기 때문입니다. 장자 철학이 지향하는 삶은 무엇입니까? '무위자연無爲自然의 삶'입니다. 여기에서 무위란 '아무것도 하지 않는다'는 뜻이 아니라 '인위적으로 하지 않는다' 혹은 '인위적인 것에 얽매이지 않는다'는 뜻입니다. 자연이란 '세속을 떠나 자연으로 돌아간다'는 뜻이 아니라 '스스로 혹은 저절로 그렇게 된다'는 뜻입니다. 다시 말해 인위적으로 그렇게 되게 하는 삶이 아니라 스스로(혹은 저절로) 그렇게 되는 삶이 바로 장자 철학이 말하는 무위자연의 삶입니다. 그렇다면 장자 철학의 정수인 '무위자연의 삶'은 '자유로운 삶'과 어떻게 연결될까요?

이 지점에서 질문해 보겠습니다. 자유의 본성은 무엇입니까? 그 하나가 '독립성'이라면, 다른 하나는 '자율성'입니다. 자기 외부의 어떤 것에도 구속·속박당하거나 지배·통제받지 않는 것이 '독립성'입니다. '자율성'은 자기 외부의 어떤 것에도 기대지 않고 의존하거나 의지하지 않는 것, 다시 말해 자기 자신에게 기대거나 의존하고 의지하는 것 즉, 스스로 판단하고 선택하고 결정하는 것입니다.

이렇게 본다면 인위적으로 하지 않는다 혹은 인위적인 것에 얽매이지 않는다는 뜻의 '무위'는 자유의 본성 중 독립성과 유사한 개념입니다. 왜냐하면 인위적으로 한다 혹은 인위적인 것에 얽매인다는 것은 다르게 얘기하면 인위적인 것에 구속·속박당하거나 또는 지배·통제를 받는다는 의미이기 때문입니다. 장자는 이렇게 말합니다.

"지모智謀가 뛰어난 사람은 모략과 계책을 꾸밀 만한 변고가 발생하지 않으면 즐거워하지 않는다. 변설變說이 능숙한 사람은 논리와 주장을 펼칠 기회를 얻지 못하면 즐거워하지 않는다. 세상을 깐깐하게 살펴보는 것을 좋아하는 사람은 누군가를 욕하거나 꾸짖을 일이 일어나지 않으면 즐거워하지 않는다. 하지만 이들은 모두 특정한 대상에 얽매여 자신을 상실한 사람일 뿐이다."

— 『장자』 「잡편」 '서무귀徐無鬼'

아울러 스스로 혹은 저절로 그렇게 된다는 뜻의 '자연'은 자유의 본성 중 자율성과 유사한 개념입니다. 왜냐하면 스스로 혹은 저절로 그렇게 된다는 것은 다르게 말하면 다른 누군가의 힘이나 의지에 의해서가 아니라 자기 스스로의 힘이나 의지에 의해서 그렇게 된다는 의미이기 때문입니다. 장자는 이렇게 말합니다.

"내가 말하는 '귀가 밝다는 것'은 무엇인가? 다른 사람들이 정해 놓은 기준에 따라 듣는 것이 아니라 스스로 듣는 것을 말할 뿐이다. 내가 말하는 '눈이 밝다는 것'은 무엇인가? 다른 사람들이 정해 놓은 기준에 따라 보는 것이 아니라 스스로 보는 것을 말할 뿐이다. 자신의 기준으로 보지 못하고 다른 사람이 정해 놓은 기준으로 보는 것은, 자신이 얻고자 하는 것은 얻지 못하고 다른 사람이 얻고자 하는 것을 얻기만 하는 사람이다. 또한 다른 사람이 즐거워하고 만족하는 기준에 따라 즐거워하고 만족한다고 여기

> 며, 진실로 자기가 즐거워하거나 만족하는 것으로는 즐거워하지도 만족하지도 못한다. 다른 사람의 즐거움과 만족을 자기의 즐거움과 만족으로 여기고 정작 자신의 즐거움과 만족은 느끼지 못한다면, 그것은 다른 사람의 기준에 지나치게 편벽되어 갇히게 된 것이라고 할 수 있다."
>
> — 『장자』 「외편」 '병무'

동양 문화권에서 자유의 개념은 근대 이전과 근대 이후로 구분해 살펴볼 수 있습니다. 근대 이전 동양 문화권에는 자유라는 단어가 존재하지 않았습니다. 자유라는 단어는 일본의 근대 번역어입니다. 개념과 의미로 따져 보면, 동양 특히 한자 문화권에서 근대 이전 자유와 가장 가까운 한자어는 '불기(不羈)'라고 할 수 있습니다. 여기에서 '기(羈)' 자는 '얽매이다'는 뜻입니다. 어떤 것에도 얽매이지 않는 것을 자유롭다고 생각했다는 것을 짐작할 수 있습니다. 그 대표적인 사례를 일연 스님이 지은 『삼국유사』 속 '원효불기元曉不羈'에서 찾아볼 수 있습니다. 이것은 '원효대사는 얽매이지 않았다'는 뜻입니다. 스님이지만 불교 계율에 얽매이지 않는 자유분방한 삶을 산 원효대사의 행적을 '불기(不羈)'라는 단어로 집약해 표현한 것입니다.

앞서 언급했듯이 '자유'라는 단어는 영어 'Freedom'을 일본에서 한자어로 옮긴 근대 번역어입니다. '스스로 자(自)'와 '말미암을 유(由)'를 합성해 만든 단어입니다. 자유의 개념과 의미를 '어떤 것에 얽매이는 것'이라기보다는 '스스로에게 말미암는 것'으로 사유했다는 사실을 엿볼 수 있습니다. 이렇게 볼 때 근대 이전의 '불기'가 인위적인 것에 얽매이지 않는다는 뜻의 '무위'와 그 개념과 의미가 유사하다면, 근대 번역어인 '자유'는 스스로 혹은 저절로 그렇게 되도록 한다는 뜻의 '자연'과 그 개념과 의미가 유사하다고 하겠습니다. 그런 점에서 근대 이전 자유의 개념과 의미가 '무위'와 '독립성'에 무게 중심이 있다면, 근대 이후 자유의 개념과 의미는 '자연'과 '자율성'에 무게 중심이 있다고 해석할 수 있습니다.

자유의 개념과 의미가 외부의 어떤 것으로부터 구속·속박당하지 않고 지배·통제받지 않는 것뿐만 아니라 스스로의 힘으로 자신의 삶과 운명을 판단하고 선택하고 결정하는 것이라고 한다면, 태어날 때부터 신분과 계급에 예속될 수밖에 없었던 근대 이전에는 단 한 사람을 제외한 모든 사람이 자유롭지 않았다고 말할 수 있습니다. 철학적으로 '개인의 자유' 혹은 '자유로운 개인'은 신분적·계급적 예속과 종속에서 벗어난 근대 이후에야 성립될 수 있는 개념과 의미입니다. 왜냐하면 근대 이전에 개인의 자유를 누린 자유로운 개인은 단 한 사람 즉 '제왕'뿐이었다고 해도 과장된 말이 아니기 때문입니다. 제왕은 누구에게도 구속·속박당하거나 지배·통제받지 않았지만, 제왕을 제외한 모든 사람은 그에게 구속·속박당하고 지배·통제받았습니다. 또한 제왕은 자신은 물론이고 모든 사람의 삶과 운명을 판단하고 선택하고 결정할 권한을 유일무이하게 지닌 존재였습니다. 자유는 곧 주권입니다. 자신의 삶과 운명에 대한 자기 판단권·선택권·결정권을 누리고 행사할 때 비로소 인간은 자유롭다고 할 수 있습니다. 단 한 사람이라도 나의 자유를 구속·속박하고, 나의 삶과 운명을 지배·통제할 수 있다면 나는 절대로 자유로울 수 없습니다. 자유란―비록 형식적일지라도―어떤 것으로부터도 구속·속박당하지 않고 지배·통제받지 않는 상태에서 자신의 삶과 운명을 스스로 판단하고 선택하고 결정할 수 있을 때 비로소 성립되기 때문입니다.

그런 점에서 근대 이후의 자유를 간략하게 표현한다면, 그것은 다름 아닌 '홀로서기와 고독'입니다. 독립성과 자율성이란 '홀로 설 때 혹은 홀로 설 수 있을 때' 또는 '스스로 할 때 혹은 스스로 할 수 있을 때' 비로소 제대로 작동할 수 있기 때문입니다. 프랑스의 철학자이자 탈무드 주석가로 유명한 엠마누엘 레비나스는 『시간과 타자』에서 '자유, 홀로서기, 고독'의 관계에 대해 이렇게 말하고 있습니다.

> "고독은 홀로서기의 작업과 관련이 있다. (…) 주체는 하나이기 때문에 홀로 있다. (…) 시작의 자유, 존재에 대한

> 존재자의 지배가 가능하려면, 요컨대 존재자가 존재하려면 고독이 있어야 한다.
>
> — 엠마누엘 레비나스, 『시간과 타자』[1]

자유로운 인간 존재는 어떻게 시작할까요? '홀로서기와 고독'으로 시작합니다. 엠마누엘 레비나스가 말한 대로 '인간 존재에 대한 인간 자신의 지배가 가능하려면, 요컨대 개체이자 주체로서의 인간 자신이 존재하려면 고독과 홀로서기가 있어야 하기' 때문입니다. 누군가에게 구속·속박당하거나 지배·통제당하는 것은 두말할 필요도 없고 누군가에게 기대거나 의지·의존한다면, 그것은 자신의 삶과 운명이 바로 그 누군가에 의해 판단되고 선택되고 결정된다는 뜻입니다. 누군가가 자신의 삶과 운명을 판단하고 선택하고 결정한다면, 그 삶과 운명은 바로 그 누군가에게 예속·종속되어 있다고 말할 수 있습니다. 누군가에게 예속·종속되어 있는 사람이 어떻게 자유롭다고 할 수 있겠습니까? 이러한 까닭에 '자유를 위하여 비상해 본 사람만이 자유가 얼마나 고독한 것인지, 자유를 쟁취하기 위한 혁명이 얼마나 고독한 것인지를 안다'고 말한 시인 김수영은 자유의 본질을 정확히 꿰뚫어 봤다고 할 수 있습니다. 자유는 곧 홀로서기이고, 홀로서기는 곧 고독이기 때문입니다.

여하튼 장자가 말한 '무위자연의 철학과 삶'이 독립성과 자율성이라는 자유의 두 가지 본성을 통섭하고 있다는 점에서, 그가 얼마나 철저하고 깊게 '자유의 철학'을 탐구하고 '자유로운 삶'에 대해 사유했는지 짐작해 볼 수 있습니다. 특히 무엇보다 장자의 자유가 외부의 구속·속박이나 지배·통제에 대해 거부하고 저항하거나 또는 그것으로부터 탈주하는 것을 넘어서 스스로 자기 삶과 운명의 가치·기준·질서를 창조하려고 했다는 사실에 주목해야 합니다. '자유롭게 산다는 것'의 진정한 의미는 단순히 자유를 구속·속박·지배·통제하는 것들에 대한 거부나 저항을 뛰어넘어 스스로 자유로운 삶의 가치·기준·질서를 창조할 때에야 성취될 수 있기 때문입니다. 그 지점에서 근대의 사유 혹은 근대 너머의 사유로까지 나아간 장자의 자유로운 삶과 철학이 지니는 참된 가치를 사색해 볼 수 있습니다. 또한 바로 지금 여기 이 지점에서 '관념의 자유'가 아닌 '삶의 자유'는 어떻게 가능한지 모색할 수 있을 것입니다.

자유로부터의 도피

인간의 삶에는 자유를 향한 충동 및 의지와 동시에 자유에 대한 일상적인 억압과 통제가 공존하고 있습니다. 억압과 통제는

'자유롭게 산다는 것'의 진정한 의미는 단순히 자유를 구속·속박·지배·통제하는 것들에 대한 거부나 저항을 뛰어넘어 스스로 자유로운 삶의 가치·기준·질서를 창조할 때에야 성취될 수 있습니다.

외재적일까요, 내재적일까요? 외재적이면서 내재적입니다. 억압과 통제는 본래 외부의 것입니다. 하지만 그 억압과 통제가 받아들여지는 순간, 그것은 더 이상 외부의 것이 아닌 내부의 것으로 전환됩니다. 억압과 통제가 내부의 것으로 전환되면, 그것에 대한 거부와 저항은 일어나지 않게 됩니다. 오히려 억압과 통제에 자발적으로 복종하게 됩니다. 다시 말해 외부의 어떤 억압과 통제 때문에 복종하는 것이 아니라 자신의 판단과 선택과 결정에 의한 자발적 복종이 일어나게 됩니다. 이 지점에서 자발적 복종을 자신의 자유로운 판단·선택·결정이라고 생각하는 착각이 발생합니다. 하지만 그것은 역설적이게도 자유로부터의 도피이자 도망입니다.

외부의 억압과 통제가 내부의 자발적 복종으로 전환되는 과정은 크게 두 가지 경우로 살펴볼 수 있습니다. 하나는 처음에는 외부의 억압과 통제에 대해 거부하고 저항하다가 그것을 받아들이면서 내부의 자발적 복종이 일어나는 경우입니다. 다른 하나는 처음부터 아무런 거부 반응이나 저항 작용 없이 외부의 억압과 통제를 받아들이면서 내부의 자발적 복종이 일어나는 경우입니다. 그럼 두 가지 경우 중 어떤 것이 더 중요하고 핵심적일까요? 후자의 경우입니다.

왜냐하면 후자의 경우는 대부분 우리가 어린 시절부터 너무나 상식적이고 당연한 것으로 학습하고 훈육되어 온 것들이기 때문입니다. 사회적 관습, 도덕, 인습, 윤리, 예절, 예의, 문화, 질서, 규칙, 규범, 법, 제도, 이념, 종교 등이 대표적인 것들입니다. 차별, 혐오, 옳음과 그름, 아름다움과 추악함, 선과 악, 금기(억압된 욕망), 편견과 선입견 등도 마찬가지입니다. 이것들은 학습과 훈육에 의해 일단 내면화되면 너무나 상식적이고 당연한 것으로 여겨져서―학습되고 훈육되었다는 사실조차도 기억하거나 의식하지 못한 채―인간의 신체와 정신을 지배하게 됩니다. 더욱이 내면화된 이상 그것들에 대한 자발적인 복종은 자동적이고 무의식적으로 일어나게 됩니다. 이러한 까닭에 대부분의 억압과 통제는 '눈에 보이지 않고' '인식되지 못하며' '의식하지 못한' 채 발생하고 작용합니다. 이것이 바로 내면화된 억압과 자발적 복종의 기제가 형성되는 과정이고 작동하는 이치입니다. 즉 내면화된 억압과 자발적 복종은 대부분 자동적이고 무의식적인 반응과 작용으로 이루어져 있습니다.

  그렇다면 이렇게 만들어진 내면화된 억압과 자발적 복종의 기제를 장자는 무엇이라고 했을까요? 앞서 다루었던 '욕망'과 마찬가지로, 장자는 그것을 '성심成心(만들어진 마음)'이라고 불렀습니다. 내면화된 억압은 바로 '금지된 욕망'입니다. 자발적 복종은 다름 아닌 타자(혹은 사회)가 욕망하는 것을 욕망하도록 훈육된 '길들여진 욕망'입니다. 그래서 욕망은 대부분 내면화된 억압과 자발적 복종의 기제와 그것에 대한 자동적이고 무의식적인 반응과 작용으로 이루어져 있습니다. 삶의 자유를 가장 억압하고 통제하는 것은 다름 아닌 금지된 욕망과 길들여진 욕망입니다.

여하튼 장자는 성심은 인간의 신체와 정신, 나아가 삶의 모든 것을 지배하는 주재자라고 말합니다. 그리고 성심에 자발적으로 복종하는 한, 인간은 그것의 신하 혹은 노예에 불과하다고 주장합니다. 지혜로운 사람이든, 현명한 사람이든, 신중한 사람이든, 어리석은 사람이든, 멍청한 사람이든 상관없이 그리고 남녀노소를 가리지 않고 어느 누구도 성심의 지배와 작용으로부터 자유로울 수 없습니다. 또한 성심의 실체를 알고 있든 모르고 있든, 의식하든 의식하지 못하든 상관없이 그것은 자동적이고 무의식적으로 반응하고 작동합니다. 『장자』「내편」'제물론'에 기록되어 있는 장자의 말을 요약하면 이렇게 정리할 수 있습니다.

"변화의 이치를 꿰뚫어 보고 스스로 판단하는 사람뿐만 아니라 무지하고 어리석은 사람 역시 성심成心을 가지고 있다. 성심이 없는데도 옳음과 그름, 선과 악, 아름다움과 추악함, 차별과 혐오, 편견과 선입견이 작동한다는 것은 앞뒤가 맞지 않는 어불성설이다. 어디엔가 이 모든 것을 지배하는 진정한 주재자가 존재하는 것일까? 우리는 모두 진정한 주재자의 신하나 노예인가? 진정한 주재자의 실상을 알고 있든 모르고 있든 상관없이 모든 것에 성심이 작용한다는 참다운 진실에는 아무런 영향도 미치지 못한다."

이렇게 만들어진 내면화된 억압과 자발적 복종의 기제는 자동적이고 무의식적으로 자유를 향한 인간의 본능, 충동, 의지를 짓누릅니다. 그래서 우리가 의식하든 의식하지 못하든 인간의 삶에는 자유를 향한 충동과 의지 그리고 자유에 대한 억압과 통제가 일상적으로 충돌하고 있습니다.

예를 들어 보겠습니다. 가장 단순하고 쉽게 누릴 수 있다고 생각되는 삶의 자유는 무엇입니까? 말하고 싶을 때 말할 수 있는 자유, 먹고 싶을 때 먹을 수 있는 자유, 놀고 싶을 때 놀 수 있는 자유, 오고 싶을 때 올 수 있고 가고 싶을 때 갈 수 있는 자유, 자고 싶을 때 잘 수 있는 자유, 쉬고 싶을 때 쉴 수 있는 자유, 춤추고 싶을 때 춤출 수 있는 자유, 노래하고 싶을 때 노래할 수 있는 자유, 사랑하고 싶을 때 사랑할 수 있는 자유 등과 같은 것입니다. 얼핏 보면 전혀 어렵게 느껴지지 않습니다. 하지만 이렇게 단순한 삶의 자유에도 내면화된 억압과 자발적 복종의 기제가 작동합니다.

먼저 '말하고 싶을 때 말할 수 있는 자유'에 대해 생각해 볼까요? 수업 중, 모임 중 혹은 회의 중에 자기 발언과 주장을 하고 싶어도 스승과 제자, 선배와 후배 혹은 상사와 부하 사이의 보이지 않은 서열 문화와 관습 때문에 눈치껏 입 꾹 닫고 넘어가는 경우를 다들 겪어 보셨을 것입니다. 이 순간 말할 자유를 향한 충동 및 의지와 동시에 그것을 억압하는 내면의 기제가 충돌하게 됩니다. 그럼 이때 말할 자유에 대한 충동과 의지를 억압하는 것은 무엇입니까? 사회적 관습과 문화입니다. 다시 말해 내면화된 서열 문화와 관습이 말할 자유를 억압하고 동시에 그 관습과 문화에 자발적으로 복종하게 만든 것입니다.

그럼 '먹고 싶을 때 먹고 싶은 것을 먹을 수 있는 자유'는 어떻습니까? 말할 자유보다 간단해 보입니까? 아닙니다. 말할 자유보다 훨씬 더 강력한 억압과 복종의 기제가 작동합니다. 먹고 싶은 음식을 마음껏 배불리 먹고 싶어도 살찔까 봐 혹은 몸매를 유지하려고 먹지 못합니다. 이 순간에도 역시 먹을 자유를 향한 충동 및 의지와 그것을 억압하는 내면의 기제가 충돌하게 되겠죠. 그럼 이때 먹을 자유에 대한 충동과 의지를 억압하는 것은 무엇입니까? 신체에 대한 타자의(사회적) 시선과 기준입니다. 다시 말해 신체에 대한 타자의(사회적) 시선과 기준이 내면화되어 먹고 싶은 음식을 마음껏 먹을 자유를 억압하고 동시에 타자의(사회적) 시선과 기준에 복종하게 만든 것입니다.

또한 이념 혹은 종교의 구속과 통제 때문에 먹을 자유가 억압당하는 것은 얼마나 흔한 일입니까? 불교의 계율을 내면화하면 고기와 오신채五辛菜(마늘·파·부추·달래·아위)를 먹지 못하고, 유대교와 이슬람교의 율법을 내면화하면 돼지고기를 먹지 못하고, 힌두교의 관습을 내면화하면 소고기를 먹지 못합니다. 심지어 그것들을 모르고 먹었다고 해도 먹었다는 사실을 인지하게 되면 심한 죄책감과 죄의식으로 고통을 겪지 않습니까? 하지만 인간인 이상 고기를 먹고 싶은 욕구를 완전히 제거하는 것은 불가능하기 때문에, 이 경우에도 고기를 먹을 자유의 충동 및 의지와 그것을 억압하는 내면의 기제는 충돌하게 됩니다. 그럼 이때 고기를 먹을 자유의 충동과 의지를 억압하는 것은 무엇입니까? 종교의 율법과 계율 혹은 관습입니다. 다시 말해 내면화된 종교의 율법, 계율, 관습이 고기를 먹을 자유를 억압하고 동시에 그것들에 복종하게 만든 것입니다.

이렇듯 자유를 향한 충동 및 의지와 자유에 대한 억압과 통제는 우리 삶의 거의 모든 영역에 걸쳐 일상적으로 일어나고 있다고 해도 과장된 말이 아닙니다. 단지 그것을 인지하고 있는가 아니면 인지하고 있지 못한가, 그것을 의식하고 있는가 아니면 의식하지 못하고 있는가의 차이가 있을 뿐입니다. 그리고 그것을 인지하거나 의식하고 있든 혹은 인지하지 못하거나 의식하지 못하고 있든, 내면화된 억압과 자발적 복종의 기제가 작용한다는 사실에는 아무런 영향을 미치지 못합니다. 다시 말해 인지하지 못하거나 의식하지 못하는 사람에게만 작용하는 것이 아니라 인지하거나 의식하고 있는 사람에게도 똑같이 작용한다는 것입니다.

이러한 까닭에 내면화된 억압과 자발적 복종의 기제가 일상적인 삶에서 어떻게 작용하고 있는가를 성찰하는 것과 동시에 지금까지 망각한 채 살아 온 자유를 향한 본능, 충동, 의지를 자신의 삶에서 일깨워야 합니다. 그것이 바로 '자유로운 삶'으로 나아가는 첫걸음이기 때문입니다.

"4000년 중국의 역사는 식인의 역사였다!"

인간은 근본적으로 자유의 본능·충동·의지를 가지고 있습니다. 니코스 카잔차키스는 『그리스인 조르바』에서 이것을 "인간 존재 자체가 자유"라고 표현했습니다. 그렇다면 인간이 지닌 자유의 본능·충동·의지를 억압하고 통제하는 가장 강력하고 위험한 적은 무엇일까요? 니체는 '관습의 도덕'이라고 주장합니다. '관습'이란 인간이라면 마땅히 지켜야 할 도리와 규범을 말합니다. '관습의 도덕'은 관습에 근거하여 선과 악 또는 옳음과 그름 혹은 정의와 불의를 도덕적으로 판단하고 행동하는 일체의 것들을 가리킵니다.

왜 '관습의 도덕'이 자유로운 삶의 가장 강력하고 위험한 적일까요? 그것은 가장 눈에 보이지 않고, 가장 인지되지 못하며, 가장 자동적이고, 가장 무의식적인 반응이자 작용이기 때문입니다. 또한 인간의 삶에 가장 일상적이면서, 가장 광범위하게 작동하고 있기 때문입니다.

장자는 『장자』 「내편」 '인간세'에 나오는 '섭공 자고와 공자'의 대화를 통해 인간의 삶을 지배하는 '관습의 도덕'에 대해 이렇게 언급합니다.

> "세상에는 크게 경계해야 할 것이 두 가지 있다. 그중 하나는 천명天命이고, 다른 하나는 의리義理이다. 자식 된 사람이 자신의 부모를 사랑하는 것은 천명이다. 그러므로 마음속에서 버릴 수 없다. 신하가 임금을 섬기는 것은 의리이다. 세상 어디에 가나 임금이 없는 곳은 없으니 하늘과 땅 사이에 도망갈 곳이 없다. 이 두 가지를 일컬어 '크게 경계해야 할 것'이라고 한다. 이 때문에 부모를 모시는 사람은 장소와 처지를 가리지 않고 편안하게 해 드려야 하니, 이것이 '지극한 효도'다. 또한 임금을 섬기는 사람은 임금이 시키는 일은 어떤 일이라도 가리지 않고 편안하게 해 드려야 하니, 이것이 '지극한 충성'이다. (…) 이처럼 신하로서 혹은 자식으로서 사람은 본래부터 그만둘 수 없는 것이 있다. 자기 몸의 편안함과 위태로움을 잊을지언정 삶을 좋아하고 죽음을 싫어할 겨를이 어디에 있겠는가?"
>
> - 『장자』「내편」'인간세'

'부모에게 효도해야 한다, 임금에게 충성해야 한다'는 말은 우리나라를 비롯한 동양 문화권의 가장 기본적인 '관습의 도덕'인 삼강오륜三綱五倫 중 일부 내용입니다. 부모와 자식, 임금과 신하, 남편과 아내, 나이 많은 사람과 적은 사람, 윗사람과 아랫사람, 친구 사이에 마땅히 지켜야 할 도리와 규범을 규정하고 있는 삼강오륜은 장자가 말한 것처럼 '마음속에서 버릴 수 없고', '세상 어디에도 도망갈 곳이 없을' 정도로 인간의 삶을 절대적으로 지배하는 관습이고 도덕입니다. 특히 근대 이전 사회에는 여기에 대해 다른 견해나 의견을 제시할 필요 자체를 느끼지 못할 만큼 너무나 당연하고 상식적인 관습이자 도덕이었습니다. 만약 여기에 대해 의문을 품거나 반론을 제기한다면 불경죄 중 불경죄로 작게는 사회적으로 큰 비난을 받거나 매장을 당하고 크게는 목숨을 잃는 불상사를 겪어야 했습니다.

그런데 루쉰은 『광인일기』라는 소설을 통해 삼강오륜 같은 유학의 인의仁義 도덕과 관습이 지배한 4000년 중국의 역사는 '식인의 역사'라고 고발합니다. 삼강오륜 혹은 인의 도덕 때문에 인간이 인간을 잡아먹는 식인의 만행이 비일비재하게 발생했다는 것입니다. 충격적이지 않습니까? 도대체 왜 루쉰은 이렇게 말했을까요? 그 충격적인 이유를 찾아보기 위해 잠깐 『광인일기』 속으로 들어가 보겠습니다.

이 단편소설은 제목 그대로 세상 사람들이 자신을 잡아먹으려고 한다는 피해망상증에 시달리는 한 광인狂人의 일기로 구성되어 있습니다. 언제 잡아먹힐지 모를 두려움에 도무지 밤잠을 이루지 못한 광인은 왜 사람들이 자신을 잡아먹을 듯한 눈빛으로 쳐다보는지 그 내막을 연구하기로 마음을 먹습니다. 그래서 광인은 역사책을 펼쳐서 자세히 조사해 봤습니다. 이들 역사책을 조사하고 연구하면서 광인은 아주 중대한 사실 하나를 깨우치게 됩니다. 그것은 '인의 도덕仁義道德'이라는 글자들만 빼곡한 역사책 속 숨은 행간에 '식인食人'이라는 두 글자가 가득 쓰여 있다는 사실이었습니다.

> "모든 일은 모름지기 연구를 해 봐야 내막을 분명히 알 수 있다. 자고이래로 늘 사람을 잡아먹었다는 사실을 나도 기억은 하고 있지만 그다지 분명하지는 않다. 나는 역사책을 펴서 쭉 조사해 보았다. 이 역사책에는 연대는 없고 모든 책장마다 '인의 도덕仁義道德'이라는 글자들만 비뚤비뚤 쓰여 있었다. 나는 이리 뒤척 저리 뒤척 하며 잠을 이룰 수가 없어서 한밤중까지 자세히 살펴보았다. 그제야 글자들 틈새에서 또 다른 글자들이 보였다. 그것은 온 책 가득 쓰여 있는 '식인'이라는 두 글자였다!"
>
> —루쉰, 『광인일기』[2]

이 같은 깨우침 이후에 광인은 자신의 형님이 막 살림을 맡게 되었을 때 죽은 다섯 살밖에 안 된 어린 누이동생의 일을 떠올립니다. 그리고 자신의 형님이 바로 그 '인의 도덕' 때문에 어린 누이동생을 잡아먹은 '식인'을 저질렀다는 사실을 자각하기에 이릅니다. 왜냐하면 광인이 기억하는 한 그의 형님은 항상 "부모님이 편찮으시면 자식 된 사람은 반드시 자기 살을 한 조각 베어 푹 삶아서 드시게 해야 좋은 사람이라 할 수 있다"고 말해 왔기 때문입니다. 광인은 편찮은 부모님을 살릴 수 있다면 자기 몸은 물론 목숨까지 바칠 수 있어야 한다는 '효도의 관습 혹은 도덕'이 자신의 형님이 어린 누이동생을 잡아먹은 이유라고 생각한 것입니다. 그리고 광인 자신도 이 '식인의 역사'에서 자유로울 수 없다는 불편한 진실을 마주하게 됩니다.

> "4000년 동안 늘 사람을 잡아먹어 온 이곳, 나도 그 속에서 오랫동안 섞여 살았다는 사실을 오늘에야 분명히 알게 되었다. 형님이 막 살림을 맡게 되었을 때 공교롭게도 누이동생이 죽었다. 그러므로 형님이 누이동생의 고기를 음식에 섞어서 몰래 우리에게 먹이지 않았다고 말할 수 없다. 모르는 사이에 나도 누이동생의 고기 몇 점을 먹지 않았다고 할 수도 없다. 이제 나의 차례가 되다니……. 4000년의 식인 경력을 가진 나, 당초에는 몰랐지만 이제는 분

명하게 알게 되었다."

―루쉰, 『광인일기』³

역사책은 온통 충성, 효도, 의리, 정의, 선행으로 이름을 남긴 충신忠臣, 효자孝子, 열녀烈女, 지사志士, 의사義士들의 이야기로 채워져 있습니다. 역사책은 이들을 인의 도덕과 삼강오륜을 몸소 행동에 옮긴 위인들로 기록하고 있습니다. 하지만 광인은 이들 기록의 틈새에서 임금이 신하를 잡아먹고, 부모가 자식을 잡아먹고, 남편이 아내를 잡아먹고, 의로움이 사람을 잡아먹고, 선함이 사람을 잡아먹고, 올바름이 사람을 잡아먹는 '식인의 역사' 혹은 '식인의 도덕'을 읽은 것입니다. 잘 이해가 되지 않으십니까? 그럼 이해를 돕기 위해 근대 이전 조선 사회를 지배했던 '관습의 도덕'을 한 가지 예로 들어 보겠습니다.

젊은 나이에 남편이 사망해 혼자 된 여성을 이 시대에는 '청상과부'라고 불렸다는 사실 다들 아실 것입니다. 그럼 양반 가문에 한 '청상과부'가 있다고 가정해 보겠습니다. 당시의 관습과 도덕적 관점에서 볼 때 이 청상과부에게 요구되는 최고의 덕목은 무엇이었을까요? 평생 개가改嫁하지 않고 죽은 남편에 대해 정절을 지키는 '수절守節'입니까? 수절은 칭찬받을 일이긴 하지만 최고의 덕목은 아닙니다. 최고의 덕목은 바로 스스로 목숨을 끊어 남편의 뒤를 따라가는 '자결'입니다. 자결을 하면 국가 차원에서 남편에 대한 도덕적 의리를 지킨 최고의 여성에게 부여하는 '열녀烈女'로 기려지는 것은 물론, 여성의 시댁인 양반 가문에는 최고의 영광이자 명예라고 할 만한 홍살문紅箭門은 물론이고 과거 시험을 거치지 않고도 벼슬길에 오를 수 있는 특혜까지 주어졌습니다.

이 청상과부가 자결을 한다면 그 이유는 두 가지 중 하나일 것입니다. 하나는 외부의 압박에 의해 어쩔 수 없이 선택하고 결정한 죽음이고, 다른 하나는 자발적으로 선택하고 결정한 죽음일 것입니다. 외부의 압박은 주로 여성의 시댁인 양반 가문 사람들에 의해 일어나겠죠. 청상과부가 된 며느리가 자결을 하면 자신의 가문이 어떤 영광과 명예 그리고 이익을 누릴지 너무나 잘 알고 있었을 테니까요. 또한 가문의 영광, 명예, 이익을 따지지 않더라도 청상과부가 된 며느리가 죽은 남편을 뒤따라 자결하는 것은 마땅히 지켜야 하고 또한 당연히 취해야 할 최고의 도리이자 미덕이라고 여겼을 것입니다. 왜냐하면 그들 역시 그 시대의 관습과 도덕을 내면화하고 있고 또한 그것에 자발적으로 복종한 사람들이기 때문입니다. 압박의 형식은 무언의 압박일 수도 있고, 유언의 압박일 수도 있고 혹은 강제적인(물리적인) 압박일 수도 있습니다. 압박의 내용은 무엇입니까? 청상과부가 된 여성이 마땅히 지켜야 하고 당연히 취해야 할 관습의 도덕입니다. 그렇다면 이 여성을 죽인 것은 무엇입니까? '관습의 도덕'입니다. 이 여성을 죽음으로 내몬 사람들이 사용한 가장 치명적인 압박이 '관습의 도덕'이기 때문입니다.

그럼 외부의 압박이 아닌 자발적으로 죽음을 선택하고 결정했다면, 왜 이 여성은 그런 선택과 결정을 한 것입니까? '내면화된 관습의 도덕' 때문입니다. 어렸을 때부터 남편이 죽으면 아내는 마땅히 죽음으로 절개와 의리를 지켜야 한다는 가르침을 받고 훈육된 양반 가문의 여성이 마음속에 간직하고 있던 '관습의 도덕'에 자발적으로 복종한 것이 아니면 무엇이겠습니까? 그렇다면 이 경우 역시 여성을 죽음으로 내몬 것은 '관습의 도덕'이라고 할 수 있습니다. 외부의 압박에 의해서 죽음을 선택하고 결정했든 아니면 자발적으로 죽음을 선택하고 결정했든 모두 '관습의 도덕'이 이 청상과부를 죽음으로 몰아넣은 것입니다.

장자는 '관습의 도덕'이 선과 악, 옳음과 그름, 정의와 불의를 판단하고, 선택하고, 결정할 때 나타나는 위험성에 대해 이렇게 경고합니다. '관습의 도덕'이 인간의 삶과 생명을 해치고 파괴할 수 있다는 경고입니다.

> "나는 세상 사람들이 '선하다는 것'이 진실로 선한 것인지 아니면 선하지 않은 것인지 잘 모르겠다. 만약 그것을 '선한 것'이라고 한다면 제 몸을 살리는 데는 부족할 것이다. 만약 그것을 '선하지 않은 것'이라고 한다면 제 몸을 살리

는 데는 충분할 것이다. (…) 참으로 '선하다는 것'은 존재하는 것일까? 아니면 존재하지 않는 것일까?"

- 『장자』 「외편」 '지락'

자결을 선택한 청상과부의 행동은 그 시대의 관습과 도덕으로 보면 '선한 것'입니다. 하지만 그 '선함' 때문에 이 젊은 여성은 스스로 자신의 목숨을 죽여야 했습니다. 만약 청상과부가 자결이나 수절이 아닌 개가改嫁를 선택했다면 그 시대의 관습과 도덕의 관점에서는 '악한 것'이 되었겠죠. 하지만 그 '악함' 때문에 이 젊은 여성은 자신의 생명을 살리는 것은 물론 삶의 행복까지 누릴 수 있었을지도 모릅니다.

왜 관습의 도덕이 가장 강력하고 위험한 자유의 적입니까? 그것은 관습의 도덕이 누구도 거스를 수 없는 절대적인 가치이자 지상 명령으로 여겨지기 때문입니다. 하지만 장자의 말대로 선함과 악함, 옳음과 그름, 정의와 불의는 각자의 입장과 관점 그리고 사회와 시대의 변화에 따라 마찬가지로 변하게 되어 있습니다. 누군가에게는 '선한 것'이 다른 누군가에게는 '악한 것'이 되고, 어떤 사회에서는 '옳은 것'이 다른 사회에서는 '그른 것'이 되며, 과거에는 '정의로운 것'이 지금에는 '불의한 것'이 되기도 합니다. 그렇다면 도대체 무엇이 선함이고 무엇이 악함입니까? 도대체 무엇이 옳음이고 무엇이 그름입니까? 도대체 무엇이 정의이고 무엇이 불의입니까? 관습의 도덕에서 자유로워질 때 우리는 비로소 삶에 대해 선함과 악함, 옳음과 그름, 정의와 불의를 가리고 따지며 편을 나누는 무한 감옥에서 벗어날 수 있습니다.

"오십 이전의 나는
한 마리 개에 불과했다."

'관습의 도덕'이 관습에 근거해 선과 악, 옳음과 그름, 정의와 불의를 도덕적으로 판단하고 결정한다면, '이념의 도덕'은 이념에 기초해 그렇게 하는 것입니다. 비록 관습의 도덕만큼은 아니지만 이념의 도덕 역시 자유로운 삶의 강력하고 위험한 적 가운데 하나입니다. 자신과 다른 견해와 주장을 가장 적대시하는 것이 바로 '이념의 도덕'이기 때문입니다. 이념의 도덕은 이분법적 가치관과 세계관에 뿌리를 두고 있습니다. 이념의 도덕은 자신의 견해와 주장을 '선, 옳음, 정의'로 규정하고, 자신과 다른 견해와 주장은 '악, 그름, 불의'로 규정합니다. 이러한 까닭에 이념의 도덕은 '다름, 차이, 다양성'을 부정하고 공격하며 파괴합니다. 이념의 도덕은 단지 자신과 같은 견해와 주장을 하는 사람을 무한히 복제하고 확대하려고 할 뿐입니다.

철학과 이념 그리고 종교의 차이는 무엇일까요? 그 차이의 핵심은 자신을 향한 의문과 질문에 대한 태도에 있습니다. 먼저 철학은 어떤 의문과 질문도 예외를 두지 않고 용납합니다. 철학은 의문과 질문으로 존재하기 때문입니다. 이념은 자기 이념 안에서의 의문과 질문만 용납합니다. 이념은 외부 이념의 상대자相對者로 존재하기 때문입니다. 저 이념의 상대자로 이 이념이 존재하고, 이 이념의 상대자로 저 이념이 존재합니다. 만약 어떤 철학이 자신을 향한 의문과 질문을 제한한다면, 그것은 이미 철학이 아닌 이념으로의 변질입니다. 반면 종교는 어떤 의문과 질문도 용납하지 않습니다. 종교는 절대적인 존재여야 하기 때문입니다. 절대적인 존재이기 때문에 어떤 의문도 가져서는 안 되고, 어떤 질문도 던져서는 안 됩니다. 이렇게 본다면 이념은 철학보다는 종교에 더 가깝다고 해석할 수 있습니다. 왜냐하면 철학은 철저하게 의문과 질문에 뿌리를 두고 있지만, 이념과 종교는 확신과 추종에 뿌리를 두고 있다는 점에서 유사성이 있기 때문입니다. 여하튼 앞서도 말씀드렸지만, 종교는 이 책에서 논의의 대상이 아니기 때문에 이념과 종교의 유사성에 대해서는 더 이상 다루지 않고 다시 철학과 이념의 문제로 돌아가 보도록 하겠습니다.

장자가 자신의 우화에서 가장 신랄하게 조롱하고 풍자하며 비판한 제자백가는 유가儒家와 묵가墨家입니다. 자기 시대의 문제에 대한 의문과 질문으로 시작한 공자와 묵자의 철학이 시간이 지남에 따라 유가와 묵가의 이념으로 변질되어 가고 있었기 때문입니다. 철학이 이념으로 변질되면 어떤 일이 일어날까요? 철학이 이념으로 변질되면, 그것은 이제 자신을 점점 더 도덕적으로 규정하기 시작합니다. 철학은 어떤 의문과 질문도 용납하기 때문에 자신의 견해와 주장도 하나의 견해와 주장으로 바라보고, 자신과 다른 견해와 주장도 하나의 견해와 주장으로 바라봅니다. 하지만 철학이 이념으로 변질해 자신을 도덕적으로 규정하기 시작하면 이제 자신의 견해와 주장은 '선, 옳음, 정의'가 되고, 자신과 다른 견해와 주장은 '악, 그름, 불의'가 됩니다.

> "유가와 묵가는 시비 즉, 옳음과 그름을 다툰다. 유가에서 그르다고 주장하는 것을 묵가에서는 옳은 것이라고 주장한다. 묵가에서 그르다고 주장하는 것을 유가에서는 옳은 것이라고 주장한다. 저쪽에서 그르다는 것을 옳다고 주장하고, 저쪽에서 옳다는 것을 그르다고 주장하느니 차라리 타고난 현명顯明(밝은 지혜)에 따르는 것이 좋다."
>
> ─『장자』「내편」'제물론'

자신의 견해 및 주장과 다른 견해와 주장을 마주하면 어떻게 합니까? 보통 자신과 다른 견해와 주장에 대해 반박하거나 비판합니다. 하지만 '이념의 도덕'은 여기에서 그치지 않습니다. 이념의 도덕은 자신과 다른 견해와 주장을 '악, 그름, 불의'로 바라보기 때문에 혐오 혹은 증오의 대상, 나아가서는 공격과 파괴의 대상으로 간주합니다. 이에 대해 장자는 이렇게 경고합니다.

> "이른바 군자君子라고 불리는 사람들 즉, 유가와 묵가의 추종자들은 처음부터 옳고 그름을 두고 다투며 공격하고 서로를 해쳤다. 하물며 요즈음 사람들이야 말할 필요가 있겠는가?"
>
> — 『장자』 「외편」 '지북유知北遊'

이념이 도덕이 되었을 때 발생하는 위험성과 공격성 그리고 파괴성에 대한 장자의 경고는 중국 명나라와 조선 사회를 지배했던 이념의 도덕인 유학 즉, '성리학(주자학)의 도덕'에서 가장 극단적 형태로 나타났습니다. 이탁오는 중국 명나라 말기 때 활동한 유학자입니다. 그는 유학의 역사에서 가장 문제적 인물입니다. 당시 사회에서는 신성불가침의 영역이나 다름없던 '유학의 도덕'을 거부하고 나아가 정면에서 공격했기 때문입니다. 심지어 그는 '유학의 도덕'에 훈육되고 길들여져 살아온 오십 이전의 자신을 가리켜 '한 마리의 개'에 불과했다고까지 말했습니다.

> "나는 어렸을 때부터 성현聖賢의 가르침을 읽었다. 그렇지만 도대체 성현의 가르침이라는 게 무엇인지는 잘 모르겠

다. 나는 공자를 존경한다. 그렇지만 도대체 공자의 무엇이 존경할 만한 것인지는 잘 모르겠다. 이것은 이른바 난쟁이가 저잣거리에서 구경을 하다가 다른 사람들이 웃고 떠드는 소리에 따라 (실제로 보지도 못하고선) 함께 웃고 떠드는 꼴에 불과했다. 나는 나이 오십 이전에는 진실로 한 마리의 개에 불과했다. 앞에 있는 개가 자신의 형상을 보고 짖어 대면 또한 그 소리에 따라 짖어 대는 것과 다름없었다."

– 이탁오, 『속분서續焚書』[4]

이탁오의 일갈은 더 이상 '유학의 도덕'에 종속된 노예로 살지 않겠다는 일종의 깨우침이자 자유 선언이었습니다. 이때부터 이탁오는 '유학의 도덕'에 얽매이지 않는 자유분방한 삶을 살았습니다. 평생 유학을 공부해 어렵게 얻은 관직을 내던지고 스스로 머리를 깎은 뒤 스님의 행색을 한 채 일정한 거처를 정하지 않고 이곳저곳 방랑하며 살았습니다. 당시 명나라는 유학의 이념 중에서도 '성리학(주자학)의 도덕'이 지배하고 있던 사회였습니다. 도학道學이라는 별칭에서 알 수 있듯이, 성리학(주자학)은 불가佛家·도가道家와 같은 유학 이외의 이념은 말할 것도 없고 자신 이외 다른 어떤 유학의 학설과 해석도 용납하지 않은 아주 보수적이고 폐쇄적인 이념입니다. 이탁오는 당시 이념의 도덕을 주도하는 이들 도학자를 신랄하게 비판하면서 그 도덕의 위선적 행태를 이렇게 고발했습니다. "이른바 도학자라는 놈들은 겉으로는 도덕과 의리를 목청껏 외친다. 그러나 마음속으로는 부귀를 노릴 뿐이다. 옷차림은 그럴듯하게 꾸미고 다닌다. 그러나 그 행실은 개나 돼지와 하등 다를 게 없다." 그는 공공연하게 반도학反道學을 외치고 다니면서 '불살라야 할 책'이라는 뜻의 『분서焚書』와 '감추어야 할 책'이라는 뜻의 『장서藏書』를 저술해 '유학(성리학)의 도덕'을 비판하고 고발했습니다. 결국 이탁오는 유교반도儒教叛徒로 낙인찍히게 됩니다. 이탁오의 운명은 어떻게 되었을까요? 그를 혐오하고 증오한 명나라의 도학자(성리학자) 집단에 의해 나이 76세 때, 반도학과 반유학의 사상으로 세상을 어지럽히고 다닌다는 탄핵을 받아 체포되어 투옥되고 맙니다. 이탁오는 모진 고문 속에서도 자신의 견해와 주장을 굽히지 않았고, 끝내 간수에게서 머리를 깎는 면도칼을 빼앗아 스스로 목을 베어 죽음을 맞았습니다.

17세기 조선 사회 역시 '유학(성리학)의 도덕'으로 이탁오를 죽음으로 내몬 명나라 말기 때와 별반 다르지 않았습니다. 우암 송시열을 중심으로 한 노론 계열의 성리학(주자학) 집단은 이념의 도덕 즉, '성리학의 도덕'을 앞세워 자신과 다른 견해와 주장을 하는 유학자들 혹은 정치적 경쟁자들을 제거했기 때문입니다. 이른바 '사문난적斯文亂賊'이라는 죄목이 바로 그것입니다. 사문난적이란 '우리 학문 즉, 성리학(주자학)을 어지럽힌 도적'이라는 뜻입니다. 다시 말해 성리학의 창시자인 주자(주희)의 가르침에서 벗어난 견해와 주장을 했다는 이유로 '패악하고 불의한 사람'으로 몰아 작게는 사회적으로 매장하고 크게는 유배형에 처하거나 심지어 죽이기까지 한 것입니다.

자신을 '선, 옳음, 정의'로 규정한 이념의 도덕이 자신과 다른 견해와 주장을 '악, 그름, 불의'로 몰아 공격하고 파괴하는 야만적 행위는 오늘날에도 비일비재하게 일어나는 사회 현상입니다. 특히 오늘날 우리 사회를 뒤덮고 있는 '진보(주의)'와 '보수(주의)'의 갈등과 대립 역시 '이념의 도덕' 간의 갈등과 대립이라고 하면 과장된 말일까요? 서로 다른 견해와 주장의 갈등과 대립은 어느 시대 어느 사회에나 존재하는 일입니다. 다양한 견해와 주장이 존재하는 것은 너무나 당연한 일이고 또한 마땅히 그래야 할 일입니다. 그것이 말의 자유이고, 언론의 자유이고, 사고의 자유이기 때문입니다. 하지만 하나의 견해와 주장이 이념이 되고 다시 도덕이 되면 그것은 자신과 다른 모든 견해와 주장을 더 이상 용납하지 않게 됩니다. 이념이 도덕이 되는 순간 이제 그것은 '선과 악의 대립과 갈등', '옳음과 그름의 갈등과 대립', '정의와 불의의 갈등과 대립'으로 변질되어 버리기 때문입니다. 그렇게 되면 특정한 이념의 도덕이 자신과 다른 모든 견해와 주장을 공격하고 파괴하는 일이 발생하게 됩니다. 다시 말해 말의 자유,

언론의 자유, 사고의 자유가 공격당하고 파괴되는 위험한 상황이 일어나게 됩니다. 이러한 까닭에 '이념의 도덕'을 '관습의 도덕' 다음으로 자유로운 삶을 위협하는 강력하고 위험한 적이라고 지적한 것입니다.

자신의 견해와 주장도 하나의 견해와 주장이고, 자신과 다른 사람의 견해와 주장도 하나의 견해와 주장입니다. 그래서 자신의 견해와 주장은 물론 다른 사람의 견해와 주장도 하나의 견해와 주장으로 볼 뿐, 그것을 '선과 악', '옳음과 그름', '정의와 불의'로 판단하거나 행동해서는 안 됩니다. 여기에 대해 장자는 이렇게 말합니다.

> "성인聖人은 명확한 것에 대해서도 자기 견해와 주장을 고집하지 않는다. 그러므로 견해와 주장이 부딪치는 다툼이 발생하지 않는다. 그런데 보통 사람들은 명확한 것이 아님에도 불구하고 자신의 견해와 주장을 고집한다. 이 때문에 견해와 주장이 부딪치는 다툼이 끝이지 않는다. 다툼에 의존하기 때문에 그런 사람들은 자기 견해와 주장을 억지로 밀어붙이는 경향이 있다. 하지만 다툼에 의존하여 자기 견해와 주장을 채우려고 하면 결국에는 멸망에 이르게 된다."
>
> – 『장자』「잡편」'열어구'

자신의 견해와 주장만 옳다고 고집하는 사람은 그 견해와 주장에 종속되거나 예속되기 마련입니다. 마찬가지 이치로 이념의 도덕에 길들여지게 되면 그것에 종속되거나 예속된 노예가 되기 쉽습니다. '이념의 도덕'에 종속된 노예에게 어떻게 자유로운 말과 사고 그리고 행동이 가능하겠습니까? 자유로운 말과 사고, 행동이 가능하지 않다면 어떻게 자유로운 사람으로 살아갈 수 있겠습니까? 이러한 까닭에 자유로운 삶을 위해서는 무엇보다 먼저 이념의 도덕으로부터 탈주해야 합니다.

쓸모없음의 자유

장자의 우화 중에는 나무를 등장시킨 우화가 적지 않은데, 흥미롭게도 이들 우화는 거의 '쓸모 있음'의 속박과 '쓸모없음'의 자유에 관한 철학적 메시지를 담고 있습니다. 특히 『장자』「내편」'인간세'에는 상수리나무부터 시작해 뽕나무까지 '나무의 우화'가 연달아 세 편이나 등장합니다.

첫 번째 '나무의 우화'는 목수 장석이 제나라로 가던 도중 곡원曲轅이라는 곳에서 발견한 토지신을 모시는 사당에 심어 놓은 상수리나무에 관한 이야기입니다. 장석이 발견한 상수리나무는 소를 가려서 보이지 않을 만큼 굵고 컸습니다. 목수의 호기심이 발동한 장석이 나무의 크기를 재어 봤더니 둘레가 백 아름에, 높이는 산을 굽어 내려다볼 정도였습니다. 지상에서 열 길 높이나 올라간 뒤에 비로소 가지가 뻗어 있었는데, 만약 배를 만든다면 수십 척의 배를 만들 수 있을 만큼 거대한 나무였습니다. 그 때문인지 이 상수리나무 주변에는 마치 구경꾼들이 저잣거리에 몰려들 듯이 수많은 인파가 모여 있었습니다. 하지만 목수 장석은 걸음을 멈추지 않은 채 상수리나무는 돌아보지도 않고 그냥 제 갈 길을 갔습니다. 장석의 제자는 한참 상수리나무를 구경하다가 황급히 뒤따라 간 다음 스승에게 물었습니다.

"제가 도끼를 들고 선생님을 따라다니고 나서 재목으로 이토록 아름답고 훌륭한 나무를 본 적이 없습니다. 그런데 선생님께서는 왜 이렇게 아름답고 훌륭한 나무는 쳐다보지도 않고 오히려 발걸음을 재촉해 빨리 떠나려고 하십니까? 저의 배움과 안목이 잘못되어서 그런 것입니까?"

제자의 물음에 장석은 이렇게 대답했습니다.

"그 나무에 대해서는 구태여 말할 필요가 없다. 아무 쓸모도 없는 잡목일 뿐이다. 그 나무를 목재로 사용해 배를 만들면 가라앉을 것이다. 관棺(속관)이나 곽槨(겉관)을 만들면 금방 썩을 것이다. 그릇을 만들면 금방 부서지고, 대문이나 방문을 만들면 나무의 진액이 흘러나오고, 기둥을 만들면 좀이 슬어 오래가지 못한다. 정말로 쓸모가 없는 나무다. 하지만 쓸모가 없어서 베어 넘어지지 않고 이토록 거대하게 자라도록 오래 살아남을 수 있었다."

그날 밤 목수 장석이 잠을 자는데 꿈에 토지신을 모시는 사당의 상수리나무가 나타나 이렇게 말했습니다.

"그대는 나를 무슨 나무와 비교하고 싶은가? 그대는 나를 쓸모 있는 나무와 비교하고 싶은가? 배나무, 귤나무, 유자나무와 같은 과일나무는 열매가 익으면 사람들에게 큰 가지가 꺾이는 고통을 겪고, 작은 가지는 찢어지는 수난을 당한다. 이것은 쓸모 있는 재능 때문에 삶이 고통스러운 것이다. 그 때문에 본래 타고난 수명을 다 누리지 못하고 도중에 요절하고 만다. 쓸모 있는 재능 때문에 세상 사람들의 괴롭힘을 스스로 불러들인 셈이다. 사물은 모두 이와 같다. 나는 '쓸모없음'을 추구한 지 오래되었다. 수십 번 죽을 뻔한 위기가 있었지만 쓸모가 없었기에 지금까지 목숨을 잘 보존하고 있다. 쓸모가 없는 것이야말로 나에게는 큰 쓸모이다. 만약 내가 쓸모가 있었다면 이렇게 거대한 나무로 살아남을 수 있었겠는가? 그대가 어찌 '쓸모없음'과 '쓸모 있음'을 알아볼 수 있겠는가?"

잠에서 깬 목수 장석은 꿈의 길흉을 점치면서 "상수리나무가 품은 뜻은 보통 사람들과 다른데 어찌 세속의 도리를 기준으로 평가할 수 있겠는가?"라고 말했습니다.

두 번째 '나무의 우화'는 남백자기가 상구商丘라는 곳에서 놀다가 본 커다란 나무에 관한 이야기입니다. 그 나무는 크기가 자신의 그늘로 네 필의 말이 끄는 수레 천 대를 덮어서 가릴 수 있을 만큼 거대했습니다. 남백자기는 그 엄청난 크기에 놀라 "이 나무는 분명 특별한 쓸모가 있을 것이야!"라며 감탄했습니다. 이에 고개를 들어 나무의 몸통을 살펴보았습니다. 하지만 몸통은 구불구불 구부러져 있어서 대들보가 될 수 없었습니다. 다시 고개를 숙여 커다랗고 굵은 밑동을 살펴보았습니다. 이번에는 속이 갈라져 있어서 관棺과 곽槨이 될 수 없었습니다. 혀로 잎사귀를 핥았더니 마치 불에 덴 것처럼 입이 헐어 상처가 났습니다. 코로 냄새를 맡았더니 거의 미칠 지경에 이를 정도로 취하게 만들어 몸을 가눌 수조차 없었습니다. 남백자기는 혼잣말처럼 중얼거렸습니다. "이 나무는 정말 쓸모없는 나무구나. 세상 사람들에게 쓸모가 없었기 때문에 제 마음대로 이렇게 크게 자랄 수 있었구나. 옛날의 지혜로운 사람도 이처럼 재능을 드러내지 않은 채 '쓸모없음'으로 자신의 삶과 목숨을 지켰을 것이다."

세 번째 '나무의 우화'는 송나라의 형씨荊氏라는 마을에서 자라는 가래나무, 잣나무, 뽕나무에 관한 이야기입니다. 그 나무들 가운데 둘레가 한두 움큼 두께로 자란 것은 원숭이 말뚝으로 사용할 재목을 구하는 사람이 베어 갔습니다. 서너 아름 두께로 자란 나무는 높고 큰 집의 대들보로 쓸 재목을 구하는 사람이 베어 갔습니다. 일고여덟 아름 두께로 자란 나무는 신분 높고 부유한 사람의 관으로 사용할 재목을 구하는 사람이 베어 갔습니다. 이러한 까닭에 이 나무들은 타고난 수명을 다하지 못하고 중간에 도끼와 자귀에 베어져서 일찍 죽고 말았습니다. 이것은 '쓸모 있음'이 불러온 재앙입니다. 천자天子가 봄에 제사를 지낼 때 황하黃河에 살아 있는 짐승이나 사람을 던져 제물로 바쳤습니다. 그러나 이마가 흰 소 또는 코가 들뜬 돼지, 치질을 앓는 사람은 황하의 신이 싫어한다고 해서 제물로 쓰지 않았습니다. 제사를 집행하는 무축巫祝은 그와 같은 제물은 불길하다는 사실을 잘 알고 있어서 관심조차 두지 않았습니다. 하지만 지혜를 체득한 사람은 불길하다고 한 그 짐승과 사람을 가리켜 오히려 '크게 길하다'고 말합니다. '쓸모없음'이 그 짐승과 사람의 삶과 생명을 구한 셈이기 때문입니다. 그렇다면 장자는 이들 '나무의 우화'가 전하는 철학적 메시지에 대해 어떻게 말하고 있을까요?

> "세상 사람들은 모두 '쓸모 있음'의 쓸모만 알고 있을 뿐, 아무도 '쓸모없음'의 쓸모에 대해서는 알지 못한다."
> – 『장자』「내편」'인간세'

쓸모 있는 나무의 운명처럼, '쓸모 있는' 사람은 그 쓸모가 필요한 사람들에게 구속·속박당하고 지배·통제받기 쉽습니다. 반면 '쓸모없는' 사람은 쓸모없는 나무와 같이 쓸모가 없다는 바로 그 이유로 인해 그런 사람들의 구속·속박과 지배·통제로부터 자유롭습니다. 그런데 세상 사람들은 권력, 부귀 또는 명성과 명예 등의 이익을 얻기 위해 대개 그것들에 '쓸모 있는' 사람이 되기를 욕망합니다. 이 때문에 장자는 세상 사람들은 모두 '쓸모 있음'의 쓸모만을 안다고 말한 것입니다. '쓸모없음'의 쓸모를 역설한 장자는 실제 삶에서도 '쓸모없는' 인간이 되기를 욕망했습니다. '쓸모없는' 인간이 되어야 비로소 자유로운 삶이 가능하다고 여겼기 때문입니다. 하지만 세상은 장자를 그냥 내버려 두지 않았습니다. 자신들의 이익을 위해 장자의 재능과 식견을 이용할 목적으로 끊임없이 그를 속박하고 유혹했습니다. 사마천이 『사기』「노자·한비열전」에 기록해 놓은 일화를 살펴보면 장자의 '자유로운 삶'은 그냥 주어진 것이 아니라, 장자 자신이 삶의 자유를 빼앗으려는 세상의 수많은 유혹과 끊임없는 속박에 맞서 평생에 걸쳐 싸워 가며 지켜 낸 것이라는 사실을 확인할 수 있습니다.

> "초나라 위왕威王은 장주가 현명하다는 말을 들었다. 이에 장주에게 사신을 보내 후한 예물을 주고 재상으로 맞아들이려고 했다. 초나라 위왕이 보낸 사신을 만난 장주는 웃으면서 이렇게 말했다. '천금의 재물은 막대한 이익이지요. 재상이라는 벼슬 역시 존귀한 지위지요. 그대는

교제郊祭(고대에 제왕이 해마다 동짓날에 도성의 남쪽 교외에서 하늘에 올린 제사)를 지낼 때 희생의 제물로 바쳐지는 소를 보지 못했습니까? 그 소는 여러 해 동안 잘 먹고 지내다가 결국 화려한 문양으로 꾸민 비단옷을 입고 대묘大廟로 끌려 들어가게 됩니다. 이때 그 소가 고독한 돼지가 되겠다고 한들 그렇게 될 수 있겠습니까? 그대는 더 이상 나를 욕되게 하지 말고 빨리 그대의 왕에게로 돌아가십시오. 나는 차라리 더러운 시궁창에서 놀고 즐길지언정 나라를 다스리는 임금들에게 얽매여서 살지는 않을 것입니다. 죽을 때까지 벼슬하지 않고 그저 내 마음대로 즐겁게 살 것입니다.'"

권력을 최고의 가치로 여기는 사람이 그것을 얻으려면 어떻게 해야 합니까? 권력에게 '쓸모 있는' 사람이 되어야 합니다. 권력에게 쓸모가 있으려면 어떻게 해야 합니까? 권력을 위해 자신의 몸과 마음을 바쳐야 합니다. 장자의 표현으로 말하자면 권력을 위해 평생 자신의 몸과 마음을 괴롭혀야 합니다. 평생 권력의 노예로 살아야 한다는 것입니다.

그럼 재물을 최고의 가치로 여기는 사람이 그것을 얻으려면 어떻게 해야 합니까? 마찬가지로 재물에게 '쓸모 있는' 사람이 되어야 합니다. 재물에게 쓸모가 있으려면 어떻게 해야 합니까? 재물을 위해 자신의 몸과 마음을 바쳐야 합니다. 장자의 표현대로 말하자면 재물을 위해 평생 자신의 몸과 마음을 괴롭혀야 합니다. 평생 재물의 노예가 되어야 한다는 것입니다. 명예와 명성을 최고의 가치로 여기는 사람의 삶 역시 이와 별반 다르지 않습니다.

그럼 권력과 재물 그리고 명예와 명성으로부터 자유로워지기 위해서는 어떻게 해야 합니까? 권력에 '쓸모없는' 사람이 되어야 합니다. 재물에 '쓸모없는' 사람이 되어야 합니다. 명예와 명성에 '쓸모없는' 사람이 되어야 합니다. 장자는 이렇듯 평생 '쓸모없는' 인간이 되기를 소망했습니다. 그가 최고의 가치로 여기는 삶은 권력, 재물, 명예와 명성의 구속과 속박으로부터 탈주해 자유롭게 사는 것이었기 때문입니다.

이렇게 장자의 관점에 본다면 세상 사람들은 모두 자청해서 권력의 노예, 재물의 노예, 명예와 명성의 노예가 되려고 안달난 사람들일 뿐입니다. 그것은 자신의 쓸모가 아니라 누군가의 (혹은 무엇인가의) 쓸모를 위해 평생을 바치는 삶일 뿐입니다. 장자의 삶이 전하는 '쓸모없음'의 자유란 바로 그런 것입니다. 만약 무엇인가로부터(혹은 누군가로부터) 자유로워지고 싶다면, 그것에 대해 '쓸모없는' 사람이 되거나 혹은 '쓸모없는' 삶을 살라는 주문입니다.

그렇다면 장자에게 '쓸모 있음'이란 무엇일까요? 누군가에

장자의 관점에 본다면 세상 사람들은 모두 자청해서 권력의 노예, 재물의 노예, 명예와 명성의 노예가 되려고 안달 난 사람들일 뿐입니다. 장자의 삶이 전하는 쓸모없음의 자유란 바로 그런 것입니다. 만약 무엇인가로부터 자유로워지고 싶다면, 그것에 대해 '쓸모없는' 사람이 되라는 주문입니다.

게(혹은 무엇인가에게) 쓸모 있는 삶이 아닌 바로 자기 자신에게 쓸모 있는 삶입니다. 누군가에게(혹은 무엇인가에게) 쓸모 있는 삶이란 그 누군가가(혹은 무엇인가가) 하고 싶고 원하고 바라는 삶을 사는 것입니다. 반면 자신에게 쓸모 있는 사람이란 자기가 하고 싶고 원하고 바라는 삶을 사는 것입니다. 여기에서 '쓸모없음의 자유'가 소극적 의미의 자유라고 한다면, '쓸모 있음의 자유'는 적극적 의미의 자유입니다. 전자가 '거부와 부정의 자유'라면, 후자는 '긍정과 창조의 자유'이기 때문입니다.

자유는 '홀로서기'이고 '고독한 것'이다!

장자가 추구하는 철학의 본줄기가 '자유의 철학'이라는 사실은 『장자』라는 책의 첫 페이지를 넘기는 순간 바로 확인할 수 있습니다. 첫 페이지를 장식하고 있는 '곤어와 붕새의 변신 우화'는 바로 현실의 속박과 억압으로부터 탈주하여 자유로운 삶의 가능성을 찾아 나서는 장자 자신의 이야기이기 때문입니다. 자유의 본성은 '독립성'과 '자율성'입니다. 이 때문에 자유로운 삶을 위해서는 무엇보다 먼저 '홀로 서야' 하고 '고독해야' 합니다.

곤어의 붕새로의 변신은 다름 아닌 자유로워지기 위해 이제 오직 자신의 힘에 의지해 '홀로서기'를 선언한 장자의 '고독한 변신'입니다. 변신한 붕새는 북녘의 검고 어두운 바다에 거대한 태풍이 몰아칠 때 3천 리 밖까지 솟구치는 회오리바람을 타고서 9만 리 상공까지 날아오릅니다. 그것은 비유하자면 오직 자신의 힘에 의지해 현실의 속박과 억압을 뚫고 솟아올라 자유로운 삶을 찾아 나서는 장자의 '고독한 비상'입니다. 이제 9만 리 상공까지 날아오른 붕새는 6개월을 쉬지 않고 남녘의 검고 어두운 바다를 향해 날아갑니다. 그것은 비유하자면 오로지 자신의 힘에 의지해 자유로운 삶의 가능성을 찾아 나아가는 장자의 '고독한 비행'입니다. 그런 의미에서 우화 속 대붕의 변신, 비상 그리고 비행은 자유를 향한 장자 자신의 '고독한 변신, 비상, 비행'의 의미를 담고 있습니다.

일찍이 자유로운 삶을 추구한 이들은 장자와 마찬가지로 자유를 향한 고독한 변신, 비상, 비행을 꿈꾸고 상상했습니다. 삶의 현실이 억압적이면 억압적일수록 더욱 그랬습니다. 니체가 그랬고, 카잔차키스가 그러했으며, 김수영이 그랬습니다. 김수영은 4.19혁명 직후인 1960년 6월 15일 쓴 시 「푸른 하늘을」에서 '자유를 위하여 비상해 본 사람만이 자유가 왜 고독한 것인지를 안다'고 노래했습니다. 또한 그보다 8여 년 뒤인 1968년 4월 13일 펜클럽이 마련한 부산의 문학 세미나에서 발표한 유명한 시론 「시여, 침을 뱉어라」에서 다시 한번 '자유는 고독한 것'이라고 강조

했습니다. 자유의 핵심은 홀로서기이고 고독이라는 사실을 안 김수영이야말로 자유가 가장 억압받고 부정당하던 시대에 '자유란 무엇인가'를 가장 처절하게 탐구하고 사색한 사람이라고 할 수 있습니다. 20세기 우리나라에서 자유를 입에 담은 그 어떤 사람도 김수영이 도달한 자유의 수준에는 발뒤꿈치에도 미치지 못했습니다. 김수영만이 '자유를 향한 홀로서기와 고독한 비상'을 꿈꾸고 상상했기 때문입니다.

『그리스인 조르바』의 작가 니코스 카잔차키스는 '영혼마저도 자유로운 삶'을 추구한 사람입니다. 심지어 그는 자신이 죽은 후 고향 크레타섬 이라클리온의 무덤에 새긴 묘비명조차 이렇게 남겼습니다. "나는 아무것도 바라지 않는다. 나는 아무것도 두렵지 않다. 나는 자유다." 카잔차키스는 자유를 향한 자신의 삶에는 모두 4개의 결정적인 오름의 단계가 있었다고 말합니다. 그 오름은 다름 아닌 자유를 향한 비상이자 비행이었습니다.

카잔차키스가 오른 첫 번째 자유의 오름은 '호메로스'였습니다. 호메로스의 『일리아스』와 『오뒷세이아』를 통해 고대 그리스 문명이 남긴 정신적 유산은 '균형과 조화의 아름다움'이 아니라 '자유를 향한 투쟁'이라는 사실을 깨우쳤습니다. 두 번째 자유의 오름은 '니체'였습니다. 니체는 카잔차키스에게 자유를 향한 투쟁에서 '사자와 같은 용맹함'과 함께 '삶의 도약을 위한 자양분' 즉, 인간의 한계와 경계를 넘어선 인간, '위버멘쉬의 철학'

을 제공해 주었습니다. 세 번째 오름의 단계는 '붓다'였습니다. 붓다는 '영혼마저도 자유로운 삶'을 추구한 카잔차키스에게 최대의 난관이었던 '육체의 울타리'를 무너뜨리고 '육체의 욕망'에서 해방되어 모든 것과 하나가 되는 '순수하고 자유로운 영혼'을 보여 주었습니다. 네 번째 오름의 단계는 조르바였습니다. 조르바는 카잔차키스에게 '인간 그 자체가 자유'이며, 진정한 자유는 '관념의 자유'가 아닌 '삶의 자유'라는 사실을 깨닫게 해 주었습니다.

특히 카잔차키스는 자유를 향한 오름은 각자의 십자가를 지고 골고다의 언덕을 오르는 것과 같다고 말했습니다. 누구의 도움도 받을 수 없고, 어떤 도움에도 의지할 수 없다는 의미에서 그렇다는 것입니다. 자유의 오름은 오로지 스스로의 힘에 의지해 올라야 하는 길입니다. 결국 카잔차키스에게 자유를 향한 오름이란 '고독한 비상'이자 '고독한 여정'이었던 셈입니다.

니체가 자유로운 인간 정신을 향한 변신을 '낙타, 사자, 어린아이'에 비유하여 언급한 사실은 앞서 '운명'을 다룰 때 자세하게 말씀드렸습니다. 여기에서는 니체가 말한 '자유의 역설'에 대해 살펴보도록 하겠습니다. 자유의 역설이란 자신이 추구한 자유가 오히려 자신의 자유를 억압하는 것을 말합니다. 예를 들어 장자의 자유를 통해 자유롭고자 하면 오히려 장자의 자유에 갇히게 되고, 니체의 자유를 통해 자유롭고자 하면 오히려 니체의 자유에 갇히게 되는 역설이 발생합니다. 장자와 니체의 자유 속에서만 자유롭다면 그것은 더 이상 자유가 아닙니다. 다시 말해 장자의 자유만이 자유이고, 니체의 자유만이 자유라고 한다면, 장자와 니체의 자유가 오히려 자유를 구속·속박하고 지배·통제하게 되어 버립니다. 그럼 이 '자유의 역설'에서 자유로워지기 위해서는 어떻게 해야 할까요? 다시 홀로 서야 하고, 다시 고독해져야 합니다. 장자와 니체의 자유를 거부하고 부정해야 합니다. 장자와 니체의 자유를 무너뜨리고 몰락시켜야 합니다. 니체는 이 지점을 정확히 간파했습니다. 그래서 니체는 자신의 가르침에 맞서고 심지어 자신의 존재를 부끄러워하라고 주문합니다. 또한 자신을 버리고 각자의 길을 찾으라고 말합니다.

『차라투스트라는 이렇게 말했다』는 1883년부터 1885년에 걸쳐 총 4부로 완성되었습니다. 그로부터 4년 후인 1889년 니체는 자서전『이 사람을 보라』를 통해 자신의 가르침에 갇혀 있는 제자와 추종자들로부터 자유로워지기 위해 다시 홀로 길을 떠나는 차라투스트라의 모습을 이렇게 묘사하고 있습니다.

"나의 제자들이여, 나는 이제 홀로 가련다! 그대들도 이제 홀로 떠나라! 그것이 내가 바라는 것이다. 나를 떠나서 차라투스트라에 저항하라! 아니 차라리 그를 부끄러워하라! 그가 그대들을 속였을 수도 있다. (...) 언제나 제자

> 인 채로 머문다면 그대들은 스승의 은혜를 저버리는 것이다. 그대들은 어찌하여 나의 월계관을 빼앗으려 하지 않은가? (…) 그대들이 그대들 자신을 아직도 찾지 못하고 있었을 때 그대들은 나를 발견했다. 모든 신도는 다 그렇다. 그러니 신앙이란 하나같이 공허한 것이다. 이제 나는 그대들에게 명한다. 나를 버리고 그대들 스스로를 찾으라. 그대들 모두가 나를 부인할 때에야 비로소 나는 그대들에게 돌아오리라."
>
> – 프리드리히 니체, 『이 사람을 보라』[5]

차라투스트라의 이 '독행獨行 선언'을 통해 니체는 자유의 역설에 갇히지 않기 위해서는 끝없는 홀로서기와 고독한 변신, 비상, 그리고 비행을 무한히 반복할 수밖에 없다는 사실을 보여줍니다.

기원전 3세기 장자에서부터 19세기 니체 그리고 20세기 카잔차키스와 김수영에 이르기까지 2000년이 넘는 시간 동안 현실의 구속과 억압을 뚫고 자기 존재와 자신의 삶을 자유롭게 하기 위해 싸운 사람들은 '홀로서기와 고독'을 두려워하지 않았습니다. 그들이 꿈꾸고 상상한 자유는 오직 스스로의 힘에 의지해 얻어야 한다고 여겼기 때문입니다. 만약 누군가(혹은 무엇인가)에 의지해 얻은 자유라면, 그 자유는 반드시 그 누군가(혹은 무엇인가)에 의해 구속·속박당하고 나아가 지배·통제받는 자유로 전락할 수밖에 없습니다. 그래서 개인의 단독성과 고유성을 전제하지 않는 자유, 다시 말해 개인의 단독성과 고유성을 희생하여 얻게 되는 자유는 절대로 자유라고 할 수 없습니다. 자유의 본성인 독립성과 자율성은 개인의 단독성과 고유성을 전제하지 않는 한 성립 불가능하기 때문입니다. 자유가 '홀로서기'이고 '고독'일 수밖에 없는 이유가 바로 여기에 있습니다.

자유로워지기 위해서는 '약간의 광기'가 필요하다!

'금기'는 현실의 속박과 억압 혹은 지배와 통제를 대표하는 상징 중 하나입니다. 현실 세계에서 금기는 인간을 꽁꽁 묶고 있는 삶의 한계이자 경계로 작용합니다. 금기를 넘어서는 것은 자기 삶을 속박하거나 통제하고 있는 한계와 경계를 넘어서는 것이기 때문에 자유로운 삶의 중요한 조건 중 하나입니다. 금기는 관습의 금기, 도덕의 금기, 이념의 금기, 종교의 금기, 법의 금기, 제도의 금기, 문화의 금기, 예술의 금기, 성적 금기, 신체의 금기 등 헤아릴 수 없을 정도로 다양합니다. 금기의 특성은 무엇일까요? '광범위함', '일상성', '당연함', '상식성'입니다. 실제 금기는 너무 광범위하고 일상적으로 존재하기 때문에, 금기가 없는 곳은 없다고 하는 것이 정확한 표현입니다. 특히 삶의 일상 속에 자리하고 있는 금기는 대부분 너무나 당연하고 상식적인 것으로 여겨지고 받아들여집니다. 이렇듯 금기로 상징되는 현실의 억압과 속박은 너무도 일상적이고, 광범위하며, 당연하고, 상식적이어서 그것을 거부하고 부정하는 것은 용기 이상의 무엇인가를 필요로 합니다. 금기를 넘어선다는 것 혹은 금기를 깬다는 것은 타자의 비난과 조롱 또는 경멸과 모욕은 물론이고 심지어 사회적 매장과 생명의 위협까지 감내해야 하기 때문입니다.

『장자』 속 '붕새의 변신 우화'에는 매미와 산비둘기가 등장해 자유를 향한 붕새의 비상과 비행을 지켜보며 조롱하고 비웃는 장면이 나옵니다. 여기에서 매미와 산비둘기의 조롱과 비웃음은 자유로운 삶을 위해 현실의 경계 즉, 금기를 넘어서는 장자를 향한 보통 사람들의 비난과 조롱 혹은 경멸과 모욕으로 해석할 수 있습니다. 우화 속에서 매미와 산비둘기는 저희들끼리 붕새를 비웃으면서 이렇게 쑥덕거립니다.

> "우리는 몸부림을 치며 있는 힘껏 날아 봤자 고작 느릅나무나 박달나무 가지 위에나 오를 수 있을 뿐이다. 더러는 그 가지 위에도 오르지 못해 땅바닥에 내동댕이쳐지곤 하지. 그런데 무엇 때문에 9만 리 상공까지 올라가서 머나

먼 남쪽으로 날아가려고 한단 말인가?"

– 『장자』「내편」'소요유'

장자는 매미와 산비둘기의 조롱과 비웃음을 이렇게 맞받아 칩니다. 그것은 자기 삶의 경계 혹은 노예의 삶에 안주하는 세상 사람들을 향한 일갈입니다.

"가까운 교외의 들판에 나가는 사람은 세끼 밥만 가져가도 돌아올 때는 아직 배가 덜 꺼져 있다. 하지만 백 리 길을 가는 사람은 전날 밤에 양식을 방아 찧어 준비해야 하고, 천 리 길을 가는 사람은 석 달 동안 먹을 양식을 마련해야 한다. 어찌 이 두 벌레 따위가 붕새의 경지를 알 수 있겠는가?"

– 『장자』「내편」'소요유'

자유로운 삶을 위해서는 현실의 속박과 억압 즉, 금기로부터 '더 높게, 더 깊게, 더 멀리' 탈주해야 합니다. 니체는 『차라투스트라는 이렇게 말했다』에 흥미롭게도 "모든 사람을 위한, 그러면서도 그 어느 누구를 위한 것도 아닌 책"이라는 부제 아닌 부제를 달아 놓았습니다. 니체가 『차라투스트라는 이렇게 말했다』에 그렇게 역설적인 부제를 달아 놓은 이유는 무엇일까요? 니체의 말을 빌리자면 『차라투스트라는 이렇게 말했다』는 고귀하고 미묘한 세계이기 때문에 그 세계로 들어간다는 것은 더할 나위 없는 영광이자 영예입니다. 인간이라면 누구나 그 영광과 영예를 얻을 수 있습니다. 그래서 『차라투스트라는 이렇게 말했다』는 "모든 사람을 위한 책"입니다. 하지만 니체는 그러한 영광과 영예를 얻으려면 차라투스트라의 깊이와 높이에 도달해야 한다고 말합니다. 이 때문에 『차라투스트라는 이렇게 말했다』는 "그 어느 누구를 위한 것도 아닌 책"입니다. 모든 사람은 다 차라투스트라의 영광과 영예를 얻을 수 있지만, 어느 누구나 차라투스트라의 영광과 영예를 얻을 수 있는 것은 아니라는 의미입니다.

차라투스트라의 영광과 영예는 인간의 한계와 경계를 넘어선 인간 즉, '위버멘쉬의 영광과 영예'를 말합니다. 위버멘쉬가 되려면 무엇보다 먼저 자기 삶의 한계와 경계의 높이와 깊이에 도달해야 합니다. 왜 삶의 한계와 경계의 높이와 깊이에 도달해야 합니까? 삶의 한계와 경계의 높이와 깊이에 도달해야 비로소 한계 너머 혹은 경계 너머로 나아갈 수 있기 때문입니다. 이 지점에서 질문해 보겠습니다. 삶의 깊이의 한계와 경계는 어디일까요? 자기 내면의 가장 깊은 곳이라고 할 수 있겠죠. 그럼 자기 내면의 가장 깊은 곳은 무엇으로 이루어져 있을까요? 자기 내면을 가장 깊이 들여다보면 그곳은 대부분 자신의 욕망을 억압하는 금기로 이루어져 있다는 사실을 알 수 있습니다. 프로이트의 표현을 빌리자면, 인간 내면의 가장 깊은 곳에 자리하고 있는 것은 다름 아닌 '무의식의 욕망'이고, 무의식의 욕망은 대부분 현실의 삶에서 억압당한 욕망으로 이루어져 있기 때문입니다.

사람에게는 누구나 넘기 힘들거나 혹은 넘지 못하는 삶의 높이가 존재합니다. 그렇다면 삶의 높이의 한계와 경계는 무엇으로 이루어져 있을까요? 그것 역시 현실의 삶에서 억압당한 욕망 즉, 금기로 이루어져 있습니다. 차라투스트라의 높이에 도달한다는 것은 자신의 삶을 짓누르고 있는 한계 혹은 자기 존재를 억누르고 있는 경계까지 도달한다는 뜻입니다. 다시 말해 그것은 억압당한 욕망, 무의식의 욕망, 금기의 한계와 경계까지 자신을 밀어붙여야 한다는 주문입니다. 그 한계와 경계까지 밀고 나가 올라서 봐야 자기 삶의 한계와 자기 존재의 경계가 어디인지 깨달을 수 있고, 이때서야 비로소 그 한계와 경계를 넘어설 수 있는 가능성과 마주하게 됩니다. 그것의 한계와 경계 너머에 자유의 가능성 즉, 자유로운 존재로의 변신과 자유로운 삶의 변화가 존재하기 때문입니다.

이렇듯 자유의 가능성은 억압당한 욕망, 무의식의 욕망, 금기의 한계와 경계를 넘어서는 곳에 존재하기에, 카잔차키스에게 삶의 자유를 깨우쳐 준 조르바는 '자유를 위해 필요한 것이 다름 아닌 약간의 광기'라고 말합니다. 현실의 자신을 꽁꽁 묶고 있는 속박과 억압 즉 금기의 밧줄을 끊으려면 용기 이상의 그 무엇이 필요한데, 그것은 바로 '약간의 광기'라는 것입니다. 비상식적이고 비정상적이라는 조롱과 비웃음 그리고 비난, 더 나아가서는 제정신이 아니라거나 혹은 미쳤다는 경멸과 모욕, 혐오와 증오, 사회적 매장과 생명의 위협까지도 감내해야 하는 게 현실의 억압과 속박 즉, 금기를 거부하고 부정하며 혹은 그것을 넘어서고 깨뜨리는 일이기 때문입니다.

사회의 절대적 금기를 넘어서려고 의도적으로 '시적 광기'를 드러낸 시인 김수영의 일화를 하나의 예로 살펴보겠습니다. 김수영은 앞서 소개한 「푸른 하늘을」보다 약 6개월쯤 늦은 1960년 10월 6일 파격적인 제목의 시를 한 편 썼습니다. 그 시는 김수영 생전에 미발표된 유고遺稿 시입니다. 시의 제목은 '김일성 만세'입니다.

김수영은 이 시에서 한국의 언론 자유와 정치 자유의 척도는 '김일성 만세'를 인정하는 것에 달려 있다고 노래했습니다. 김수영은 철저한 '자유주의자'입니다. 그는 동료 시인 신동엽에게 '문학을 하는 사람들이 주의主義의 노예가 될 순 없지 않느냐?'라고까지 말한 사람입니다. 창작을 한다는 작가가 주의 즉, 이념의 노예가 된다는 것은 말이 되지 않는다는 주장입니다. 그런 김수영이 김일성 혹은 공산주의를 찬양하기 위해 '김일성 만세'라는 제목의 시를 썼겠습니까? 김일성을 찬양하거나 공산주의를 추종하는 것 자체가 김수영의 입장에서 보면 이미 자신의 자유를 포기하고 김일성 혹은 공산주의의 노예가 되는 것인데? 작가인 김수영이 자유로운 삶의 조건으로 가장 중요하게 여겼던 것이 '창작의 자유'였다는 점은 어렵지 않게 짐작할 수 있습니다. 창작의 자유는 어디에서 나옵니까? 생각의 자유와 표현의 자유에서 나옵니다. 생각은 표현하지 못하면 사실상 아무것도 아니기 때문에, 생각의 자유는 곧 표현의 자유이고, 표현의 자유가 곧 창작의 자유라고 할 수 있습니다. 그럼 표현의 자유는 어디에서 나옵니까? 말의 자유와 언론의 자유에서 나옵니다. 따라서 생각의 자유, 표현의 자유, 말의 자유, 언론의 자유에는 어떤 제한과 경계 즉 금기가 존재해서는 안 됩니다. 만약 금기가 존재한다면, 그 자체로 이미 생각의 자유와 표현의 자유는 억압당하고 통제당하고 있는 것입니다. 김수영은 여기에 대해 1962년 비평 산문 「창작 자유의 조건」에서 '창작의 자유는 100퍼센트 언론의 자유 없이는 불가능하다'고 말하면서 '만약 단 1퍼센트라도 언론의 자유가 없다면 그것은 언론의 자유가 없는 것과 마찬가지다'라고 주장하고 있습니다.

「김일성 만세」라는 시에서 김일성은 '역사적 인물로서의 김일성'이 아니라 '절대적 금기의 상징'으로서의 김일성입니다. '달은 보지 않고 달을 가리키는 손가락만 본다'는 말에 비유하자면 여기에서 달은 절대적 금기이고, 김일성은 단지 절대적 금기를 가리키는 손가락일 뿐입니다. 김수영은 만약 자유에 어떤 제한과 경계 그리고 금기가 있다면, 그것은 자유가 없는 것과 같다는 사실을 말하기 위해 우리 사회가 가장 금기로 여기는 '김일성'을 시적 소재로 삼아 「김일성 만세」라는 유고 시를 남긴 것입니다. 절대적 금기의 상징이나 다름없는 '김일성'을 넘어선다면 그 어떤 금기도 자유를 제한하거나 혹은 억압·속박할 수 없다고 여겼기 때문입니다.

　이렇듯 자유가 가장 억압당하던 때 그 시대가 절대적 금기로 여긴 경계를 넘어서 가장 철저하게 '삶의 자유'를 사유하고 외치고 모색한 이들이 장자, 니체, 루쉰, 카잔차키스, 김수영입니다. 과연 그들과 같은 용기 혹은 광기를 역사상 가장 많은 자유를 누리며 살고 있는 우리 시대에 다시 만날 수 있을까요?

에필로그

변화를 　　 두려워 말고
　　　　자기다운 삶을 살아라

　　장자에게 좋은 삶이란 얽매이지 않는 삶입니다. 운명에 얽매이지 않고, 욕망에 얽매이지 않고, 불안에 얽매이지 않고, 앎(지식)에 얽매이지 않고, 삶과 죽음에 얽매이지 않고 심지어 자유에도 얽매이지 않는 삶입니다. 이 책에서 '운명'에서부터 '자유'에 이르기까지 우리 삶의 근본 문제들을 살펴본 까닭 역시 그것들에 얽매이지 않는 삶의 방법과 지혜를 탐구하고 모색하기 위해서입니다. 무엇인가에 혹은 누구인가에 얽매이게 되면 그 순간부터 그것의 노예로 살아갈 수밖에 없기 때문입니다. 지금 여러분은 어떤 것에 얽매이고 계십니까?

　　얽매이지 않는 삶은 곧 자유로운 삶입니다. 자유로운 삶은 자기 삶의 주인으로 사는 것입니다. 그럼 자기 삶의 주인으로 살기 위해서는 어떻게 해야 할까요? 우리가 불가피하게 직면하게 되는 삶의 근본 문제들 즉 운명, 욕망, 불안, 앎(지식), 삶과 죽음, 자유 등에 대한 자기 삶의 길, 영토, 세계를 찾아 만들어 나가야 합니다. 장자 철학은 자기 삶의 길을 찾고 자기 삶의 영토와 세계를 만들어 가는 여정에서 좋은 길잡이가 됩니다. 장자는 이미 2000여 년 전에 어느 누구도 가지 않은 자기 삶의 길을 모색하고 또한 오직 자신의 힘으로 삶의 영토와 세계를 만들어 나갔기 때문입니다. 더욱이 장자는 삶에 대한 자신의 의문과 질문, 탐구와 모색의 전 여정을 『장자』라는 책 속에 남겨 우리에게 전해 주고 있습니다. 따라서 장자가 『장자』에 남긴 삶의 철학을 해석한 이 책은 독자들이 일찍이 장자가 그랬던 것처럼, 스스로 자기 삶의 길, 영토, 세계를 모색하고 만들어 나가는 데 일종의 안내서이자 참고서 역할을 해 줄 수 있다고 생각합니다. 지금까지 제가 장자 철학을 통해 제시한 좋은 삶 혹은 자유로운 삶의 방법과 지혜를 정리한다면 다음과 같이 다섯 가지 일상의 삶 속 메시지로 요약할 수 있습니다.

첫 번째 메시지는 "애착과 집착에서 탈주하라!"는 것입니다. 좋은 삶이 얽매이지 않는 삶이라면, 어떻게 해야 무엇인가 혹은 누구인가에 얽매이지 않고 살아갈 수 있을까요? 무엇(사물)과 누구(사람)에 대한 관심, 애정, 갈망, 욕망은 인간의 본성입니다. 사물과 사람에 대해 관심을 갖고, 애정을 품고, 갈망하고, 욕망하는 것은 인간이라면 결코 피할 수 없는 숙명 같은 것입니다. 하지만 관심과 애정이 애착愛着이 되고, 갈망과 욕망이 집착執着이 되면 어떻게 됩니까? 관심과 애정이 자신을 구속하고 삶을 속박하게 됩니다. 갈망과 욕망이 자신을 지배하고 삶을 통제하게 됩니다. 이렇게 되면 자신이 관심을 갖고 애정을 품은 사물 혹은 사람이 자기 존재와 자기 삶의 주인 노릇을 하게 됩니다. 또한 자신이 갈망하고 욕망하는 사물 혹은 사람이 자기 존재와 자기 삶의 주인이 되어 버립니다. 이것은 장자의 표현을 빌리자면 무언가에게 혹은 누군가에게 자발적으로 복종하는 노예의 삶이자 하늘에 거꾸로 매달려 있는 천형天刑과 다름없는 삶입니다. 그럼 어떻게 해야 할까요? 장자의 지혜를 빌려 말하자면 관심과 애정을 갖되 애착하지 말아야 하고, 갈망하고 욕망하되 집착하지 말아야 합니다.

두 번째 메시지는 "변화와 변신을 두려워하지 말라!"는 것입니다. 아집我執은 '나에 대한 집착'을 말합니다. 자신에게 얽매이는 것이 아집입니다. 자신에게 얽매인다는 것은 곧 자신에게 갇혀 있다는 의미입니다. 자신에게 갇혀서 세상 모든 것을 자기에게 맞춰 판단하고 재단하는 것입니다. 다시 말해 자신의 편견, 선입견, 고정관념으로 세상의 모든 것을 구분하거나 구별하고, 그 구분과 구별에 따라 다시 선과 악, 옳음과 그름, 정의와 불의를 판단하고 결정하는 것입니다. 그래서 아집이 지배하는 삶에는 자기 확신을 복제하고 확대재생산하는 삶만 존재하게 됩니다. 아집이 가장 혐오하고 증오하는 대상은 무엇일까요? 자기 확신에 대한 거부와 부정입니다. 아집이 가장 두려워하는 것은 무엇일까요? 변화와 변신입니다. 그럼 아집을 넘어서야 삶의 변화와 존재의 변신이 일어난다고 할 수 있겠죠. 어떻게 아집을 넘어설 수 있을까요? 자기 확신을 거부 혹은 부정하고 자기 존재와 자기 삶을 몰락시킬 때 비로소 아집을 넘어서 변화와 변신이 가능해집니다. 변화를 거부 혹은 부정하는 삶, 변신을 두려워하는 삶에는 아집 곧 자기 집착, 편견, 선입견, 자기 확신만 남게 됩니다. 다시 말해 점점 더 자기에게 집착하고, 점점 더 자신의 편견과 선입견에 얽매이게 되면서 스스로 자기 확신에 갇혀 버리게 됩니다.

좋은 삶, 얽매이지 않는 삶, 자유로운 삶은 끝없는 변화와 변신의 과정이자 연속입니다. 아집 즉 '나에 대한 집착과 얽매임'에서 벗어나야 삶은 '더 높게, 더 깊게, 더 멀리' 변화하고 변신할 수 있습니다. 장자와 니체가 꿈꾸고 상상한 붕새와 차라투스트라의 높이와 깊이에 도달하려면 무엇보다 변화와 변신을 두려워해서는 안 됩니다. 장자와 니체의 변화와 변신은 무엇에서 시작했습니까? 자기 존재와 자기 삶의 몰락, 다시 말해 아집 곧 '자신에 대한 집착과 얽매임의 몰락'에서 시작했습니다. 자기 몰락을 두려워하지 않으면 변화와 변신 역시 두려워하지 않게 됩니다.

세 번째 메시지는 "다른 사람과 비교하는 삶이 아닌 자기다운 삶을 살라!"는 것입니다. 장자는 각자가 타고난 자연적 재능을 가리켜 '천기天機'라고 말합니다. 세상에 존재하는 모든 것에는 각자가 지닌 고유한 재주와 능력이 있다는 것입니다. 예를 들어 보겠습니다. 말이 가진 능력은 무엇입니까? 빨리 달리는 것입니다. 그럼 새가 가진 능력은 무엇입니까? 높이 날아오르는 것입니다. 그런데 만약 말이 새와 비교해 자신은 높이 날아오르는 능력이 없다고 슬퍼하며 불행하다고 한탄한다면 어떻게 생각하십니까? 새처럼 높이 날아오르지 못하는 것은 말의 불행이 아닙니다. 애초 말이 갖고 있지 않은 능력이기 때문입니다. 말의 불행은 무엇입니까? 자신이 지닌 능력을 발휘하지 못하거나 잃어버리는 것이 진짜 말의 불행입니다. 다시 말해 말의 불행은 빨리 달리는 능력을 발휘하지 못하거나 잃어버리는 것이지 새처럼 높이 날아오르지 못하는 것이 아니라는 얘기입니다.

다른 사람과 비교하는 삶 역시 이와 다르지 않다고 말할 수 있습니다. 다른 사람과 비교하는 삶의 문제점은 무엇일까요? 첫 번째 문제는 다른 사람이 지닌 재주와 능력이 자신의 기준이 되면서 정작 자신이 지닌 재주와 능력은 무엇인지조차 알지 못하게 된다는 것입니다. 두 번째 문제는 다른 사람과의 비교가 삶의 기준이 되면 비교하는 다른 사람의 삶이 자신의 삶을 지배하게 되면서 정작 자기 삶은 자신의 관심 밖으로 밀려나는 삶을 살게 된다는 것입니다. 세 번째 문제는 애초 자신이 갖고 있지 못한 다른 사람의 재주와 능력을 부러워하면서 정작 자신이 지닌 고유한 재주와 능력을 발휘할 생각조차 하지 못한다는 것입니다. 네 번째 문제는 다른 사람의 삶과 비교해 자신의 삶을 불행하다고 여기면 다른 사람의 삶만 남고 정작 자신의 삶은 실종되어 버린다는 것입니다.

다른 사람과 비교하는 삶의 주인은 내가 아닙니다. 비교 대상이 되는 다른 사람이 내 삶의 주인이 되어 버리기 때문입니다. 자기 삶의 주인으로 살려면 자기다운 삶을 찾아야 합니다. 그럼 자기다운 삶은 어떻게 찾아야 할까요? 삶의 포커스를 '다른 사람의 삶'이 아닌 '자신의 삶'에 맞춰야 합니다. 다른 사람의 삶에 관심을 갖는 것이 아니라 자신의 삶에 관심을 가져야 한다는 얘기입니다. 그것의 시작은 무엇보다 먼저 자신이 좋아하는 것, 자신이 잘하는 것, 자신이 하고 싶은 것, 자신이 원하고 바라는 것이 진정 무엇인지 스스로 질문하는 것입니다. 그 질문에 대한 답을 찾아 나가는 삶의 과정 하나하나가 바로 '자기다운 삶'을 창조하는 과정이 될 것입니다.

네 번째 메시지는 "다른 사람에게 의존하지 말고 자기 자신에게 의존하는 삶을 살라!"는 것입니다. 좋은 삶은 얽매이지 않는 삶이고, 얽매이지 않는 삶은 자유로운 삶입니다. 그리고 자유로운 삶은 다른 사람이 아닌 바로 자기 자신에게서만 나오는 것입니다. 장자는 열자의 삶을 비유로 들어 남에게 의존하는 자유는 자유가 아니라 속박이라는 사실에 대해 이렇게 이야기합니다. 자유조차도 다른 사람에게 의존한다면 더 이상 자유라고 할 수 없는데 삶의 다른 문제들이야 말할 필요가 있겠습니까?

> "열자는 바람을 타고 다녔다. 마음대로 날아다니는 모양이 가뿐하고 즐거워서 보기에 좋았다. 한번 바람을 타고 날아다니면 보름이 지나고 난 뒤에야 땅 위로 돌아오곤 했다. (…) 그러나 열자는 비록 걸어 다니는 번거로움과 수고로움에서 벗어나기는 했지만, 여전히 무언가에 의존하고 있는 것이 있다. 하늘과 땅의 순수한 정기를 타고 찬 기운과 따뜻한 기운, 바람과 비, 어둠과 밝음의 여섯 가지 요소의 변화를 조종하여 끝없는 경지에서 소요할 줄 아는 사람이라면, 그런 사람이 다른 무엇에 의존할 필요가 있겠는가? 이러한 까닭에 '지인至人은 자기가 없고, 신인神人은 공적이 없고, 성인聖人은 이름이 없다'고 말하는 것이다."
>
> — 『장자』「내편」'소요유'

열자가 비록 세상 어떤 것에도 얽매이지 않고 자유분방하게 산다고 하지만, 정작 열자의 자유는 바람에 의존하고 있는 자유입니다. 예를 들어 제가 자유롭게 산다고 할 때 그 자유가 장자의 자유에서 벗어나지 못한다면 실제 저의 자유는 장자에게 의존하는 자유입니다. 장자에게 의존하는 자유는 장자의 자유이지 저의 자유가 아닙니다. 다른 사람의 자유는 결국 관념의 자유이지 삶의 자유가 될 수는 없기 때문입니다. 장자의 자유를 알고 있다고 해서 삶이 저절로 자유로워지는 것은 아닙니다. 반대로 장자의 자유를 알지 못한다고 해도 얼마든지 자유로운 삶을 살 수 있습니다. 오히려 장자의 자유에 의존한다면 역설적으로 '장자의 자유에 속박당하는 역설'이 발생합니다.

    열자의 자유에 비유해 말하자면 진실로 자유로운 삶은 바람에 의존하지 않고 자신의 두 다리에 의존하는 것입니다. 저의 자유 역시 장자의 자유에 의존하지 않고 자신의 삶에 의존하는 것입니다. 진정한 자유란 다른 사람의 힘이나 삶 속에서 얻을 수 있는 것이 아니라 자신의 힘으로 자신의 삶 속에서 이루어지는 것이기 때문입니다. 장자 철학의 메시지는 자신을 추종하거나 자신에게 의존하라는 것이 아닙니다. 진정한 철학자는 누구에게도 자신을 추종하거나 자신에게 의존하라고 말하지 않습니다. 오히려 자신에게 의존하거나 추종하는 사람들에게 이렇게 말합니다. "나에게 맞서고, 나를 버리고 너희 자신을 찾아라! 나는 단지 너희 자신을 찾는 도구일 뿐이다! 스스로의 힘으로 너희 자신의 길을 가라!" 철학자는 왜 철학자입니까? 항상 자신에게 의문을 품고 질문을 던지기 때문에 철학자입니다. 어떻게 자신에 대해 의

문을 품고 질문을 던지는 사람이 다른 사람에게 자신을 추종하거나 자신에게 의존하라고 말할 수 있겠습니까? 자신에 대한 믿음과 확신으로 무장한 사람만이 다른 사람에게 자신을 추종하거나 자신에게 의존하라고 말할 수 있습니다. 그것이 철학자와 이념가, 도덕가 그리고 종교가의 결코 뛰어넘을 수 없는 근본적인 차이입니다.

다섯 번째 메시지는 "좋은 삶은 태도의 문제"라는 것입니다. 삶에는 '선과 악', '옳음과 그름'을 지향하는 삶이 있고, '좋음과 싫음'을 지향하는 삶이 있습니다. '선과 악, 옳음과 그름'을 지향하는 삶은 보편적·절대적·객관적 가치가 지배하는 삶입니다. 반면 '좋음과 싫음'을 지향하는 삶은 개별적·상대적·개인적 태도가 존재하는 삶입니다. 다시 말해 선과 악, 옳음과 그름을 지향하는 삶을 지배하는 것은 '보편적이고 절대적 가치'이지만, '좋음과 싫음'을 지향하는 삶을 규정하는 것은 '개별적이고 개인적인 태도'일 뿐입니다.

'선과 악'은 내가 '선'이라고 해서 '선'이 되는 것이 아닙니다. 다른 사람이 선이라고 해야 선이 됩니다. '옳음과 그름' 역시 내가 '옳다'고 해서 '옳은 것'이 되지는 않습니다. 다른 사람이 옳다고 해야 옳은 것이 됩니다. 오히려 나는 '선'하거나 '옳다'고 생각하지 않아도 나를 제외한 모든 사람이 '선'하거나 '옳다'고 주장하면 '선한 것'이 되고 '옳은 것'이 됩니다. 내가 '악'하거나 '틀렸다'고 생각하지 않아도 나를 제외한 모든 사람이 '악'하거나 '틀렸다'고 주장하면 '악한 것'이 되고 '틀린 것'이 됩니다. 하지만 '좋음과 싫음'은 내가 좋다고 하면 '좋은 것'이고, 싫다고 하면 '싫은 것'입니다. 나를 제외한 모든 사람이 싫다고 해도 내가 좋으면 '좋은 것'입니다. 나를 제외한 모든 사람이 좋다고 해도 내가 싫으면 '싫은 것'입니다.

세상 모든 사람이 좋다고 해도 내가 좋아하지 않는다면 그것은 나에게 '좋은 것'이 아닙니다. 세상 모든 사람이 행복하다고 해도 내가 행복하지 않으면 그것은 나에게 '행복한 것'이 아닙니다. 자신이 좋아해야 '좋은 것'이고, 자신이 행복해야 '행복한 것'이기 때문입니다. 다른 사람이 다 만족해도 내가 만족하지 않으면 '만족한 것'이 아니고, 다른 사람이 다 만족하지 못해도 내가 만족하면 '만족한 것'입니다.

그런데 우리는 대개 다른 사람이 좋아하는 것을 '자신이 좋아하는 것'으로 여기고, 다른 사람이 행복이라고 하는 것을 '자신의 행복'으로 여기고, 다른 사람이 만족하는 것을 '자신의 만족'으로 여깁니다. 하지만 다른 사람이 좋아하는 것을 좋아하고 산다면 그 사람이 좋아하는 것은 자신이 좋아하는 것입니까 아니면 다른 사람이 좋아하는 것입니까? 다른 사람이 행복이라고 하는 것을 자신의 행복으로 여기고 산다면 그 사람의 행복은 자신의 행복입니까 아니면 다른 사람의 행복입니까? 다른 사람이 만족하는 것에 만족하고 산다면 그 사람의 만족은 자신의 만족입니까 아니면 다른 사람의 만족입니까?

좋은 삶의 메시지를 전하는 장자는 선과 악, 옳음과 그름의 보편적·절대적·객관적 가치를 넘어서야 한다고 말합니다. 선과 악, 옳음과 그름의 보편적·절대적·객관적 가치가 지배하는 삶을 넘어설 때 비로소 개인의 '좋은 삶, 행복한 삶, 만족한 삶'이 존재할 수 있기 때문입니다.

주

1장 이제 삶의 방향은 결정되었는가?

1   정정훈 지음, 『군주론, 운명을 넘어서는 역량의 정치학』, 그린비, 2011. p106 인용

2   정정훈 지음, 『군주론, 운명을 넘어서는 역량의 정치학』, 그린비, 2011. p101 재인용

3   정정훈 지음, 『군주론, 운명을 넘어서는 역량의 정치학』, 그린비, 2011. p114 인용

4   정정훈 지음, 『군주론, 운명을 넘어서는 역량의 정치학』, 그린비, 2011. p110 재인용

5   루쉰 지음, 신여준 옮김·해설, 『아Q정전 – 루쉰 소설 선집』, 「고향」, 글누림, 2011. p112 인용

6   강신주 지음, 『철학 vs 철학』, 오월의봄, 2010. p67 재인용

7   강신주 지음, 『강신주의 노자 혹은 장자』, 오월의봄, 2014. p528~529 참조

8   프리드리히 니체 지음, 장희창 옮김, 『차라투스트라는 이렇게 말했다』, 민음사, 2004, p38 인용

9   프리드리히 니체 지음, 장희창 옮김, 『차라투스트라는 이렇게 말했다』, 민음사, 2004, p134 인용

| 10 | 프리드리히 니체 지음, 장희창 옮김, 『차라투스트라는 이렇게 말했다』, 민음사, 2004, p278 인용 |

2장 ___ 누구의 욕망을 좇으며 살았는가?

1	강신주 지음, 『철학 vs 철학』, 오월의봄, 2010. p571 재인용
2	강신주 지음, 『철학 vs 철학』, 오월의봄, 2010. p496~497 참조
3	김만중 지음, 송성욱 옮김, 『구운몽』, 민음사, 2003. p231 인용
4	강신주 지음, 『철학 vs 철학』, 오월의봄, 2010. p576 인용
5	니코스 카잔차키스 지음, 이윤기 옮김, 『그리스인 조르바』, 열린책들, 2000. p283
6	니코스 카잔차키스 지음, 이윤기 옮김, 『그리스인 조르바』, 열린책들, 2000. p283~284 인용

3장 ___ 불안과 함께 사는 방법

1	쇠렌 키에르케고르 지음, 임규정 옮김, 『불안의 개념』, 한길사, 1999. p387 인용
2	쇠렌 키에르케고르 지음, 임규정 옮김, 『불안의 개념』, 한길사, 1999. p387 인용
3	쇠렌 키에르케고르 지음, 임규정 옮김, 『불안의 개념』, 한길사, 1999. p194 인용

5장   좋은 삶과 좋은 죽음을 만드는 방법

1   셸리 케이건 지음, 박세연 옮김, 『죽음이란 무엇인가』, 웅진지식하우스, 2012. p329 인용
2   플라톤 지음, 황문수 옮김, 『소크라테스의 변명』, 문예출판사, 1973. p100~101 인용
3   셸리 케이건 지음, 박세연 옮김, 『죽음이란 무엇인가』, 웅진지식하우스, 2012. p303 재인용
4   이주희 지음, EBS MEDIA 기획, 『생존의 조건, 절망을 이기는 철학』, MID, 2017. p8 인용

6장   자유로운 삶을 위하여

1   엠마누엘 레비나스 지음, 강영안 옮김, 『시간과 타자』, 문예출판사, 1996. p51 인용
2   루쉰 지음, 신여준 옮김·해설, 『아Q정전 – 루쉰 소설 선집』, 「광인일기」, 글누림, 2011. p29 인용
3   루쉰 지음, 신여준 옮김·해설, 『아Q정전 – 루쉰 소설 선집』, 「광인일기」, 글누림, 2011. p45 인용
4   한정주 지음, 『글쓰기 동서대전』, 김영사, 2016. p38 재인용
5   프리드리히 니체 지음, 박찬국 옮김, 『이 사람을 보라』, 아카넷, 2022, p20~21 인용

그 어떤 인생도 실패는 아니라고 장자가 말했다

초판 1쇄 인쇄 2024년 9월 13일
초판 1쇄 발행 2024년 9월 27일

지은이 한정주
펴낸이 김선식

부사장 김은영
콘텐츠사업본부장 임보윤
책임편집 김상영 **책임마케터** 이고은, 양지환
콘텐츠사업8팀장 전두현 **콘텐츠사업8팀** 김상영, 김민경, 장종철, 임지원
마케팅본부장 권장규 **마케팅2팀** 이고은, 배한진, 양지환 **채널2팀** 권오권
미디어홍보본부장 정명찬
브랜드관리팀 오수미, 김은지, 이소영, 서가을 **뉴미디어팀** 김민정, 이지은, 홍수경, 변승주
지식교양팀 이수인, 염아라, 석찬미, 김혜원, 박장미, 박주현
편집관리팀 조세현, 김호주, 백설희 **저작권팀** 이슬, 윤제희
재무관리팀 하미선, 윤이경, 김재경, 임혜정, 이슬기, 김주영, 오지수
인사총무팀 강미숙, 지석배, 김혜진, 황종원
제작관리팀 이소현, 김소영, 김진경, 최완규, 이지우, 박예찬
물류관리팀 김형기, 김선민, 주정훈, 김선진, 한유현, 전태연, 양문현, 이민운

펴낸곳 다산북스 **출판등록** 2005년 12월 23일 제313-2005-00277호
주소 경기도 파주시 회동길 490 다산북스 파주사옥
전화 02-702-1724 **팩스** 02-703-2219
이메일 dasanbooks@dasanbooks.com
홈페이지 www.dasan.group **블로그** blog.naver.com/dasan_books
종이 스마일몬스터 **인쇄** 상지사피앤비 **코팅 및 후가공** 평창피앤지 **제본** 상지사피앤비

ISBN 979-11-306-4825-5 (03150)

· 책값은 뒤표지에 있습니다.
· 파본은 구입하신 서점에서 교환해드립니다.
· 이 책은 저작권법에 의하여 보호를 받는 저작물이므로 무단 전재와 복제를 금합니다.

> 다산북스(DASANBOOKS)는 책에 관한 독자 여러분의 아이디어와 원고를 기쁜 마음으로 기다리고 있습니다. 출간을 원하는 분은 다산북스 홈페이지 '원고 투고' 항목에 출간 기획서와 원고 샘플 등을 보내주세요. 머뭇거리지 말고 문을 두드리세요.